기독교 기본신앙 시리즈 1

기독교 바로 알기

홍혁기 편저

북치는마을

기독교 기본신앙 시리즈 1
기독교 바로 알기

| 초판 1쇄 인쇄일 | 2012년 12월 14일 |
| 초판 1쇄 발행일 | 2012년 12월 15일 |

지은이	홍혁기 편저
펴낸이	정구형
출판이사	김성달
편집이사	박지연
책임편집	정유진
편집/디자인	이하나 이원숙
마케팅	정찬용 권준기
영업관리	한미애 천수정 심소영
인쇄처	미래프린팅
펴낸곳	북치는마을

등록일 2006 11 02 제2007-12호
서울시 강동구 성내동 447-11 현영빌딩 2층
Tel 442-4623 Fax 442-4625
www.kookhak.co.kr
kookhak2001@hanmail.net

| ISBN | 978-89-93047-45-5*04230 |
| 가격 | 17,000원 |

* 저자와의 협의하에 인지는 생략합니다.
  북치는마을은 국학자료원, 새미의 자회사입니다.
  잘못된 책은 구입하신 곳에서 교환하여 드립니다.

† 필자의 말

기독교는 진리를 추구하는 종교입니다. 그것도 세상에서 단 하나밖에 없는 진리, 하나님께로 가는 유일한 진리(요 14:6)를 추구하는 종교입니다. 크리스천은 복을 구하는 자가 아닌 구도자求道者가 되어야 합니다. 진리를 추구하고 진리를 사랑하고 진리를 생명처럼 수호하는 자로 사는 크리스천이 진정한 크리스천입니다. 그럼에도 불구하고 오늘날의 크리스천 중에는 진리를 추구하기보다는 복을 구하는 사람들이 많은 것을 보게 됩니다. 기독교신앙은 진리를 추구하고 사랑할 때 생명을 얻고 복이 되는 것이지, 세속적인 복을 위주로 구하면 여타의 세속 종교나 다를 바 없이 속된 종교로 전락하고 맙니다. 오늘날 기독교의 급격한 세속화 현상은 그때문입니다.

크리스천에게 복음의 진리를 바르게 알고 바르게 살아가는 것처럼 중요한 일은 없습니다. 운동선수가 경기할 때 '룰'을 지키지 않고 제멋대로 경기하면 아무리 땀 흘려 수고했어도 실격 처리 되는 것처럼 크리스천의 신앙생활도 마찬가지입니다. 따라서 복음의 진리가 잘못 전해지고 잘못 믿게 되는 것처럼 위험한 일은 없습니다. 혹자는 이에 대하여 치명적인 전염병보다 위험하고, 전쟁보다 그 피해가 크다는 의미심장한 말을 합니다. 사도 바울은 기독교가 외부적인 박해를 당하거나 환난과 시련에 처하는 것에 관해서는 한 번도 걱정하거나 염려하거나 경계의 말을 한 적이 없지만 복음의 진리를 잘못 전하고 잘못 가르치고, 왜곡된 복음을 믿고 따르는 것에 대해서는 모든 서신서마다 꼬박꼬박, 거듭거듭 경계하기를 소홀히 한 적이 없습니다. 저주의 말까지 언급할 정도입니다(갈 1:6—9). 그 점은 우리 주 예수 그리스도께서 더 철저하게 경고하신 일입니다(마 7:15—27; 22:9—14; 23:13—15; 24:11; 계 22:18,19).

초대교회 때부터 현대 교회에 이르기까지 교회를 혼란케 하고, 타락시키고, 병들게 하고, 위기에 빠뜨린 것은 외부적인 박해나 전쟁이나 전염병 같은 환난이 아니라 유사 기독교, 거짓 복음, 이단들의 창궐이었음을 신약성경과 교회사가 증명하는 바, 사도 바울이 왜 그토록 거짓 복음을 저주까지 해 가며 경계했고, 예수님께서 왜 그토록 거짓 선지자, 거짓 교사들에게 화를 발하시고 심판을 선언하셨는지 이해할 수 있습니다. 뜻밖에 크리스천 중에, 혹은 열심 있다는 크리스천 중에 기독교 진리에 대해서 바르게 체계적으로 알지 못하고 믿는 사람들이 적지 않습니다. 단편적 진리의 지식들이나 쉽고 편한 기독교, 고뇌 없는 기독교, 본질적인 것이 아닌 비본질적인 것을 더 중히 여기며 붙들고 있는 신자들이나 샤머니즘에 빠져 있고 율법에 치우치고, 그저 복과 소원이나 비는 이교 냄새나 풍기며 기독교신앙의 기본을 모르는 신자들이 많습니다. 심지어 목회자들 중에도 신도들을 그런 식으로 양육하는 일이 흔합니다.

여기에 실린 글들은 필자가 진정한 기독교 진리를 추구하는 구도자 정신을 가진 크리스천이라면 꼭 알고 있어야 할 복음진리의 핵심에 대해서 필자가 섬기는 교회의 교우들을 대상으로 「기독교 기본신앙」이라는 이름으로 매주 수년간에 걸쳐 썼던 글을 엮은 것입니다. 글들 중에는 필자의 글들도 있지만 필자가 독서했던 훌륭한 하나님의 사역자들이 쓴 책들 중에서 발췌하여 필자의 글로 풀어서 쉽게 옮겨 쓴 내용들도 많습니다. 이를테면 어떤 음악을 편곡하여 원곡을 살려 가면서 편곡자의 손에서 다시 탄생한 것과 같다고 할 수 있겠습니다. 하지만 공으로 따진다면 원곡을 쓴 사람과 편곡자와는 비교할 수가 없이 원곡자의 몫이 큽니다. 그런 이유로 필자는 이 책을 출판할 생각이 추호도 없었고, 글을 쓸 당시에 일일이 출처를 밝히지도 않았습니다.

근래에 필자는 다른 글들을 쓰기에 힘썼고, 「이끌어주심」과 「벌거벗은 순례자」 등 그림을 그리기에 바빠서 이 글들을 잊고 있었습니다. 그런데 아내가 이 글들의 내용이 너무 중요한 것이고 버려두기엔 너무 아깝다며 여기저기 처박혀 있거나 뒹굴고 있던 것들을 다시 모아서 워드 작업을 하기 시작했습니다. 워드 작업을 해 놓으면 하나님께서 쓰실 것이라는 확신을 가지고……. 필자는 쓸 데 없는 수고하지 말라고 극구 말렸지만 아내는 고집스럽게 꼬박 1년에 걸쳐 워드 작업을 했습니다. 한데 묶어서 다시 읽어 보니 '내가 이런 글도 썼었나?' 하면서 감회가 새로웠습니다.

「기독교 기본신앙」은 순전히 아내의 고집과 신념으로 책으로 엮어진 것입니다. 또한 이 글을 읽어보시고 국학자료원에 추천해 주신 소설가 정연희 권사님과 기꺼이 출판에 응한 국학자료원에 공을 돌립니다. 막상 출판을 하려니, 글을 쓸 때 발췌한 책들과 저자들에 대한 자료를 찾는 일이 난감했습니다. 어떤 책과 저자는 끝내 찾아내지 못하기도 했습니다. 죄송한 마음을 금할 길 없습니다. 아울러 필자에게 많은 영감과 복음진리에 대한 지식을 더해 준 훌륭한 선배 저자들에게 감사한 마음을 전합니다.

2012년 7월 홍혁기 목사

- 차 례 -

* 필자의 말

1장

중생(거듭남)	012
하나님	016
독생자 예수 그리스도	022
성령과 삼위일체三位一體	027
세상, 인간, 마귀	033
믿음	039
복음의 핵심	046
사랑(아가페)	080
죄罪에 대한 성경적 이해	087
십자가와 죄씻음	094

영생永生	104
멸망滅亡	109
교회敎會	114
주일성수	120
예배禮拜	131
기도祈禱	137

2장

찬양讚揚	146
코이노니아	195
신앙과 헌금	200
십일조의 성경적 의미	208
기독교와 세계관世界觀	227
성경의 평화관平和觀	244
인간의 유약성幼弱成과 신앙	256
성령을 따르는 삶	265

3장

성령 충만	276
은사	282
사이비 은사	288
기독교와 이단異端	302
천주교와 개신교	320
기독교와 제사祭祀 문제	327
예언자와 기독교신앙	352
계시에 대한 이해와 반응	368
인자(人子 The Son Of Man)	375
메시야 Messiah	380
할렐루야 Hallelujah	391
천사 天使	396
사탄	402
귀신 鬼神	408

1장

2010.HK

중생(거듭남)

성경은 사람에게 가장 시급한 문제는 중생이라고 말합니다. 어느 날 밤 유대인 관원인 니고데모가 예수님을 찾아와서 대화를 나누던 중 예수님께 바치는 니고데모의 칭찬의 말에는 흥미 없어 하시면서 예수님은 동문서답 같은 말씀을 하셨습니다.

"사람이 거듭나지 아니하면 하나님의 나라를 볼 수 없느니라."
(요 3:3)

예수님께서는 니고데모의 관심사에는 흥미 없어 하시면서 딴 소리하시듯 불쑥 말씀하셨지만, 이 말씀이야말로 복음이며 인간에게 가장 시급하고도 중요한 문제입니다. 이처럼 성경은 인간에게 가장 중요하고 시급한 것을 딴소리하듯, 흥미 없는 소리하듯, 알아서 하라는 듯 '인간은 누구나 죄 아래 있다', '인간은 죄를 회개해야 한다', '인간은 하나님 말씀대로 살아야 한다'고 선포합니다.

이러한 말들은 실리적인 삶을 추구하는 대부분의 사람들에게는 의미 없고 흥미 없는 것 같지만 실제로는 모든 행복과 평안의 근본이며 인간 존재의 근본 문제인 것입니다. 참으로 다행스럽게도 니고데모는 제 발로 찾아와서 주님을 만났지만 애초의 그의 관심사는 중생이 아니라 훌륭한 선생으로 보이는 예수님과 대화를 나누고 싶어서였습니다. 그러나 예수님께서 보실 때 니고데모에게 가장 시급하게 필요한 문제는 구원 받는 일, 곧 중생하는 일이었습니다. 그래서 동문서답하듯 니고데모의 관심을 중생으로 돌리게 하셨던 것입니다.

니고데모는 유대사회에서 존경 받는 관원이요 학식이 풍부한 사람이었습니다. 그럼에도 예수님의 하신 말씀의 뜻을 몰라 어리둥절했습니다. 그래서 어린애 같은 질문을 했습니다.

> "사람이 늙으면 어떻게 날 수 있사옵나이까 두 번째 모태에 들어갔다가 날 수 있사옵나이까."(요 3:4)

니고데모는 거듭남(중생)이라는 말뜻을 두 번 태어나는 것으로 오해했던 것입니다. 그러나 예수님은 사람이 하나님의 자녀로 다시 태어나야 한다는 뜻으로 말씀하신 것이었습니다. 세상에 태어난 모든 사람은 아담의 후손으로 태어난 자연인인데 이 자연인은 죄로 타락한 상태이기 때문에 누구나 심판의 대상이고, 자연인의 상태로부터 하나님의 자녀로 다시 태어나야만(중생, 거듭나야만) 심판을 면하고 구원받는다는 말씀이셨습니다. 이 일이 그 어떤 것보다도 중요하다는 것을 예수님은 니고데모에게 말씀하신 것입니다.

그렇다면 어떻게 해야 사람이 중생할 수 있는가? 예수님은 이렇게 말씀하셨습니다.

> "하나님이 세상을 이처럼 사랑하사 독생자를 주셨으니 이는 그를 믿는 자마다 멸망하지 않고 영생을 얻게 하려 하심이라."(요 3:16)

아마도 교인이라면 이 말씀을 모르는 이가 없을 줄 압니다. 주일학교 어린이들도 웬만하면 줄줄 외웁니다. 그러나 외우는 것과 이해한다는 것은 다릅니다. 성경은 외우는 것이 중요한 것이 아니라 이해하는 것이 중요합니다. 예수님이 니고데모에게 거듭남의 비밀로 말씀하신 이 말씀이야말로 복음을 가장 함축성 있게 압축한 진리 중의 진리입니다. 즉 멸망할 자연인 상태에 있는 사람이 영생(중생)을 얻으려면 하나님의 아들 예수님을 믿어야 한다는 것입니다. 하나님께서 세상 죄인들을 사랑하셔서 구원하시려고 독생자를 보내신 것은 바로 그때문입니다.

오늘날 많은 사람들은 예수님 당시의 사람들이 그러했듯이 중생이 무엇인지, 왜 중생해야 하는지, 어떻게 중생하는지를 모를 뿐 아니라 관심도 흥미도 갖기 싫어합니다. 오직 돈, 권세, 학식, 명예, 행복, 쾌락 등에만 관심을 기울입니다. 그러나 만물의 창조주 되시며 주관자이시며 사람의 생사화복을 주장하시는 하나님은 인간에게 가장 중요하고 시급한 문제는 중생이라고 말씀하셨습니다. 인간의 중생이 그토록 중요한 문제가 아니라면 하나님께서 사랑하시는 독생자를 세상에 보내실 필요가 있었겠습니까? 또 예수님께서 자신을 희생하실 필요가 있었겠습니까?

예수님께서 이 세상 모든 사람에게 가장 필요한 말씀 한마디만 하신다면 무슨 말씀을 하실까요? 그것은 바로 니고데모에게 하신 말씀과 동일한 말씀입니다.

> "진실로 진실로 네게 이르노니 사람이 거듭나지 아니하면 하나님의 나라를 볼 수 없느니라." (요 3:3)

자신이 죄인임을 자각하여 회개하고 예수님을 구주로 영접하는 것만큼 중요하고 시급한 문제는 이 세상에 없습니다.

하나님

성경의 하나님은 철학자들이 말하는 초월적인 신도, 불교에서 말하는 극락의 옥황상제도, 민간신앙에서 말하는 천지신명도 아닙니다. 성경의 하나님은 인간의 철학적 종교적 상상에서 나온 하나님이 아니라 자신에 대하여 정확하고 분명하게 드러내신 '계시된 하나님'이십니다. 성경의 하나님은 인간의 노력이나 공로를 쌓아서 만날 수 있는 하나님이 아니라, 불가항력적인 은혜의 통로를 통해서 만날 수 있는 분이며, 우주 너머 멀리 계신 분이 아니라 지금 우리와 함께 계시며 말씀하시며 인도하시는 인격의 하나님이십니다.

창조주 하나님

하나님께서는 영적 세계(불가시적 세계)와 물질세계(가시적 세계) 모두를 창조하신 창조주이십니다(창 1:1). 성경의 하나님은 사람들이 대단히 여기는 헬라의 신들과 로마의 신들과 애굽의 신들을 비롯한 동서고금의 모든 여타 신들을 단번에 별것 아닌 피조물로 낙인을 찍습니다. 성경은 오직 하나님만이 참 신이시며 모든 만물로부터 경배 받으실 창조주이심을 선포합니다. 따라서 피조물을 대표하는 인간에게 절대로 다른 신들을 믿거나 경배하는 것을 금지합니다(출 20:1—5). 성경은 하나님이 아닌 다른 신들은 하나님이 지으신 불가시적인 세계에 존재하는 영적 피조물(사단과 그 세력들)임을 드러냅니다(엡 2:2).

그러므로 하나님을 믿는 신자는 세상의 어떤 종류의 우상이나 신들도 두려워하지 않고 인정하지 않습니다. 예수를 확실히 믿는 사람들이 어떤 우상이나 잡신 앞에서도 담대하고, 영적 싸움에서 이기는 것은 그때문입니다.

창조주 하나님은 우주와 그 안에 있는 모든 만물을 지으실 때 이 세상의 어떤 정교한 기계보다도 정교하게 지으셨습니다. 성경에서 선포하는 창조주 하나님의 위대성은 사람들이 보고 압도당하는 망망한 바다와 히말라야나 알프스 같은 웅장한 산들과 드넓은 우주공간을 아무것도 아닌 장난감으로 묘사할 정도입니다(사 40장).

하나님께서는 인간을 하나님의 형상(인격, 지혜, 영적인 면에서)으로 지으셔서 자연을 정복하고 다스리고 관리하도록 하셨습니다. 만약 성경에서 이 사실을 배우지 못했다면 진취적 용기와 지혜로 이루어 낸 오늘날의 인류 문명은 있을 수 없을 것입니다. 물론 기독교인들이 성경을 잘못 이해한 부작용도 간과할 수 없는 일입니다.

오늘날 과학이 하나님의 창조를 부인하며 하나님의 창조의 세계에 도전하지만 과학은 하나님의 창조의 열매에 불과합니다. 인간은 이 세상의 어떤 기계보다 더 정교하고 복잡하고 신비한 몸, 정신, 영으로 되어 있어 그 생각과 지혜와 능력이 무궁무진합니다. 인간이 이룩해낸 찬란한 문명의 소산들을 보십시오. 만약 복잡한 기계가 고장 났다면 그 기계는 그것을 만든 사람이 제일 잘 고칠 것입니다. 따라서 고칠 수 없어 포기한 인간의 고장(몸이든, 마음이든, 영혼이든)이 하나님에 의해서 거뜬히 완치되는 기적들이 종종 있는데, 그것은 창조주 하나님만이 인간에 대해서 가장 완벽하게 알고 계신다는 증거입니다.

하나님께서 이 세상 모든 만물을 창조하신 이유는 영광을 받으시기 위함이라고 성경은 말씀합니다. 우리가 이 세상에 태어나 살고 있는 이유도 하나님의 영광을 위해서입니다(창 1:31, 사 43:21; 롬 11:36; 고전 10:31). 그러므로 인간이 창조주를 인정하지 않고 믿지 않는 한, 세상에서 어떤 성공적인 인생을 산다 하더라도 하나님 앞에 참된 삶을 살 수 없을 뿐 아니라 영원한 멸망에 처해질 것이라고 성경은 선포합니다(사 49:16—20; 전 12:13,14).

구속주 하나님

성경은 인류의 조상 아담과 하와가 일방적으로 하나님과의 언약을 파괴하고(순종하라는), 불순종하여 죄를 범하였고, 그들의 후손인 인류는 그들로부터 죄를 유전 받아 죄 가운데 태어나 죄인으로 살다가 죗값으로 모두 지옥의 멸망에 처하게 되었다고 말합니다.

그러나 하나님은 자신의 형상을 따라 지으신 인간을 사랑하시어 멸망으로부터 구하시는 특별한 은혜를 베푸시는 분임을 성경은 말씀합니다. 하나님의 구원 계획은 아드님이신 예수 그리스도를 세상에 보내시어 인간의 죄를 대신하여 심판을 받게 하시고 그 사실을 믿고 예수님을 구주로 영접하면 죄를 용서하실 뿐 아니라 하나님의 자녀로 거듭나게 하시고(요 1:12,13; 3:16), 부활 영생을 누리도록 하십니다. 구약성경은 이 사실을 예표와 모형으로, 신약성경은 성취된 사실로 선포합니다.

심판주 하나님

하나님은 심판하시는 분이십니다. 성경은 하나님께서 의로우신 재판장으로 매일 분노하신다고 선포합니다(시 7:11). 하나님은 인간의 모든 행위와 모든 은밀한 일을 선악 간에 심판하실 분이십니다(전 12:14). 하나님의 성품 중 가장 대표적인 면은 사랑과 공의로우심입니다.

사랑의 성품이 세상을 향해 은혜와 긍휼과 자비를 베푸신다면 공의의 성품은 징계와 심판을 하십니다. 하나님은 개인과 국가에 대하여 이러한 사랑과 공의로 다스리시고 통치하십니다. 사랑의 하나님(요일 4:8)의 오른손에는 정의가 충만합니다(시 48:10). 사랑과 공의는 동전의 앞뒤처럼 분리될 수 없는 하나님의 대표적 속성입니다. 성경에 기록되어 있는 모든 국가와 사람에 관한 역사는 곧 하나님의 사랑과 공의에 관한 역사입니다.

자신의 죄를 시인하고 회개하고 복음(예수 그리스도의 구속사역)을 믿는 자는 구원을 받으나(요 1:12), 거역하는 자는 죄 가운데서 멸망하게 하십니다(요 8:24).

거룩하신 하나님

하나님은 거룩하신 분입니다(성스럽고 위대하신). 신구약 성경은 하나님의 거룩성에 대하여 무수히 강조하고 있습니다. 하나님은 거룩 자체이십니다. 기독교 교리학에서는 하나님의 속성을 많이 언급하는데(영원자존성, 영원불변성, 무한성, 무소부재성, 전지전능성, 지혜성, 도덕성, 정서성, 주권성, 유복성 등), 여기서는 거룩성만 다루고자 합니다. 모든 속성 중에 가장 근본적인 속성이기 때문입니다.

거룩하신 하나님을 믿고 그 자녀가 된 신자들도 거룩해야 한다고 성경은 거듭 강조합니다. 기독교신앙의 거룩은 하나님과의 관계로부터 비롯됩니다. 즉 하나님께 속한 자이므로 거룩한 백성(성도)이며, 예수께 속한 자이므로 크리스천(기독교인)입니다(행 11:26). 사도 바울은 성도는 하나님의 말씀과 기도로 거룩해진다고 했고(딤전 4:5), 사도 베드로는 하나님과 예수 그리스도를 믿음으로 하나님의 거룩한 성품에 참여하는 것이라고 했습니다(벧후 1:4). 그러므로 신자는 검은 옷을 입고 근엄한 표정을 짓는 것으로 거룩해지는 것이 아니라, 하나님을 믿으며 그분께 순종하며 기도하며 그분의 성품을 닮아가며 그분을 세상에 증거하므로 거룩한 사람이 되는 것입니다. 아무리 외모가 거룩해 보이지 않더라도 하나님의 마음, 하나님의 소원, 하나님의 열심, 하나님의 계획, 하나님의 입장을 자기의 것으로 삼는 사람은 틀림없이 거룩한 사람입니다.

독생자 예수 그리스도

성경은 하나님이 세상을 이처럼 사랑하사 독생자를 주셨다고 말씀하십니다. 독생자는 곧 예수님을 뜻합니다. 하나님께서 아끼시고 사랑하시며 귀중히 여기시는 하나밖에 없는 아드님이라는 뜻입니다. 창세기 22장에 보면 아브라함이 독자 이삭을 하나님께 바쳤는데, 100살이 되어 낳은 자기 목숨보다 귀한 아들이었습니다. 바로 아브라함은 하나님으로, 이삭은 독생자가 장차 십자가에서 인류의 죗값을 치르기 위하여 제물 되실 것을 예표적으로 보여 준 사건이었습니다.

하나님께서는 죄로 멸망할 인간을 구원하시기 위하여 자신이 그토록 사랑하시고 아끼며 자신보다 더 존귀히 여기는 외아들을 제물로 희생하신 것입니다.

　성경에는 희생의 원리(하나님의 인간을 위한 희생과 인간의 하나님을 향한 희생)가 처음부터 끝까지 나타나고 있습니다. 하나님께서는 인간을 위하여 독생자를 희생했고, 이 사실을 알고 믿는 사람들은 하나님을 향하여 자신을 희생하고자 합니다. 아브라함은 독자 이삭을 희생했고(결정적인 순간에 하나님께서 이삭 대신 양을 준비해 두셨다가 받으셨지만), 모세는 애굽의 왕자로서의 영화를 희생했으며, 사렙다 과부는 마지막 기름 한 방울을 희생했으며, 엘리야를 비롯한 구약의 모든 선지자는 자신의 평안과 안일을 희생했고, 세례 요한은 예수님의 길을 예비하기 위하여 자신의 모든 것을 바쳤고, 베다니 마리아는 가장 소중한 옥합을 깨뜨렸습니다. 바울은 그의 학자로서의 성공과 명예와 가정의 행복을 포기했습니다. 만약 하나님께서 독생자를 희생하지 않으셨다면, 만약 예수님이 자신을 희생하지 않으셨다면, 만약 선지자들과 사도들이 예수님의 복음을 위해서 희생하지 않았다면 인류는 이미 멸망하고 말았을 것입니다.

　인류 역사상 일어났던 가장 큰 일은 노아시대의 홍수도 아니고 달 정복도 아닌 하나님의 독생자가 사람이 되신(성육신) 일이었습니다(요 1:14). 인류는 사람으로 오신 창조주 하나님을 모시게 된 것입니다. 하나님의 독생자는 인간을 닮으신 것이 아니라 인간 자체로 오셨습니다. 그분은 참된 하나님이시며 참된 인간이셨습니다. 성경은 예수님을 가리켜 '사람이신 그리스도'(딤전 2:5)라고 하는가 하면, '참 하나님이시라'(요일 5:20)고 말씀합니다. 지금까지 나타난 역사상의 모든 이단들은 예수님을 단지 인간으로, 또는 하나님으로만 보는 오류를 범하였습니다.

역사적 정통 기독교는 기독론(예수 그리스도의 인격론, 상태론, 직무론)을 제일 중요하게 다룹니다. 역사상 가장 중요한 기독교 공의회였던 B.C. 325년의 니케아 회의와 B.C. 451년에 있었던 칼케돈 회의에서 예수 그리스도는 참 하나님이시요 참 사람이심을 명백히 선언하여 이단들의 오류에 낙인을 찍었습니다.

하나님의 독생자가 참 인간이 되신 까닭은 인간의 죄 문제를 해결하기 위함이었습니다. 인간의 죄 문제에 관해서는 창세기의 아담, 하와 인물 연구를 참고하십시오. 그런데 의문이 가는 것은 하나님의 독생자가 사람으로 강림하지 않고서도 전능하신 하나님은 얼마든지 인간을 구원할 능력을 가지고 계실 텐데 왜 구태여 세상에 독생자를 보내시고 희생시킬 필요가 있었느냐는 것입니다.

레위기 17:11에 의하면 "피 흘림이 없은즉 죄 사함도 없다"고 하였습니다. 성경은 피의 중요성을 강조합니다. 피는 곧 생명이라고 성경은 말씀합니다(창 9:4—6). 그러므로 죄를 지은 자는 반드시 피를 흘려 죽음으로 죗값을 치러야 했습니다. 그것은 하나님의 공의로우심 때문입니다. 그러나 하나님께서는 구원의 계획을 세우시고 실천하셨을 때 인간의 피를 대신하여 희생할 제물을 통하여 죄를 사하시기로 약속하셨습니다. 하나님께서는 먼저 이스라엘 민족을 택하시고 제사장의 나라를 삼아(출 19:6), 모든 민족을 구원하시고자 하셨고, 그들에게 율법(제사율법, 윤리율법)을 주시며 언약을 맺으시고는 짐승의 피를 흘리는 제사를 드리도록 하셨습니다. 그것은 장차 십자가에서 자신을 속죄의 제물로 드리실 예수 그리스도의 희생제물의 그림자(예표)를 의미했습니다.

하나님의 궁극적인 구원 계획은 짐승의 피 흘림의 속죄가 아니라 사람의 피 흘림의 속죄였던 것입니다. 그러나 사람의 피는 모두 죄로 부정해진 피이기 때문에 속죄의 자격이 없었습니다. 죄가 없는 순결한 피만이 속죄의 자격이 있었습니다. 예수님이 인간으로 세상에 오셔서 순결한 피를 흘리셔야 했던 것은 바로 그때문이었습니다. 그때까지 짐승의 피를 대신 흘리게 하심으로 인간의 죄가 얼마나 무섭다는 것과 죄는 반드시 사함 받아야 한다는 것과 그렇지 않으면 멸망 받을 수밖에 없다는 것을 일깨워 주신 것이지요.

원래의 하나님의 독생자는 영이시므로 피를 흘릴 수가 없는 존재였습니다. 그리하여 인간의 육신이 되실 필요가 있었던 것입니다. 하나님의 독생자가 인간이 되어 오신 이유는 그때문입니다. 성경은 한결같이 그의 피로 우리가 구속함을 받았다고 선포합니다(엡 1:7; 요일 1:7; 히 9:11—22; 벧전 1:19; 행 20:28). 예수님은 죽기 위해서 세상에 오셨고 죽는 것이 사명이었습니다. 예수님 자신이 그 점을 수없이 강조하셨습니다. 예수님의 죽음이 없었다면 모든 인류는 빠짐없이 죄 가운데 멸망할 수밖에 없습니다.

　기독교 신자가 된다는 것은 예수님(하나님의 독생자)이 내 죄를 사해 주시려고 십자가에 달려 피 흘려 죽으심을 믿고, 나에게 영생을 주시려고 부활하셨음을 믿는 것을 기본 조건으로 합니다. 그것이 복음을 믿는 것입니다. 자신이 멸망할 수밖에 없는 죄인임을 자각하고 시인하고 회개하여, 죄 사함 받고 구원 얻기 위하여 하나님의 독생자가 나를 위하여 하신 일을 믿음으로 받아들이고 그분을 나의 구주로 모실 때, 나는 하나님의 자녀, 하나님의 백성으로 거듭나 새로운 피조물이 되고(고후 5:17), 지옥의 심판 대신 천국의 영생을 누리는 사람이 됩니다.

　성경은 초지일관 이러한 내용들을 예표로(구약), 성취된 사실로(신약) 기록한 하나님의 말씀입니다. 성경의 주제도 예수 그리스도의 십자가 죽으심과 부활을 통한 죄인의 구원이며, 성경의 주인공도 예수 그리스도 곧 하나님의 독생자이며, 성경의 목적도 죄인들로 하여금 이를 믿고 구원받도록 하는 일이며, 세상에 교회가 존재하는 이유도 이 때문입니다.

성령과 삼위일체 三位一體

하나님에 대해서 알고 예수님에 대해서도 알고 있는데 성령님에 대해서는 잘 모르는 사람이 많습니다. 보통 불신자들도 하나님이나 예수님에 대해서는 생소하게 여기지 않는데 성령님에 대해서는 생소하게 여깁니다. 믿음이 어느 정도 깊다는 신자들 중에도 성령님에 대해서 제대로 이해하지 못하는 경우가 상당히 있습니다. 심지어는 목회자들 중에도 성령님을 무척이나 강조하면서도 성령에 대한 신학적 이해가 부족하거나 비뚤어진 경우가 많습니다. 그만큼 성령님을 바로 이해하기가 쉽지 않다는 뜻입니다.

엄밀한 의미에서 성령님에 대해서 모르면 하나님과 예수님도 잘 모르는 것입니다. 그러므로 성령님을 바로 이해하지 못하면 사이비 기독교가 되기 쉽습니다. 지금까지 나타난 모든 이단들은 기독론이 바르지 못하거나 성령론이 잘못된 경우입니다. 그러므로 신자들은 필수적으로 기독교 기본 신학을 갖추고 있어야 합니다. 많은 신자나 교회들이 신앙을 중시하면서도 신학은 무시하는 것은 잘못된 일입니다. 신학이 바르지 못하면 신앙도 빗나가게 되어 있습니다. 기독교신앙은 무조건 믿습니다, 할렐루야! 만을 잘 외친다고 믿음이 좋은 것은 아닙니다. 잘못 이해된 믿음의 열심은 어떤 전염병이나 전쟁의 피해보다도 무서운 해악을 끼칩니다.

삼위일체 三位一體

성령님을 이해하기 위해서는 먼저 삼위일체三位一體 하나님에 대하여 알아야 합니다. 하나님은 3위位로 계십니다. 즉 아버지 하나님(성부), 아들 하나님(성자), 성령 하나님으로 계십니다. 이 세 위격位格의 하나님은 본질적으로 속성이나 능력에서 동등하십니다. 그러나 아버지 인격의 하나님, 아들 인격의 하나님, 성령 인격의 하나님이 따로 계신다는 것입니다. 그리고 질서상 성부 하나님이 제1위 하나님이시며 성자 하나님이 제2위 하나님이시고, 성령 하나님이 제3위 하나님이십니다. 이 세 분 인격의 하나님은 같은 속성, 같은 능력으로 계시면서 완벽한 사랑과 조화를 이루시며 같은 목적과 뜻을 가지고 일하십니다. 마치 한 몸처럼. 그래서 삼위일체三位一體라고 하는 것입니다. 성경에는 삼위일체라는 말은 없지만 창세기 1장 1절부터 계시록 마지막 절까지 이와 같은 삼위일체로 존재하시고 역사하시는 하나님에 대해서 증거하고 있습니다. 우리가 예배 때마다 고백하는 사도신경에도 성부, 성자, 성령 하나님이 차례로 나옵니다.

　삼위일체 하나님의 완벽하게 일치된 속성과 능력과 조화로움은 세 분 위격의 하나님을 한 분이라고 오해할 수도 있습니다. 실제로 우리가 신앙생활을 하는 데는 하나님 자신이 곧 성령님이요, 예수님 자신을 성령님으로 여기는 것이 유익합니다. 그럼에도 엄밀한 의미에서 성부, 성자, 성령은 다른 위격으로 계신 독립된 인격을 가지신 분임을 알아야 합니다. 그러므로 삼위일체 하나님을 완벽하게 이해하고 소화하는 일은 어렵습니다. 정말 하나님의 특별한 은혜 속에서만 바로 이해하고 믿게 됩니다.

　세대주의라는 이단적 신학이 있는데 하나님과 예수님과 성령님을 한 분 하나님으로 보고, 구약의 여호와 하나님이 예수님으로 오셨고, 다시 예수님이 성령님으로 오셨다고 주장합니다. 따라서 그들은 성부시대(구약)—성자시대(성육신)—성령시대(교회)로 해석합니다. 이런 해석의 영향을 받은 목회자들이 꽤 많이 있습니다. 어떤 이단은 삼위일체 하나님을 부인하고 삼일三一 하나님으로 부릅니다. 한 분이 세 분으로 활동하시기 때문에 결국 삼위

三位의 인격이 아니라는 것입니다. 또 어떤 부흥사들은 삼위일체 하나님을 설명할 때 하나님은 태양으로, 예수님은 태양의 빛으로, 성령님은 태양의 열로 비유하기도 합니다. 삼위일체 하나님은 한 인격체로서 세 가지 기능을 가지고 활동한다는 것입니다. 그럴듯한 해석 같지만 전혀 비성경적입니다.

　성경에서 말하는 삼위일체 하나님은 아버지 하나님 따로 계시고, 아들 하나님(예수님) 따로 계시고, 성령 하나님 따로 계시면서 아버지 하나님은 창조와 작정과 섭리의 주권자이시고, 아들 예수님은 인류구속사역을 이루시고, 성령 하나님은 성부와 성자께서 하시는 일을 직접 적용시키는 일을 하시되 사랑과 일치와 교제와 조화 속에서 하시므로 한 분이 하시는 것처럼 하십니다. 또 성부 하나님은 성자 하나님을 영화롭게 하시고(요 17:1), 성자 하나님은 성부 하나님을 영화롭게 하시고(요 17:1), 성령 하나님은 성자와 성부 하나님을 영화롭게 하시되, 특히 성자 예수님을 영화롭게 하십니다(요 16:14). 실제로 예수님께서 세례 받으실 때 삼위일체 하나님께서 동시에 활동하시는 것을 보여 주셨습니다(마 3:16,17).

인격자 성령님

　성령님을 비인격적인 기운이나 물체, 분량, 능력으로만 이해하는 일이 없도록 해야 합니다. 성령 충만이라든가 성령 받으라 혹은 성령의 역사, 성령의 능력이라는 용어 때문에 그렇게 이해하는 신자가 많습니다. 성령님은 하나님이시므로 인격자이십니다. 그러므로 성령으로 호칭하는 것보다 성령님으로 존칭을 사용해야 마땅합니다. 요한복음 14장은 성령님이라는 존칭으로 번역했는데 좋은 번역이라고 생각됩니다.

성령님은 지성적으로(고전 2:10), 감정적으로(롬 15:30), 의지적으로(고전 12:11) 일하십니다. 그분은 근심하시며(엡 4:30), 탄식하시며(롬 8:26), 말씀하시고(계 2:7), 명령하시고(행 13:2), 위로하시며(행 9:31), 가르치시는(요 14:26) 분입니다. 그분을 "성령 받으라!" 하면서 물건 취급(?)하는 것은 망령된 짓입니다. 그분은 예배의 대상이시며 영광을 받으실 분입니다. 그럼에도 불구하고 그분은 예수님을 믿는 자들 속에 늘 내주하시며(요 14:16; 고전 3:16; 6:19), 동고동락하십니다. 그러나 동시에 그분은 이 세상과 우주 구석구석 안 계신 곳이 없는 무소부재하신 하나님이십니다.

성경은 그분을 하나님의 영(고후 7:3), 여호와의 신(사 61:1), 예수의 영(롬 8:9), 양자의 영(갈 4:6), 소멸하는 영(사 4:3,4), 대언의 영(계 19:10), 성결의 영(롬 1:4), 약속의 영(엡 1:11), 진리의 영(요 14:17), 생명의 영(롬 8:2), 지혜와 총명의 영, 모략과 재능의 영, 지식과 여호와를 경외하는 신(사 11:2), 은혜의 성령(히 10:29), 영광의 영(벧전 4:14), 보혜사(요 14:26) 등으로 표현하는데 그분의 사역과 관계된 표현입니다. 특별히 보혜사는 신학적으로 '또 다른 자기'라는 뜻인데 성부 하나님이나 성자 예수님 입장과 똑같다는, 성령님 자신이 성부이고 성자라는 의미가 담겨 있습니다. 그러므로 우리 신자들의 입장에서 성령님을 예수님 자신으로, 하나님 자신으로 여길 수밖에 없습니다. 그만큼 삼위일체 하나님은 오묘하고 신비합니다. 하나님의 능력은 곧 예수님의 능력이며 성령님의 능력이요, 하나님의 은혜는 예수님의 은혜이며 성령님의 은혜인 것입니다.

다만 성령님은 육체로 오셨던 예수님과는 달리 영으로 오셨기 때문에 시간과 장소에 구애받지 않고 더 많이, 더 개별적으로 시간과 공간을 초월하여 역사하실 수 있습니다. 그래서 예수님께서는 "내가 떠나가는 것이 너희에게 유익하다"(요 16:7) 말씀하셨던 것입니다. 성령님은 예수님께서 하나님 보좌로 가는 대신, 지상 성도들을 위해 교회를 위해 오신 분입니다. 요한복음 14:17—20은 분명코 신자에게 함께하시는 성령님이 곧 예수님 자신임을 보여 줍니다.

그러므로 성령님은 하나님 자신이기도 하고 예수 그리스도 바로 그분이기도 합니다. 이런 사실을 깨달은 신자는 하나님과의 깊은 교제에 들어갈 것이며 그 은혜를 더욱 크게 누리게 되고, 결코 이단들처럼 잘못된 신앙을 갖지 않을 것입니다.

세상, 인간, 마귀

성경에서 세상은 하나님이 창조하신 피조세계 중 인간을 중심으로 한 가시적인 세계의 개념으로 나타나고 있습니다. 성경에서의 세상은 어둠으로 묘사되어 있고(요 1:5—10), 예수님은 이 어두운 세상을 비추는 빛으로 오셨다고 합니다(요 8:12; 9:5). 그러나 어둠이 깨닫지 못했다(요 1:5)고 하는데, 예수님이 누구신지, 왜 오셨는지를 모르는 세상 사람들을 두고 한 말입니다.

이는 이 세상을 주관하는 마귀(요 12:31; 엡 6:10—12) 때문입니다. 성경은 사람들에게 어둠에 붙잡히지 말고 빛에 속하도록 명령합니다(요 12:35,36). 사도 바울은 어둠의 일을 벗고 빛의 갑옷을 입으라고 했습니다(롬 13:12). 한 마디로 하나님(예수님)은 빛이요,

세상은 어둠으로 요약됩니다(요일 1:5). 그러나 불신자들은 어둠(마귀) 안에 속해 있지만, 예수님을 믿어 거듭난 하나님의 자녀들은 빛에 속합니다.

요한일서 2:16에는 세상에 있는 것들은 모두 육신의 정욕과 안목의 정욕과 이생의 자랑인데 다 아버지께로 좇아온 것이 아니요 세상으로 좇아온 것이라고 합니다. 그리고 보이는 이 세상은 영원하지 못하고 보이지 않는 세상(불가시적인 세상, 영적인 세상)은 영원하다고 합니다(요일 2:17; 고전 7:31; 고후 4:18). 인간은 가시적인 세상만 전부인 줄 알고 있지만, 성경은 불가시적인 세상이 분명히 존재하고 있고, 보이지 않는 세상이 더 중요하다고 강조합니다. 믿음이란 눈으로 보고, 손으로 만지고, 귀로 들을 수 있는 것만을 의미하는 것이 아니라, 하나님이 말씀하신 보이지 않는 것, 만질 수 없는 것, 들을 수 없는 것을 믿는 것을 말합니다(히 11:1).

성경은 이 세상과 세상의 것들을 사랑치 말라고 합니다. 이 명령은 신자들을 고민스럽게 합니다. 세상에서 사는 것도 중요하고, 세상에는 사랑할 대상들이 많은데, 그리고 그것들을 사랑하고 있는데 성경에는 그것을 금지하고 있으니 도대체 어떻게 살아야 하는지 곤란합니다. 많은 신자들이 이 세상과 세상의 것들을 사랑하지 말라는 성경말씀을 오해하는 것을 봅니다. 이 말씀은 마귀(사단)의 지배를 받고 있는 사람들의 불신앙적인 가치관,

곧 어둠에 사로잡혀 있는 사람들의 사상과 풍조와 삶을 따르거나 사랑하지 말라는 뜻입니다. 세상에 있는 모든 물질적인 것이 악하므로 멀리하라는 뜻이 아닙니다. 이런 오해는 헬라의 영지주의 이원론二元論 때문에 생겨난 병폐입니다. 즉 영적인 것은 선하고 물질적인 것은 악하다는 사상입니다.

하나님은 물질세계 자체를 나쁘다고 말씀하신 적이 전혀 없습니다. 오히려 보시기에 심히 좋았다고 하셨습니다(창 1:31). 다만 인간이 그것들을 잘못 사용하게 될 경우에 악하게 된다고 말씀하셨습니다. 인간은 물질세계를 정복하고, 다스리고, 개발하여 바르게 사용할 것에 대한 문화명령을 받은 하나님의 청지기입니다(창 1:21). 그리스도인들은 세상의 예술이나 학문, 도덕, 스포츠 등 문화적인 요소들을 무시하거나 외면해서도 안 되고 죄악시해서도 안 됩니다. 그런 것들을 선하게 사용하도록 부름 받은 사람이 크리스천입니다. 하나님은 물질문화 속에 역사하시고 자신의 선한 뜻을 펼쳐 나가시며 영광을 받으십니다. 그것을 하나님의 일반 은총이라고 합니다. 문제는 세상 물질과 문화적인 요소들을 하나님보다 더 사랑하거나 악용하거나 남용하는 것이 악하다는 것입니다.

요한일서 2:15에 "이 세상에 있는 것들을 사랑치 말라"는 헬라어 성경 원문의 뜻은 세상을 아가페 사랑으로 사랑치 말라는 것입니다. 즉 하나님보다 더 사랑하지 말라는 것입니다. 하나님은 하나님보다 더 사랑하는 것은 우상숭배로 보십니다. 육신의 정욕과 이생의 자랑과 안목의 정욕을 하나님보다 더 추구하는 것은 우상숭배라는 것입니다. 그리스도인들도 자칫하면 그렇게 되기 쉽기 때문에 경고하는 것입니다.

사단이 하와를 유혹할 때 사용한 것이 육신의 정욕(먹음직하고), 안목의 정욕(보암직하고), 이생의 자랑(지혜롭게 할 만큼 탐스러운)이었습니다. 중요한 것은 예수님께서도 같은 유혹을 받으셨다는 사실입니다(마 4:1-11). 사단은 예수님께서 금식하고 굶주림에 지쳤을 때 돌로 떡을 만들어 먹어보라(육신의 정욕), 성전 꼭대기에서 뛰어내려 보라(안목의 정욕), 나에게 절하면 천하만국의 영광을 주겠다(이생의 자랑)고 유혹했습니다. 그러나 예수님은 아담과 하와와는 달리 이 유혹을 물리치셨습니다. "내가 세상을 이기었노라"(요 16:33)는 말씀은 예수님께서 육신의 정욕과 안목의 정욕과 이생의 자랑에서 자유로울 수 있었음을 의미하기도 합니다.

그러므로 신자들은 예수 그리스도와 온전히 연합되었을 때 세상을 이길 수 있습니다. 즉 세상의 것들에 얽매어 그것들의 노예가 되어 섬기며 사는 멸망할 인생을 사는 것이 아니라, 그것들을 바르게 누리며 관리하는 올바른 청지기로 살게 되므로 하나님께서 원하시는 인생의 본래 목적대로 살 수 있게 된다는 것입니다.

마귀는 예수님의 십자가 죽으심과 부활로 말미암아 예수님에게 패하여 쫓겨나게 되었지만(요 12:31), 아직도 최후의 발악을 하면서 두루 다니며 삼킬 자를 찾고 있습니다(벧전 5:8). 그래서 세상은 악하며 죄로 어둡고 위태롭습니다.

하나님께서 세상을 사랑하신다고 하는 것은 이처럼 마귀에게 공격당하고 유린당하는 어둠에 처한 죄인들을 사랑하신다는 것입니다. 왜냐하면 비록 타락했을지라도 인간은 하나님의 형상을 따라 지음 받은 유일한 존재이기 때문입니다. 하나님은 세상을 사랑하시므로 독생자를 주시어 마귀와 함께 멸망에 처할 인간을 구하시고자 했던 것이고 예수님께서는 인간을 구원하시기 위하여 자신을 희생하기까지 하셨던 것입니다.

신자는 세상에 살고 있으나 하나님 나라의 백성입니다(빌 3:20). 그것이 신자의 영적 신분이며 소속입니다. 또한 외국인이며 나그네로서 돌아갈 본향이 있는 사람입니다(히 11:13—16). 신자의 궁극적인 목적지는 하나님 나라이기 때문입니다. 그러므로 신자는 보이는 세상 나라보다 보이지 않는 하나님 나라를 더 기뻐하며 소망하며 사랑하는 사람입니다(고후 4:18—5:2). 만약 하나님 나라보다 이 세상을 더 사랑하며 집착하며 세상 중심으로 산다면 그는 진정한 신자가 아직 아닙니다.

그렇다고 해서 이 세상의 모든 것을 업신여기거나 대충 살라는 뜻은 아닙니다. 세상을 나그네처럼 살지라도 잠깐 살다 가는 곳이라도 깨끗이 쓰고 소중히 다루며 유익을 끼쳐야 합니다. 세상에 있는 동안 하나님의 청지기이며 관리인으로서 하나님이 창조하신 이 세상을 아름답게 살면서 최선을 다해 살면서 나에게 있는 몸, 재능, 시간, 재물 등을 가지고 하나님께 충성하며 영광을 돌려야 하는 것입니다. 신자는 세상에서 어떤 자세로 어떻게 살았느냐로 이 다음에 하나님의 심판에서 평가를 받게 됩니다(멸망의 심판이 아니라. 고후 5:10; 딤후 4:8).

따라서 모든 그리스도인들은 세상을 도피해서도 안 되고, 세상과 짝을 지어서도 안 되며, 하나님 나라의 백성으로서 세상에서 책임 있는 존재로 살아야 합니다. 예수님께서는 신자가 세상에서 가져야 할 책임을 소금과 빛이라고 하셨습니다(마 5:13,14). 소금과 빛은 세상에서 없어서는 안 될 가장 중요한 것들입니다. 신자의 존재가 세상에서 얼마나 중요한지를 일깨워 주신 말씀입니다. 이처럼 신자는 하나님 앞에, 그리고 세상 속에서 책임 있는 삶을 살아야 합니다. 생각 없이 살아서는 안 될 것입니다.

믿음

신념과 믿음

크리스천(기독교인)은 예수 그리스도를 믿는 사람을 말합니다. 그런데 이 믿음에 대해서 바르게 이해하고 믿는 사람이 드문 것은 아이러니irony가 아닐 수 없습니다. 성경은 "믿음은 바라는 것들의 실상이요 보지 못하는 것들의 증거니"(히 11:1)라고 했습니다.

바라는 것들(원하고 소망하는 것들)을 실상과 같이 보는 것이 믿음이라는 것입니다. 즉 미래적인 것들을 현재적인 것으로 삼을 수 있는 것이 믿음이라는 것입니다. 그런데 여기서 문제되는 것은 무엇을 바라는가, 누가 바라는 것인가 입니다. 사람들은 내가 바라는 것을 믿음이라고 생각합니다. 그러나 엄밀한 의미에서 내가 바라는 것은 신념에 지나지 않습니다. 종종 많은 사람들이 착하게 살며 훌륭한 일을 많이 하고 남에게 덕을 끼치면 천국에 갈 것으로 믿고 있는데 그런 것이 바로 믿음이 아니고 신념입니다.

기독교 신자들조차도 구체적인 신앙생활에서 얻은 자기들의 경험과 이론에 근거한 생각을 굳게 붙잡고서 좋은 신앙을 가진 것으로 착각하는 사람들이 있습니다. 무엇이든 자기로부터 출발하는 것은 성경적인 믿음이 아닙니다. 믿음은 하나님이 바라는 것입니다. 마가복음 11:22에 "하나님을 믿으라"고 잘못 번역된 원문은 "하나님의 믿음을 너도 가지라"는 뜻인데, 성경에서 말하는 믿음은 곧 하나님의 믿음을 가지는 것을 의미하는 것입니다. 내 믿음이란 아무 근거도 보장도 없는 것이며 환경과 자극에 따라 변합니다. 그러나 하나님은 사람으로서 할 수 없는 것을 할 수 있게 하십니다(마 19:26).

히브리서 11장에 나오는 믿음의 영웅들은 자기의 신념을 근거로 한 믿음이 아니라 하나님의 믿음을 가진 사람들이었습니다. 하나님의 믿음은 말씀입니다. 로마서 10:17에 "믿음은 들음에서 나며 들음은 예수의 말씀으로 말미암는다"라고 했습니다. 말씀만이 믿음입니다. 하나님이 바라시는 것, 하나님이 목적하시는 것, 하나님이 약속하신 것, 하나님이 사랑하시는 것, 그런 것이 믿음입니다. 그런 것들은 성경 속에 모두 있습니다. 그러므로 하나님 말씀에 근거하지 않는 믿음은 신념이나 고집에 불과합니다. "믿음의 주요 또 온전하게 하시는 이인 예수님"(히 12:2)이 말씀이라고 했습니다(요 1:1). 곧 하나님 말씀을 사랑하는 것이 하나님을 사랑하는 것이요, 말씀에 순종하는 것이 하나님께 순종하는 것입니다.

하나님의 말씀에는 능력이 있으므로(요 10:35) 믿음에는 능력이 있고 능치 못함이 없습니다(눅 1:37). 또 말씀은 진리이며(요 17:17), 믿는 자는 진리 안에 속합니다. 말씀은 하나님이시므로(요 1:1) 믿는 자는 하나님을 소유합니다. 말씀은 영이요 생명이므로(요 6:63) 말씀에 거하는 자는 예수님 안에 거하는 것입니다. 그러므로 말씀이 없는 자는 믿음이 없는 자입니다. 성경말씀에 무지한 자는 단정코 진리를 모르는 자이며 믿음이 없는 자입니다. 집사나 장로나 목사라 할지라도 마찬가지입니다.

믿음과 샤머니즘

오늘날 한국 교회의 심각한 문제는 성경적인 믿음이 아니라 샤머니즘적인 믿음을 가지고 믿음 좋은 행세를 하는 사람이 너무 많다는 것입니다. 우리나라 사람의 심성 깊은 곳에는 운명이나 팔자를 믿는 성향이 있을 뿐 아니라, 수천 년 동안 젖어 온 기복적 사고를 가지고 있는데, 이러한 요소들이 모든 종교인들 가운데 확고하게 자리 잡고 있는 경우가 많습니다. 원래 불교나 유교는 지금과 같은 형태의 기복적 종교가 아닌 철학적 윤리적 교육적 의미가 강한 가르침이었습니다. 그러나 우리나라에 전래되면서 우리 민족의 강한 기복적 샤머니즘에 토착화되어 지금의 불교, 유교가 되고 말았습니다. 불교는 거의 샤머니즘화 되었고, 유교는 조상 숭배와 충효 사상으로 대표됩니다.

　이렇듯 우리 민족의 정신 구조가 무엇을 위하는(지성을 바치는) 공덕적인 면이 많은데 기독교 쪽에서는 천주교가 먼저 동화되었고 개신교도 대형 교회 건설과 신자들을 압도하는 장엄하고 숙연한 분위기의 내부 치장을 하고 지성을 드리는 기복신앙으로 동화되어가고 있고, 그런 메시지들이 넘쳐 나고 있습니다.

　우리 민족은 유행과 전통과 큰 것에 약한 체질을 타고난 듯합니다. 대형 아파트를 선호하는 것에서부터(신자들도 예외 아님) 목회자와 신자는 대형병에 걸려 있어 기를 쓰고 대형화를 선호하고 사모하고 추구하고 모방하려 듭니다. 교회가 하나님 나라의 정의 실현 같은 것보다는 교회의 웅장한 분위기와 귀를 탄복시키는 설교와 즐거운 행사에 더 신경을 씁니다. 개인성도의 영적 수준은 낮지만 개교회적인 뚝심은 대단해서 믿습니다! 하고 밀어붙이는 것으로 버텨 나가며 외적인 실적(부흥, 교회당 건축)을 이루어가고 있지만, 그때문에 야기되는 부작용도 많습니다.

좁은 길

믿음은 분위기를 따라가는 것, 뚝심으로 밀어붙이는 것이 아니라, 하나님 말씀을 믿는 결단을 의미합니다. 믿음은 끊임없는 선택과 결단과 순종의 길입니다. 그것이 아무리 현실적인 장애나 어려움이 따른다 하더라도, 현실의 상황이나 세상의 이치와 상식에 맞지 않는 일일지라도 그렇게 하는 것이 믿음이요 신앙입니다. 그러므로 믿음의 길은 넓고 편한 길이 아니라 좁은 길이라고 예수님은 말씀하셨습니다(마 7:13,14). 당연히 넓고 편한 길을 가는 사람은 많고, 좁은 길을 가는 사람은 적습니다. 그러나 좁은 길만이 생명의 길이라고 주님은 분명히 말씀하셨습니다. 좁은 길은 자기부정의 길이요, 외로운 길입니다. 때로는 부부 사이에도, 부모 자녀 사이에도 이해하지 못하는 길이 믿음의 길입니다. 남편이나 부모의 핍박을 받아 가며 믿음의 길을 가는 수많은 사람들을 보십시오.

믿음의 길은 기쁨과 행복도 있지만 때로는 슬픔과 좌절도 있습니다. 승리도 있지만 패배도 있습니다. 하나님의 자녀가 되었다고 해서 언제나 만사형통의 길이 펼쳐지는 것은 아닙니다. 그럼에도 불구하고 하나님의 자상하고 세밀한 인도와 은혜가 있습니다. 기독교신앙은 샤머니즘처럼 맹목적인 복을 추구하는 신앙이 아닙니다. 원칙적으로 하나님 말씀에 순종하면 복이 있습니다. 그러나 신자들이라고 해서 하나님 말씀을 백 퍼센트 순종하기가 쉽지 않을 뿐 아니라 불순종할 때도 있습니다. 또 순종한다 하더라도 현실적으로 나타나는 복도 있지만, 미래에 이루어질 복도 있습니다. 그리고 그때까지 믿음과 인내와 성화가 필요합니다. 그런 과정에서 신자들은 갈등도 생기고 좌절도 겪을 수밖에 없습니다. 또한 믿음과 현실 사이의 괴리감도 무시 못 합니다. 이런저런 일로 믿음의 길을 꾸준히 간다는 것은 쉬운 일이 아닙니다. 그러나 믿음의 길의 끝은 우리가 상상할 수 없는 영광스러움이 있을 것이라고 성경은 거듭 약속하고 있습니다(롬 8:18).

믿음은 하나님의 선물

성경은 믿음은 하나님이 주신 선물이라고 말씀합니다(엡 2:8). 내가 믿는 것 같고, 나 혼자 믿음의 길을 가고 있는 것 같지만 믿음은 하나님의 은혜이며 하나님께서 함께하셔야 가능합니다. 내가 믿고 있다는 것은 착각입니다. 내가 믿고 있음은 하나님이 나에게 믿음을 선물로 주셨음을 증거하는 것이고, 하나님이 나와 동행하심을 증거하는 것입니다. 그러므로 믿음은 놀라운 기적일 수밖에 없습니다. 한편, 내가 믿음이 좋다고 여겨질 때, 다른 사람이 내 믿음에 대해서 칭송할 때 교만해질 이유가 없는 것은 믿음이 은혜의 선물이기 때문입니다. 따라서 신자들은 자신의 믿음을 위해 늘 기도해야 하며, 믿음이 성장했다하더라도 겸손한 자세를 유지해야 하고 하나님께 감사해야 합니다. 내 능력으로 믿고 있다면, 믿음의 출발이 나에게 있다면 불안한 일이지만 하나님께로부터 비롯된 것이므로 견고하고 불변합니다. 그래서 사도 바울은 보이는 것이나 보이지 않는 그 어떤 힘으로도 예수 그리스도와 우리와의 사랑을 끊을 수 없다고 했습니다(롬 8:32—39).

하나님께서 선물로 주신, 금보다 귀한 믿음(벧전 1:7)의 궁극적인 목표는 구원입니다(벧전 1:9). 그 목표에 이르기까지 신자에게 주신 믿음의 선물을 신앙생활을 통하여 선하게 사용하고 계발하여 하나님께 영광 돌려야 하는 일은 신자의 책임이요 몫입니다. 그리고 이 다음 예수 그리스도로부터 평가를 받게 될 것입니다(계 22:12).

복음의 핵심

이방종교에 나타난 화목사상

B.C. 천 년경에 있었던 트로이 전쟁에서 전해져 오는 설화에 이런 이야기가 있습니다.

파리의 왕자는 헬렌 공주를 가로채 트로이로 데려갔습니다. 헬라의 수색대가 그녀를 다시 찾기 위해서 배를 타고 떠났습니다. 그런데 맞은편에서 거센 바람이 계속 불어와서 도중에 항해를 포기하고, 헬라 장군 아가멤논은 부하를 집으로 보내 자기 딸을 데려오게 하여, 급기야는 분노한 신들을 달래기 위하여 자기 딸을 죽여 제물로 바칩니다. 그러자 물결이 잠잠해지고 다시 북

서풍이 불기 시작하여 군사를 실은 배는 어려움 없이 트로이에 도착할 수 있었습니다.

이 이야기 속에는 이방종교 가운데에도 화목제물사상이 있음을 반영하고 있습니다. 헬라의 신화에는 여러 신들이 있는데, 그 신들은 어느 신이든 각기 인간의 삶을 더 쉽게도 하고 어렵게도 하는 힘을 가지고 있을 뿐 아니라 인간의 삶을 간섭하고자 합니다. 그 신들이 인간에게 너무 많은 관심을 둔다든지 자기 스스로 만족치 못할 때에는 질투를 느끼고 인간의 환경을 악화시켜서 고통을 더해 줌으로써 인간의 관심을 신들에게로 돌이키게 합니다. 인간들이 화가 난 신들에게 취할 행동은 제물을 바침으로써 신들을 어르고 달래는 것입니다. 제물은 클수록 좋은데 그것은 신들이 인간들에게 큰 제물을 받고 기분이 좀 누그러지기 때문입니다.

헬라, 로마 신화에 등장하는 신들은 잔인하고 무정합니다. 그리고 그들은 항상 인간을 압도하고 자기들이 원하는 대로 하지 않으면 벌을 내립니다. 그러니 어떻게 해야 하겠습니까? 사람은 필연적으로 신에게 머리를 숙이고 신이 흡족할 정도로 제물을 바치지 않으면 안 됩니다. 특별히 살아있는 사람을 제물을 바치는 일은 비싸기는 하지만 효과는 최고입니다.

그러므로 이방종교는 사람을 제물로 바치는 일이 흔했던 것이고, 그렇게 해서라도 신을 달래고 원하는 것을 얻어낼 수 있다고 생각했습니다.

이방종교의 화목사상을 저주하는 성경

성경은 이러한 이방종교에서부터 우리를 단호하고도 엄격하게 분리시킵니다. 성경은 이교주의(paganism)를 즉각적으로 저주하고 있습니다. 이방종교의 신들은 어리석고 악한 사람들의 상상으로 만들어진 것이라고 성경은 명백하게 규정지으며, 우주 안에서 유일한 참 신은 전능하신 창조주 하나님, 사랑과 자비와 긍휼과 진리의 원천이 되시는 하나님, 악은 그림자도 없으시고 온전히 선하시며, 변덕스러움도 없으시며 온전히 진실하신 하나님 한 분뿐임을 선포합니다. 그러므로 성경에는 이교주의에서 발견되는 화목사상 같은 것은 존재하지 않을 것이라고 생각하기 쉽습니다. 그러나 놀랍게도 성경에는 화목사상(제물을 바침으로 하나님의 노를 가라앉힌다는 사상)이 관통하여 흐르고 있는 것을 발견할 수 있습니다.

구약의 화목사상

구약성경(모세율법)에서 화목사상은 죄를 없이하고 죄책을 없이하는 규제된 제사 의식에 깔려 있습니다. 대속죄일(레 4:1—6,7,16), 또는 민수기 16:41 이하의 말씀 속에 그 점이 분명하게 나타납니다. 거기에 보면 하나님은 고라와 다단과 아비람을 심판하신 것을 비방한 일로 인해서 백성들을 멸하시겠다고 진노하십니다.

"이에 모세가 아론에게 이르되 너는 향로를 가져다가 제단의 불을 그것에 담고 그 위에 향을 피워 가지고 급히 회중에게로 가서 그들을 위하여 속죄하라 여호와께서 진노하셨으므로 염병이 시작되었음이니라."(민 16:46 이하)

신약의 화목사상

신약성경은 구약의 화목제물이 예수 그리스도의 십자가 구속사역의 그림자요, 예표요, 모형이었음을 밝히 드러내 보입니다.

"이제는 율법 외에 하나님의 한 의가 나타났으니 율법과 선지자들에게 증거를 받은 것이라 곧 예수 그리스도를 믿음으로 말미암아 모든 믿는 자에게 미치는 하나님의 의니 차별이 없느니라 모든 사람이 죄를 범하였으매 하나님의 영광에 이르지 못하더니 그리스도 예수 안에 있는 속량으로 말미암아 하나님의 은혜로 값 없이 의롭다 하심을 얻은 자 되었느니라 이 예수를 하나님이 그의 피로써 믿음으로 말미암는 화목제물로 세우셨으니 이는 하나님께서 길이 참으시는 중에 전에 지은 죄를 간과하심으로 자기의 의로우심을 나타내려 하심이니 곧 이 때에 자기의 의로우심을 나타내사 자기도 의로우시며 또한 예수 믿는 자를 의롭다 하려 하심이라."(롬 3:21—26)

"그러므로 그가 범사에 형제들과 같이 되심이 마땅하도다 이는 하나님의 일에 자비하고 신실한 대제사장이 되어 백성의 죄를 속량하려 하심이라."(히 2:17)

신약성경은 이처럼 하나님의 독생자께서 화목제물이 되시기 위해서 인간의 모습으로 성육신하시고 십자가에 못 박혀 제물 되심으로 인간의 죄로 인한 하나님의 진노를 멈추게 하시고 하나님과 인간을 화목케 하셨다고 증거하고 있습니다. 또 예수님께서 지금도 계속 우리를 위하여 화목케 하시는 사역을 하고 계신다고 신약성경은 증거하고 있습니다.

"……만일 누가 죄를 범하여도 아버지 앞에서 우리에게 대언자가 있으니 곧 의로우신 예수 그리스도시라."(요일 2:1 이하)

예수님의 화목사역은 바로 하나님의 사랑에 근거하며, 하나님의 사랑을 증명합니다. 하나님의 사랑은 예수 그리스도의 화목제물을 제외하고는 증명할 길이 없습니다.

"우리가 아직 죄인 되었을 때에 그리스도께서 우리를 위하여 죽으심으로 하나님께서 우리에 대한 자기의 사랑을 확증하셨느니라."(롬 5:8)

"……하나님은 사랑이심이라 하나님의 사랑이 우리에게 이렇게 나타난 바 되었으니 하나님이 자기의 독생자를 세상에 보내심은 그로 말미암아 우리를 살리려 하심이라 사랑은 여기 있으니 우리가 하나님을 사랑한 것이 아니요 하나님이 우리를 사랑하사 우리 죄를 속하기 위하여 화목제물로 그 아들을 보내셨음이라."(요일 4:8—10)

이처럼 화목사상은 기독교신앙에서 중심을 차지하고 있습니다. 예수님의 성육신은 화목사상의 차원에서 설명되어야 합니다.

속죄와 화목

성경에서 화목이란 말과 같은 의미로 사용되고 있는 말이 속죄입니다. 화목제물이란 말과 속죄제물이란 말은 같은 의미로 사용되고 있습니다. 그러나 원칙적으로 속죄라는 말과 화목이라는 말의 의미는 다릅니다. 속죄는 화목이란 말이 지니고 있는 의미의 반밖에 나타내지 못합니다. 성경에서 화목은 좀 더 넓고 포괄적이며 깊은 의미를 담고 있습니다. 속죄는 죄를 덮어 버리고, 없애 버리고 내던져 버려서 더 이상 하나님과 사람 사이의 관계에 장애가 되지 않게 하는 것을 의미합니다. 그러나 화목은 그것뿐 아니라 하나님의 진노를 가라앉히는 것까지 포함합니다.

바울은 로마서 1장 18절에서 "하나님의 진노가 불의로 진리를 막는 모든 사람들의 경건하지 않음과 불의에 대하여 하늘로부터 나타난다"고 확증함으로써 하나님의 진노를 가라앉히는 화목의 필요성, 곧 복음의 필요성을 논증하고 있습니다. 로마서 1, 2, 3장에서 바울은 모든 이방인과 유대인이 죄 아래 갇혀 있으므로 하나님의 진노를 받기에 합당하다는 논증을 펴면서, 그러나 이제는 예수 그리스도를 화목제물로 세우심으로 하나님께서 진노하심에서 구원해 주신다는 복음을 제시합니다.

"……진노의 날 곧 하나님의 의로우신 심판이 나타나는 그 날에 임할 진노를 네게 쌓는도다… 오직 당을 지어 진리를 따르지 아니하고 불의를 따르는 자에게는 진노와 분노로 하시리라… 곧 나의 복음에 이른 바와 같이 하나님이 예수 그리스도로 말미암아 사람들의 은밀한 것을 심판하시는 그 날이라."(롬 2:5,8,16)

"그러면 이제 우리가 그의 피로 말미암아 의롭다 하심을 받았으니 더욱 그로 말미암아 진노하심에서 구원을 받을 것이니 곧 우리가 원수 되었을 때에 그의 아들의 죽으심으로 말미암아 하나님과 화목하게 되었은즉 화목하게 된 자로서는 더욱 그의 살아나심으로 말미암아 구원을 받을 것이니라."(롬 5:9,10)

곧 화목제물 되시는 예수 그리스도의 피(희생과 죽음)는 우리를 향하신 하나님의 분노를 폐해 버리셨다는 것입니다. 그리고 그 이후로부터 영원토록 하나님께서 우리를 대하시는 태도는 진노가 아니라 화목적이고 호의적이라는 것입니다. 하나님과 우리는 더 이상 죄로 인하여 원수가 아니며, 하나님은 우리를 지극히 사랑하시며 돌보시는 아버지가 되십니다.

"너희는 다시 무서워하는 종의 영을 받지 아니하고 양자의 영을 받았으므로 우리가 아빠 아버지라고 부르짖느니라."(롬 8:15)

"영접하는 자 곧 그 이름을 믿는 자들에게는 하나님의 자녀가 되는 권세를 주셨으니."(요 1:12)

이처럼 예수 그리스도는 우리의 죄를 위한 화목제물이 되시므로 희생, 죽음을 통하여 우리를 향하신 하나님의 진노를 가라앉히고 화목케 하실 뿐 아니라 하나님의 자녀가 되는 권세를 주셨습니다.

하나님의 진노와 하나님의 도덕성

하나님은 예수 그리스도의 화목제물로 인하여 죄인들에 대한 진노를 푸시고 화해하셨는데, 여기서 우리는 다시 한 번 하나님의 진노에 대하여 살펴볼 필요가 있습니다. 하나님의 진노는 이교도들이 숭배하는 상상 속의 신들처럼 변덕스럽고, 감정적이고, 악하고 복수심에 불타는 그런 분노가 아닙니다. 하나님의 진노는 하나님의 도덕성을 나타내는 거룩한 기능입니다.

"내가 거룩하니 너희도 거룩할지어다."(벧전 1:16)

그리고 하나님의 진노는 심판과 보상의 행위로 표현되는 공의의 기능입니다.

"원수 갚는 것이 내게 있으니 내가 갚으리라 하시고 또 다시 주

께서 그의 백성을 심판하시리라 말씀하신 것을 우리가 아노니."(히 10:30)

하나님의 진노는 하나님의 거룩과 충돌하는 것을 대적하여 일어나는 하나님의 의로운 분노이며, 피조세계의 도덕적 부패를 향하신 창조주로서의 도덕적 완전함의 반응입니다. 만약 하나님께서 피조물의 도덕적 부패에 아무런 반응을 나타내지 않으신다면 하나님의 도덕성은 의심을 받아야 할 것입니다. 화목제물 되신 예수님의 십자가 죽으심의 배후에는 인간의 죄에 대한 하나님의 의로운 분노, 곧 하나님의 도덕성에 있습니다.

화목제물을 주도하신 분은 성부 하나님

이교주의에서는 사람이 신들을 섬기므로 신들을 달래며 무엇을 달라고 요구합니다. 그러므로 이방종교는 상업주의 형식을 띠게 되고 결국 뇌물을 주고받는 형식이 되고 맙니다. 그러나 기독교, 곧 복음에서는 인간이 하나님의 진노를 달래는 것이 아니라 하나님께서 친히 자신의 진노를 가라앉히십니다. 죄인인 인간 편에서 화목제물을 바친 것이 아니라, 하나님께서 친히 화목제물이신 예수 그리스도를 세우셨습니다. 하나님과 사람이 화해하는데 하나님의 원수가 되어 버려 멸망하게 된 인간이 하나님과 화해하려고 나선 것이 아니라, 하나님께서 먼저 주도하신 것입니다. 그리스도인들은 흔히 죄인들을 향하신 하나님의 진노를 사랑으로 바뀌게 하는 데 예수님께서 주도적인 역할을 하신 것으로 알고 있습니다. 그러나 성부 하나님께서 주도하신 것이고, 예수님은 아버지의 명을 받들어 준행하신 것뿐입니다.

자비로우신 성자 예수님이 죄인을 대신해서 아버지의 진노를 가라앉히기 위하여 자신을 제물로 드리셨다는 사상은 어설픈 기독교이며 반기독교적이기까지 합니다. 그것은 삼위일체 하나님의 통일성을 부정하는 것이기 때문입니다. 부패한 인간에 대한 진노를 가라앉히기 위한 화목제물의 계획을 세우신 분은 성부 하나님이시라는 사상이 성경의 기독교입니다. 존 머레이John Murray는 이렇게 말했습니다.

"화목제물의 교리는 정확히 말해서 하나님께서 자기의 진노의 대상을 사랑하시되 극진히 사랑하셔서 자기 아들의 피로 이 진노를 제거할 것을 목적으로 자신의 아들을 보내신 것을 말하는 것이다… 그리스도께서는 그 목적으로 자신을 드려 하나님의 진노를 처리하셨다."

"하나님의 사랑이 우리에게 이렇게 나타난 바 되었으니 하나님이 자기의 독생자를 세상에 보내심은 그로 말미암아 우리를 살리려 하심이라"(요일 4:9)

"사랑은 여기 있으니 우리가 하나님을 사랑한 것이 아니요 하나님이 우리를 사랑하사 우리 죄를 속하기 위하여 화목제물로 그 아들을 보내셨음이라"(요일 4:10)

이처럼 하나님의 사랑은 우리가 하나님을 알지도 못하고 사랑하지도 못하고, 우리 자신이 진노의 자녀임을 모르는 상황에서 주어진 것이며, 그 사랑이 예수님의 화목제물로 나타난 것입니다.

화목제물의 피의 의미

화목제물은 반드시 피를 흘려야 합니다. 구약에서 화목제물로 바쳐진 동물들의 피로 말미암아 사람의 죄가 속죄된 것은 예수 그리스도께서 십자가에 못 박혀 흘리신 피로 우리의 죄를 속죄하신 것의 예표였습니다. 그것은 무척 잔인한 것으로 여겨집니다. 왜 반드시 피를 흘린 제물이 아니면 속죄가 되지 않는 것일까요? 왜 하나님은 피 흘리는 희생제사제도를 명령하셨을까요? 하나님의 성품이 잔인해서일까요? 레위기 17:11에 그 이유를 밝히고 있습니다.

"육체의 생명은 피에 있음이라 내가 이 피를 너희에게 주어 제단에 뿌려 너희의 생명을 위하여 속죄하게 하였나니 생명이 피에 있으므로 피가 죄를 속하느니라"(레 17:11)

성경은 생명=피, 피=생명이라고 합니다. 인간의 죄는 곧 피 흘려 죽어야 하는 심판을 초래할 만큼 치명적인 것인데, 구약에서는 짐승을 대신 희생제물로 바쳐 피 흘리게 함으로써 속죄 받도록 했지만, 그것은 어디까지나 예수님이 오셔서 피 흘려 죽으시기 전까지의 임시방편이었습니다.

인간의 죄로 인한 하나님의 진노를 가라앉히고 심판에서 구원 받게 하는 것은 예수님 자신이나 예수님의 가르침이나 예수님의 흠 없는 도덕성이나 아버지에 대한 충성심이 아니라, 다만 피 흘려 죽으시는 일이었습니다. 신약성경은 한결같이 예수님의 죽음을 속죄 사건, 곧 화목제물로 보고 있습니다. 무죄한 예수님께서 하나님의 공의의 심판 아래서 죄책을 짊어지고 피 흘려 죽음으로써 사람들의 죄를 대속해 주셨다는 것입니다.

> "그리스도께서 우리를 위하여 저주를 받은 바 되사 율법의 저주에서 우리를 속량하셨으니 기록된 바 나무에 달린 자마다 저주 아래에 있는 자라 하였음이라" (갈 3:13)
> "염소와 황소의 피와 및 암송아지의 재를 부정한 자에게 뿌려 그 육체를 정결하게 하여 거룩하게 하거든 하물며 영원하신 성령으로 말미암아 흠 없는 자기를 하나님께 드린 그리스도의 피가 어찌 너희 양심으로 죽은 행실에서 깨끗하게 하고 살아 계신 하나님을 섬기게 하지 못하겠느냐" (히 9:13,14)

예수 그리스도의 죽으심과 피 흘리심으로 말미암아 하나님은 죄인들과 화해하시기를 바라셨고, 그 사실을 믿는 사람마다 화해하십니다. 그 화해는 믿는 자들의 죄과를 그들에게 돌리지 아니하시고(스스로 담당하지 않게 하시고), 예수님으로 담당하게 하시고, 예수님은 믿는 자들의 죄과를 지시고 저주를 받으신 것이 되어 대속이 이루어집니다. 그러므로 믿는 자들은 죄를 대속해 주신 예수 그리스도로 말미암아 죗값을 치렀기 때문에 의롭다 함을 얻게 되는 것입니다.

> "복음에는 하나님의 의가 나타나서 믿음으로 믿음에 이르게 하나니 기록된 바 오직 의인은 믿음으로 말미암아 살리라 함과 같으니라"(롬 1:17)

하나님께 의롭다 함을 받은 사람은 하나님과 화해가 된 사람입니다.

하나님의 공의를 확증하는 화목제물

신약성경의 기자들은 하나님께서 예수님의 십자가 죽으심을 통해서 죄인을 향하신 하나님의 사랑과 자비를 확증하셨을 뿐 아니라, 하나님의 공의를 확증하셨다고 진술합니다. 하나님께 자비만 있고 공의가 없다면 하나님의 거룩성과 도덕성은 의심받아 마땅하며, 불의를 심판하시는 심판주로서의 직무를 수행함에 결함이 있음을 드러내는 것입니다. 그러나 당연하게도 하나님께서는 공의(죄를 심판하시고 선을 상주시는)에 대해서 조금도 의심받으실 분이 아닙니다. 하나님은 인간들의 악행을 심판하시고 선을 보응하시는 일에 너무나 관심이 많으십니다.

그러므로 하나님께서는 죄를 심판하지 않고는 견디지 못하시는 분이며 죄를 절대로 용서하지 못하시는 분입니다. 하나님은 경건한 자를 악하다고 하시거나, 경건치 못한 자를 의롭다고 하실 수 없는 분입니다. 그러나 하나님의 그러한 공의대로 세상에 사는 사람들을 향하여 보응하신다면 세상에 살아남을 사람은 한 사람도 없을 것입니다.

"만일 네가 총명이 있거든 이것을 들으며 내 말소리에 귀를 기울이라 정의를 미워하시는 이시라면 어찌 그대를 다스리시겠느냐 의롭고 전능하신 이를 그대가 정죄하겠느냐 그는 왕에게라도 무용지물이라 하시며 지도자들에게라도 악하다 하시며 고관을 외모로 대하지 아니하시며 가난한 자들 앞에서 부자의 낯을 세워주지 아니하시나니 이는 그들이 다 그의 손으로 지으신 바가 됨이라 그들은 한밤중에 순식간에 죽나니 백성은 떨며 사라지고 세력 있는 자도 사람의 손을 빌리지 않고 제거함을 당하느니라 그는 사람의 길을 주목하시며 사람의 모든 걸음을 감찰하시나니 행악자는 숨을 만한 흑암이나 사망의 그늘이 없느니라 하나님은 사람을 심판하시기에 오래 생각하실 것이 없으시니 세력 있는 자를 조사할 것 없이 꺾으시고 다른 사람을 세워 그를 대신하게 하시느니라 그러므로 그는 그들의 행위를 아시고 그들을 밤 사이에 뒤집어엎어 흩으시는도다"(욥 34:16—25)

하나님께서는 하나님의 공의를 만족시키기 위해서 죄인들을 심판하시는 대신, 아드님 예수 그리스도께서 십자가에 못 박혀 피 흘려 죽게 하심으로 우리 대신 심판을 당하게 하셨습니다. 그럼으로써 당신의 공의를 만족시키셨습니다. 그리고 "우리가 범죄한 것 때문에 내줌이 되고 또한 우리를 의롭다 하시기 위하여 살아나신"(롬 4:25) 예수 그리스도를 믿는 자들은 의롭다 하시고 화해하시는 분이십니다. 하나님의 진노와 심판과 구원과 공의에 대한 진리는 다같이 하나님의 성품에 속한 본질적인 중요한 요점입니다.

예수님의 죽음의 의미

복음은 선포하기를 우리의 창조주께서 우리의 구속주가 되셨다고 합니다. 복음은 하나님의 아들이 우리 죄인들을 위해서, 우리를 구원하시기 위해서 사람이 되셨으며, 영원의 신神의 자리 (보좌)를 떠나 십자가에 못 박혀 죽으셨다는 것을 선포합니다.

성경에서 예수 그리스도의 죽음의 의미는 화목제물입니다. 그 화목제물은 우리 죄를 하나님이 보시는 앞에서 도맡아서, 죄인들인 우리를 향하신 하나님의 진노를 소멸하는 것입니다. 하나님의 진노는 불의에 반대적으로 행동하시는 하나님의 의입니다. 그것은 그 자체 속에서 공의로 심판하시는 의를 나타내는 것입니다.

그러나 예수 그리스도는 아버지 하나님의 뜻에 복종하시어 우리의 대속물이 되시므로 우리 대신 죄의 삯을 지불하심으로써 악을 보응하시는 공의에서 우리를 숨겨 주십니다. 예수님께서 못 박히신 갈보리의 십자가에서 죄를 심판하시는 하나님의 공의와 아드님을 대신 벌하심으로 죄인을 구속하시는 하나님의 사랑이 손을 잡으신 것입니다. 그리하여 갈보리 십자가에서 하나님은 아드님을 믿는 자를 의롭다 여기시는 분이 되셨습니다.

이 사실을 이해하고 믿는다면 기독교 복음의 가장 중심적인 핵심을 이해하고 믿는 것입니다. 복음의 핵심 메시지는 인간의 근본 문제는 하나님의 진노를 유발하는 죄이며, 그 진노를 벗어나게 해주기 위해서 하나님께서 친히 화목제물을 준비해 주시고 받으심으로써 죄인과 화해하시는 길을 열어 놓으셨다는 것입니다. 이 사실은 절대로 변개할 수 없는 불변의 진리이며, 만일 부인하거나 변개한다면 저주를 면치 못할 것입니다(갈 1:8,9; 계 22:18,19).

복음이 해결해 주는 가장 중요한 문제

복음은 인간 자신의 문제, 인간들 사이의 문제를 답변해 주고 해결해 주는 열쇠가 되기도 하지만, 그보다 비교할 수 없이 중요한 문제를 해결해 주는 열쇠가 되는데 바로 인간과 하나님과의 문제를 해결해 주는 것입니다. 이 문제를 해결하고 나서 그것을 기초로 하여 생활의 문제나 인간 사이의 문제를 해결해야 한다는 것을 명백히 하지 않으면, 혹은 이 문제보다 성공 문제나 건강 문제나 생활의 문제(의·식·주 등)나 인간 사이의 문제(결혼, 부부, 자녀 문제, 부모, 형제 문제 등)를 우선순위에 두거나 그 문제들을 중심으로 살고자 하면 그것은 복음의 중요성을 모르는 사람이며 잘못 믿고 있는 것입니다.

만약 어떤 설교자가 복음의 핵심을 제쳐둔 채 성공, 건강, 생활, 인간관계를 중심으로 설교한다면, 이런 것들을 강조한다면 명백히 오류를 범하는 것입니다.

신약성경을 읽는 자는 누구나 우리 인간의 문제들(몸과 마음의 질병, 생활의 염려와 위협, 두려움, 도덕적 연약함, 몸과 마음의 질병, 고독, 절망, 갈등 등)에 관해서 다루고 있다는 사실을 알게 될 것입니다. 그러나 이러한 문제보다 비교할 수 없이 중요한 일은 죄 문제를 해결하는 일입니다. 성경에서 죄라 함은 사회적 범죄와 실패를 먼저 의미하는 것이 아니라, 창조주 하나님을 떠나 인간의 타락한 본성으로 사는 불신앙과 불순종을 의미합니다. 그것이 하나님과의 단절이며 저주와 사망의 상태입니다. 그 상태에서 벗어나 하나님과의 관계를 회복하는 것, 그러기 위해서 죄 문제를 해결하는 것이 구원이라고 신약성경은 말합니다.

신약성경은 말하기를 인간의 삶에 있어서 사람과 사람 사이에 잘못 되어진 모든 것은 궁극적으로 죄에 기인한 것이고, 우리의 동료 인간들과 우리 자신들의 잘못된 관계는 하나님과 나쁜 관계에 있는 한, 다시 말해서 복음을 믿고 죄를 사함 받지 못하는 한 치유될 수가 없다고 선언합니다. 인간관계의 모든 것은 하나님과의 바른 관계가 기초가 된다는 것입니다.

따라서 화목제물, 즉 예수 그리스도 안에서 하나님과 바른 관계가 되어 있는 사람이 동료 인간과도 진정으로 바른 관계가 성립될 수 있습니다. 왜냐하면 그런 사람은 사람을 미워하는 것, 증오하는 것, 거짓말하는 것, 이기적인 것, 욕심 부리고 싸우는 것을 멀리하고 용서와 사랑과 평화, 희생과 봉사 정신으로 살기 때문입니다. 하나님과 바른 관계를 유지하고 있는 사람은 동료 인간과 나쁜 관계가 될 수 없다는 것이 성경의 가르침입니다.

화목진리를 깨달은 사람의 복

화목의 진리를 깨닫는 사람은 복음의 핵심으로 인도함을 받은 사람입니다. 어떤 산의 정상에 오르게 되면 그 주위의 산자락들이 어떻게 펼쳐 나가고 있는지 한눈에 들어옵니다. 그와 마찬가지로 기독교 복음의 핵심이요 진리의 정상(꼭대기)인 화목사상을 깨닫고 보면 전체 성경을 관조할 수 있으며 기독교신앙의 여러 문제들을 바르게 포착할 수 있게 됩니다.

화목사상(화목진리)을 깨닫게 되면 예수 그리스도 안에서의 새 생명의 은혜를 절실히 깨닫게 되고, 하나님을 부정하는 자들, 곧 예수님의 복음을 부정하는 자들의 운명이 어떠함을 절실하게 깨닫게 되며, 하나님의 사랑이 어떠함을 절실하게 깨닫게 되며, 하나님의 선물의 풍성함과 하나님의 자비와 긍휼을 절실히 알게 됩니다. 그러나 화목사상을 깨닫지 못하면 이상의 여러 은혜들을 제대로 깨닫지도 누리지도 못하게 됩니다. 마치 산 정상에 오르지 못한 상태에서는 산 전체를 한눈에 관망하지 못하는 것처럼.

결국 복음의 진수인 화목사상에 대한 이해와 믿음은 신앙의 사활死活을 좌우하는 것임을 알 수 있습니다. 성경적 기독교신앙은 화목사상의 빛에 비춰서만 온전히 이해하게 됩니다.

예수님의 죽음을 향한 삶

한 시간 동안만 앉아서 마가복음을 통독하면 최소한 네 가지의 예수 그리스도에 관한 깊은 인상을 받을 수 있을 것입니다.

기본적인 예수님의 인상은 행동하는 한 인간에 관한 것입니다. 언제나 행동하고 있고, 상황에 대처하고 있으며, 사물들을 변화시키고, 기적을 만드는 한 인간을 만나게 됩니다. 제자들을 부르시고 훈련시키시고, 진리로 통용되는 오류를 전복시키시고, 경건으로 포장된 불신앙을 파헤치시고, 결국에는 배반당하시고,

능욕당하시고, 십자가에 못 박히실 것을 알면서도 뒤돌아서지 않고 앞으로 나아가셨고, 마침내 죽음의 자리까지 나아가는 한 인간을 만나게 됩니다.

더욱 인상적인 것은 예수님은 자신이 메시야이심을 아는, 곧 신적인 사람(하나님의 아들)으로 알고 있었다는 것입니다. 마가복음은 예수님께서 그분의 제자들에게 자신을 주시면 주실수록 제자들은 예수님에게서 더욱 두려운 신비를 발견하게 되었으며 예수님께 가까이 가면 갈수록 그들은 예수님을 더욱 이해할 수 없게 되는 역설을 보여 주고 있습니다. 예수님의 제자들은 예수님과의 교제로 친분이 두터워져감에 따라 자신들의 주님에 대하여 종잡을 수 없는 혼란을 느끼게 되고 두려워하게 되었습니다. 그러면서 점차 그분이 하나님의 아들이요 메시야이심을 인식하게 됩니다.

그러나 제자들로서는 예수님께서 메시야적 사명을 언급하실 때마다 자신의 죽음에 관해 말씀하시는 것이 도무지 이해할 수 없는 수수께끼였습니다. 어떤 때는 예수님께서 죽임을 당하는 것으로 말씀하셨고, 어떤 때는 예수님 스스로 죽음의 길로 가시는 것처럼 말씀하셨는데 왜 그래야 했는지, 당신이 그 사실을 알면서도 왜 피하지 않으시고 죽음을 당하시려고 하는지 의아하기만 했습니다. 그러는 가운데 예수님은 계속 죽음을 준비하시며 한 걸음 한 걸음 죽음으로 다가가셨습니다. 또한 당신의 죽음의 의미에 대해서 제자들에게 가르쳐 주셨지만 이해하는 제자들은 한 사람도 없었습니다.

"인자가 온 것은 섬김을 받으려 함이 아니라 도리어 섬기려 하고 자기 목숨을 많은 사람의 대속물로 주려 함이니라."(막 10:45)

"이것은 많은 사람을 위하여 흘리는 나의 피 곧 언약의 피니라."(막 14:24)

아주 분명하고 명료하게 당신의 죽음의 의미에 대해서 말씀하셨지만 제자들은 그 의미에 대하여 전혀 몰랐습니다.

예수님의 죽음에 대한 묵상

예수님께서 자신의 죽음에 대해서 미리 말씀하셨고, 스스로 죽음의 길로 가셨다고 해서 그분이 죽음을 두려워하지 않았다고 생각하는 것은 착각입니다. 그 점을 분명하게 보여주는 것이 겟세마네에서의 기도입니다.

"……고민하고 슬퍼하사 이에 말씀하시되 내 마음이 매우 고민하여 죽게 되었으니……."(마 26:37,38)

> "아버지께는 모든 것이 가능하오니 이 잔을 내게서 옮기시옵소서 그러나 나의 원대로 마시옵고 아버지의 원대로 하옵소서."
> (막 14:36)

이러한 주님의 기도는 십자가 죽으심을 앞두고 얼마나 두려움과 고민과 갈등이 있었는지를 보여주고 있습니다. 예수님께서 죽음의 고통을 가장 극렬하게 나타낸 때는 십자가에 못 박혀 매달린 채 운명하시기 직전입니다.

> "나의 하나님 나의 하나님 어찌하여 나를 버리셨나이까."(막 15:34)

4복음서가 모두 증명하듯이 예수님의 공생애는 자신이 죽어야 한다는 자각으로 충만하였는데, 그 사실을 어떻게 설명해야 할까요? 예수님께서 평소에 절망감이나 두려움을 나타내신 적이 없었는데 겟세마네 동산에서 그런 겁쟁이 모습을 보이신 것은 어찌된 일일까요? 그뿐만 아니라 마지막 순간에 자신을 하나님께로부터 버림받은 자로 선언하셨는데 무엇 때문일까요? 루터는 "예수 그리스도처럼 죽음을 두려워한 사람은 없었다."고 했는데 그것은 무엇을 의미하는 걸까요?

이러한 의문들은 화목사상에 연관해 볼 때 해결됩니다. 예수님의 죽음에 대한 두려움, 공포, 갈등, 절망, 절규 같은 감정들은 세상 죄를 지시고 범죄자들과 같이 되셨기 때문입니다. 당시 예수님은 완전히 심판 받는 죄인의 고통과 두려움의 짐을 지고 계셨던 것입니다. 예수님께서 겟세마네 동산에서 두려움에 떠신 것은 예수님 자신이 죄인으로 여겨지고 죄에 대하여 하나님의 심판을 받았기 때문이었으며, 주님 자신이 십자가에서 자신을 하나님께 버림받았던 사람으로 선언한 것은 사실적으로 죄인이 되신 예수님께서 죽기까지 죄인을 위한 하나님의 대속의 계획에 복종하기로 결심한 그분의 결정이었습니다. 죽음에 대한 그분의 두려움과 공포와 절망은 바로 우리의 것이었습니다. 우리가 맛보아야 할 하나님의 진노를 맛보셨던 것입니다. 그래서 우리 죄를 위한 화목을 이루신 것입니다.

이사야 선지자는 그 점을 똑똑히 밝혔습니다.

> "그는 실로 우리의 질고를 지고 우리의 슬픔을 당하였거늘 우리는 생각하기를 그는 징벌을 받아... 그가 찔림은 우리의 허물 때문이요 그가 상함은 우리의 죄악 때문이라... 그는 강포를 행하지 아니하였고 그 입에 거짓이 없었으나... 여호와께서 그에게 상함을 받게 하시기를 원하사 질고를 당하게 하셨은즉 그의 영혼을 속건제물로 드리기에 이르면......." (사 53:4—10)

우리가 이 문제에 대해서 자세하게 살펴보아야 하는 것은 기독교신앙의 기본적인 진리를 이해하는 것이 중요하기 때문입니다. 예수님이 우리를 위하여 무엇을 겪으셨고 맛보셨는지를 알고 믿는 것과 모르고 믿는 것은 엄청난 차이가 납니다.

> "능히 모든 성도와 함께 지식에 넘치는 그리스도의 사랑을 알고 그 너비와 길이와 높이와 깊이가 어떠함을 깨달아 하나님의 모든 충만하신 것으로 너희에게 충만하게 하시기를 구하노라."
> (엡 3:18,19)

화목제물을 거부한 자들의 운명

하나님을 거부한 사람들의 운명은 어떻게 될까 하는 점은 복음을 믿는 사람들의 커다란 관심사 중의 하나입니다. 보편 구원론자들은 가룟 유다도 구원을 받았을 것이라고 주장합니다. 그러나 성경은 그렇게 말씀하지 않습니다.

> "……하나님은 업신여김을 받지 아니하시나니 사람이 무엇으로 심든지 그대로 거두리라."(갈 6:7)

이 땅 위에서 하나님을 배척한 이들, 곧 예수 그리스도를 배척한 이들은 영원토록 하나님께 배척을 받게 될 것입니다. 예수님은 가룟 유다가 구원받지 못할 것을 확실히 말씀하셨습니다.

> "인자는 자기에 대하여 기록된 대로 가거니와 인자를 파는 그

사람에게는 화가 있으리로다……."(막 14:21)

성경은 모든 사람들이 구원받는다는 보편 구원론이 아닌 어떤 사람은 영원히 버림받는다는 제한 구원을 분명히 선포하고 있습니다. 예수님께서 그 점을 확실히 해 두셨고, 사도들도 제한 구원론을 가르쳤습니다.

"믿고 세례를 받는 사람은 구원을 얻을 것이요 믿지 않는 사람은 정죄를 받으리라."(막 16:16)

"아들이 있는 자에게는 생명이 있고 하나님의 아들이 없는 자에게는 생명이 없느니라."(요일 5:12)

성경은 분명히 예수 그리스도를 믿는 자만이 하나님께 받아들여지며 구원을 받을 수 있다고 선포하고 있습니다.

"내가 곧 길이요 진리요 생명이니 나로 말미암지 않고는 아버지께로 올 자가 없느니라."(요 14:6)

예수님은 당신을 믿고 영접할 사람을 위해서 십자가에 못 박혀 죽으신 것이지 당신을 거부하고 믿지 않을 사람을 위해서까지 죽으신 것이 아닙니다. 예수님의 구속의 효력은 믿는 사람에게만 끼치는 것이지 믿지 않는 사람에게까지 끼치는 것은 아닙니다.

그러므로 예수 그리스도를 배척한 자들은 모든 좋은 것을 잃어버리고 바깥 어두운 곳(지옥)에서 슬피 울며 이를 갈 때가 올 것입니다. 그런 사람은 하나님의 일반은총만 누릴 뿐이지, 예수 그리스도 안에서 주시는 특별은총을 누리지 못하는 사람입니다. 사람이 구원의 은총이 얼마나 복되고 중요한 것인지 그 가치에 대하여 실감하게 되는 것은 그것을 상실하기 전에는 실감하기 어려울 것입니다. 분명한 것은 화목제물을 거절한 대가가 무시무시하다는 것입니다. 예수님께서 화가 있으리로다, 태어나지 않았던 것이 좋을 뻔하였도다라고 말씀하셨던 것은 예수님을 거부한 대가가 사람들의 상상을 초월하기 때문입니다.

"거기에서는 구더기도 죽지 않고 불도 꺼지지 아니하느니라 사람마다 불로써 소금 치듯 함을 받으리라."(막 9:48,49)

"아버지 아브라함이여 나를 긍휼히 여기사 나사로를 보내어 그 손가락 끝에 물을 찍어 내 혀를 서늘하게 하소서 내가 이 불꽃 가운데서 괴로워하나이다."(눅 16:24)

"저주를 받은 자들아 나를 떠나 마귀와 그 사자들을 위하여 예비된 영원한 불에 들어가라."(마 25:41)

평화의 의미

하나님의 복음은 우리에게 무엇을 제공할까요? 만일 우리가 하나님의 평화를 얻게 된다고 말한다면 아무도 이의를 제기하지 않을 만한 정답일 것입니다. 그러나 누구나 이 말을 다 이해하는 것은 아닙니다.

그런데 하나님의 평화가 마치 내적 평온과 행복과 태평함의 감정인 것처럼 생각되어지는 일이 흔히 있습니다. 그러한 감정은 하나님께서 복음을 믿는 하나님 백성들은 위기와 환난과 시련에서 지켜 주시고 보호해 주실 것을 앎으로, 혹은 확신에서 오는 감정으로 생각합니다. 그러나 그것은 문제가 있습니다. 왜냐하면 하나님께서는 무조건 이러한 방식으로만 자기 백성들을 지나치게 과잉보호해 주시고 과잉친절로 대접해 주시지만은 않기 때문입니다. 하나님이 주시는 진정한 평화의 본질은 그러한 개념과 큰 차이가 있습니다.

하나님이 주시는 평화의 선물의 진정한 기본 요소는 하나님께서 믿는 자들의 죄를 용서하시고 언약 백성들로 받아들인다는 것입니다. 즉 믿기 전의 하나님과의 적대 관계에서 평화의 관계로, 원수 관계에서 사랑하는 자녀와 아버지의 관계로, 정죄에서 칭의(의롭다 여기심)의 관계로 변화된다는 것이 하나님께서 믿는 자에게 주시는 평화의 진정한 의미가 됩니다.

하나님의 백성의 평화는 맨 먼저 하나님의 평화(혹은 화평)에서 이루어집니다. 그 상태는 하나님께서 우리를 원수시하는 데서 우리를 사랑하시는 상태로 옮겨진 것을 말합니다. 여기서부터 출발하지 않는 내적 평화는 거짓 평화입니다. 하나님의 평화의 원천은 화목사상에서 오는 것입니다. 예수님께서 부활하신 후 다락방에 모인 제자들에게 찾아오셨을 때 맨 처음 하신 말씀은 "너희에게 평강이 있을지어다"였습니다. 그렇게 말씀하시면서 예수님은 못 자국 난 손과 옆구리를 보여 주셨습니다(요 20:19 이하). 어째서 예수님은 그렇게 하셨을까요?

자신이 십자가에 못 박혀 죽었던 그 예수라는 것을 보여 주기 위한 것만이 아니라, 하나님 아버지와 그들(제자들)이 화평을 이루도록 십자가에서의 화목을 위한 죽음을 상기시키기 위해서였던 것입니다.

예수님께서는 그들을 위해서, 그리고 우리를 위해서 하나님과 화평을 이루시려고 그들의(우리의) 대속물로서 그들 대신(우리 대신) 고난 받으시고 죽으셨던 것입니다. 그 예수님께서 부활의 능력으로 오셔서 그들에게(우리에게) 평화를 가져다주신 것입니다. 그리하여 "너희에게 평강이 있을지어다"라고 말씀하시며 못 자국난 손을 보여 주셨던 것이지요. 그리스도인이 진정한 평화를 알기 시작하는 것은 바로 이러한 점들을 이해하고 나서부터입니다.

"그의 십자가의 피로 화평을 이루사…"(골 1:20)

구속의 사랑의 위대성

에베소서 1장과 2장은 하나님의 은혜의 전체 계획을(선택, 구속, 중생, 보전, 영화) 재숙고하고 있습니다. 그 계획 중에서 가장 중심되는 내용은 예수 그리스도의 속죄사역입니다. 하나님께 멀리 있던, 죄로 인해 하나님의 원수가 되어 살던 자들이 예수님의 피 흘림의 희생죽음으로 인하여 하나님께 가까이하게 된 것입니다. 그것이 에베소서 1, 2장의 키포인트입니다.

"우리는 그리스도 안에서 그의 은혜의 풍성함을 따라 그의 피로 말미암아 속량 곧 죄 사함을 받았느니라."(엡 1:7)

"이제는 전에 멀리 있던 너희가 그리스도 예수 안에서 그리스도의 피로 가까워졌느니라 그는 우리의 화평이신지라 둘로 하나를 만드사 원수 된 것 곧 중간에 막힌 담을 자기 육체로 허시고 법조문으로 된 계명의 율법을 폐하셨으니 이는 이 둘로 자기 안에서 한 새사람을 지어 화평하게 하시고."(엡 2:13—15)

그리고 에베소서 5장을 보면, 우리를 위한 자신의 사랑의 표현과 깊이를 나타내기 위하여 우리 대신 자신을 주신 예수 그리스도의 화목제물을 두 번이나 언급하고 있습니다. 그 사랑은 우리가 서로 사랑하는 데 있어서 본을 삼아야 할 사랑이라는 것입니다.

> "그러므로 사랑을 받는 자녀 같이 너희는 하나님을 본받는 자가 되고 그리스도께서 너희를 사랑하신 것 같이 너희도 사랑 가운데서 행하라 그는 우리를 위하여 자신을 버리사 향기로운 제물과 희생제물로 하나님께 드리셨느니라."(엡 5:1,2)

> "남편들아 아내 사랑하기를 그리스도께서 교회를 사랑하시고 그 교회를 위하여 자신을 주심 같이 하라."(엡 5:25)

예수님의 사랑은 조건이 없으시며, 우리 안에 있는 어떤 착함으로도 유도해 낼 수 없을 만큼 우리가 내세우는 조건은 예수님의 사랑을 받을 만한 원인이 될 수 없습니다.

> "긍휼이 풍성하신 하나님이 우리를 사랑하신 그 큰 사랑을 인하여 허물로 죽은 우리를 그리스도와 함께 살리셨고(너희는 은혜로 구원을 받은 것이라) 또 함께 일으키사 그리스도 예수 안에서 함께 하늘에 앉히시니."(엡 2:4—6)

이러한 예수 그리스도의 사랑은 영원한 것입니다. 그 사랑은 중단되는 일도 없고, 그 어떤 힘으로도 끊어 놓을 수가 없습니다.

"누가 우리를 그리스도의 사랑에서 끊으리요 환난이나 곤고나 박해나 기근이나 적신이나 위험이나 칼이랴 기록된 바 우리가 종일 주를 위하여 죽임을 당하게 되며 도살 당할 양 같이 여김을 받았나이다 함과 같으니라 그러나 이 모든 일에 우리를 사랑하시는 이로 말미암아 우리가 넉넉히 이기느니라 내가 확신하노니 사망이나 생명이나 천사들이나 권세자들이나 현재 일이나 장래 일이나 능력이나 높음이나 깊음이나 다른 어떤 피조물이라도 우리를 우리 주 그리스도 예수 안에 있는 하나님의 사랑에서 끊을 수 없으리라."(롬 8:35—39)

이토록 예수 그리스도의 사랑을 받는 구속받은 성도의 최고의 영광은 그분의 사랑의 열매로 맺은 온전한 거룩과 행복이 그 목표입니다.

"이는 곧 물로 씻어 말씀으로 깨끗하게 하사 거룩하게 하시고 자기 앞에 영광스러운 교회로 세우사 티나 주름 잡힌 것이나 이런 것들이 없이 거룩하고 흠이 없게 하려 하심이라."(엡 5:26,27)

사도 바울은 외쳤습니다. 아무리 어리석은 사람이라도 이러한 예수 그리스도의 사랑의 위대성과 영광을 붙잡으라고 말입니다. 예수 그리스도의 사랑의 위대성과 영광을 진실로 아는 사람만이 삼위일체 하나님의 이름을 진심으로 찬양하게 됩니다. 사도 바울은 그런 사람이었기 때문에 에베소서를 기록할 때 찬송으로 시작하고 있는 것이지요.

> "찬송하리로다 하나님 곧 우리 주 예수 그리스도의 아버지께서 그리스도 안에서 하늘에 속한 모든 신령한 복을 우리에게 주시되 곧 창세 전에 그리스도 안에서 우리를 택하사 우리로 사랑 안에서 그 앞에 거룩하고 흠이 없게 하시려고 그 기쁘신 뜻대로 우리를 예정하사 예수 그리스도로 말미암아 자기의 아들들이 되게 하셨으니 이는 그가 사랑하시는 자 안에서 우리에게 거저 주시는 바 그의 은혜의 영광을 찬송하게 하려는 것이라."
> (엡 1:3—6)

영광과 찬송을 돌려야 하는 이유

가룟 유다가 자기를 팔려고 밤에 밖으로 나간 후 다락방에서 예수님은 이렇게 말씀하셨습니다.

> "지금 인자가 영광을 받았고 하나님도 인자로 말미암아 영광을 받으셨도다."(요 13:31)

이 말씀은 예수님께서 속죄의 죽음, 곧 십자가 죽음을 생각하시고 하신 말씀이십니다. 가룟 유다는 바로 그 일을 촉진시키기 위하여 급히 나갔던 것입니다.

예수님은 갈보리 언덕에서 우리와 하나님과의 화목을 이루시기 위하여 화목제물로 자신을 바치셨습니다. 그 일을 이루시기까지 예수님께서 보여 주신 지혜와 사랑과 겸손과 인내와 충성과 희생에 대하여 우리는 잊지 말아야 하며 영광을 돌리며 찬양해야 합니다. 그 점을 우리보다 온전히 이해하고 감격하는 하늘의 천사들과 구원받은 성도들은 밤낮 영광과 찬송을 드리고 있음을 요한계시록은 보여 주고 있습니다.

"내가 또 보고 들으매 보좌와 생물들과 장로들을 둘러 선 많은 천사의 음성이 있으니 그 수가 만만이요 천천이라 큰 음성으로 이르되 죽임을 당하신 어린 양은 능력과 부와 지혜와 힘과 존귀와 영광과 찬송을 받으시기에 합당하도다 하더라 내가 또 들으니 하늘 위에와 땅 위에와 땅 아래와 바다 위에와 또 그 가운데 모든 피조물이 이르되 보좌에 앉으신 이와 어린 양에게 찬송과 영광과 권능을 세세토록 돌릴지어다."(계 5:11-13)

"이 일 후에 내가 보니 각 나라와 족속과 백성과 방언에서 아무도 능히 셀 수 없는 큰 무리가 나와 흰 옷을 입고 손에 종려 가지를 들고 보좌 앞과 어린 양 앞에 서서 큰 소리로 외쳐 이르되 구원하심이 보좌에 앉으신 우리 하나님과 어린 양에게 있도다."(계 7:9,10)

이 찬송들은 모두 예수 그리스도의 구속의 사랑과 화목제물 되심에 대한 찬송으로 복음의 핵심입니다. 그 일로 말미암아 하늘의 회중들은 끊임없는 찬송을 부르고 있는 것입니다. 우리는 그 회중 속에 있기를 원합니까?

사랑(아가페)

에로스, 휠리아, 아가페

    기독교를 일컬어 흔히 사랑의 종교라고 합니다. 불교에도 사랑의 개념인 자비가 있고, 유교에도 인(仁)을 말하므로 모든 종교(하등 종교인 사이비 종교나 샤머니즘은 제외)는 사랑을 담고 있습니다.

    그뿐만 아니라 문학을 비롯한 예술의 주요 테마는 언제나 사랑이 주종을 이루고 있습니다. 연극, 영화, 소설, 시, TV 드라마, 대중가요의 대부분은 사랑(남녀 간의 사랑이든 부모 자녀 간의 사랑이든 기타 등등의 사랑이든)을 주제로 하고 있고, 이 사랑의 주제는 일 년에 수천 가지 각양각색 포장을 하고 쏟아져 나오고 있습니다. 수천 년 동안 사랑의 주제는 퇴색할 줄 모르고 마치 마르지 않는 샘물처럼 무한히 계속되고 있는 것을 보면 인간이 얼마나 사랑을 갈급해하고 있는지 알 수 있습니다.

사랑은 모든 인간에게 감동을 주는 힘이 있습니다. 사랑에 관한 이야기는 무슨 내용이든 사람을 감동시키며 신선한 자극을 줍니다. 만약 인간에게 사랑이 없다면 이 세상은 지옥 그 자체일 것입니다. 사랑은 인간에게만 있는 것이 아니라 모든 생태계에도 있습니다. 하나님께서 세상을 창조하실 때 모든 생명체들을 사랑하는 존재로 지으셨기 때문입니다. 그중에서 특별히 인간에게 사랑의 속성이 강한 것은 인간이 하나님의 형상을 따라 지음 받았기 때문입니다.

헬라어에 의하면 사랑은 에로스, 휠리아, 아가페로 분류됩니다. 에로스는 주로 남녀 간의 성적 사랑의 개념을 의미하고, 휠리아는 성적 개념이 들어 있지 않은 사랑을 의미하고, 아가페는 하나님의 사랑을 의미합니다. 신약성경에는 주로 아가페 사랑과 휠리아 사랑만 언급됩니다. 요한복음 3장 16절의 "하나님이 세상을 이처럼 사랑하사"에서의 '사랑하사'는 아가페의 동사형이 사용되고 있습니다. 너무나도 유명한 고린도전서 13장의 사랑도 아가페입니다. 아가페는 사랑 받을 가치가 전혀 없는 대상을 무조건적으로 사랑하되, 그 사랑을 멈추지 않고 변함없이 사랑한다는 개념의 사랑입니다.

하나님은 그러한 사랑으로 부패하고 타락하여 진멸될 수밖에 없는 인간들의 세상을 사랑하셨고, 지금도 사랑하시며, 앞으로도 사랑하실 것이라고 성경은 말씀합니다. 세상에 사랑만큼 강하고 위대한 힘은 없습니다. 사랑의 힘은 물리적인 힘이 아닌 영적이고 정신적인(인격적인) 힘입니다. 고린도전서 13장의 사랑의 속성을 보십시오.

"사랑은 오래 참고 온유하며 투기하는 자가 되지 아니하며 자랑하지 아니하며 교만하지 아니하며 무례히 행하지 아니하며 자기의 유익을 구하지 아니하며 성내지 아니하며 악한 것을 생각하지 아니하며 불의를 기뻐하지 아니하며 진리와 함께 기뻐하고 모든 것을 참으며 모든 것을 믿으며 모든 것을 바라며 모든 것을 견디느니라"

이러한 사랑의 힘 앞에는 세상의 어떠한 물리적인 힘도 무릎을 꿇고 만다는 것이 성경과 역사의 증언입니다.

아가페의 공유

하나님의 사랑 앞에, 예수 그리스도의 사랑 앞에 무릎 꿇은 수많은 죄인들, 그 어떤 힘에도 요지부동하며 강퍅하고 완악한 자들이 힘없이 허물어지는 것을 보면 사랑의 힘이 어떠하다는 것을 실감하게 됩니다. 그래서 사도 바울은 사랑이 제일이라고 했던 것입니다(고전 12:31; 13:13). 예수 그리스도를 믿는 사람은 하나님께로부터 아가페 사랑을 받은 사람이며 그 사랑을 공유한 사람입니다. 사도 요한이 쓴 요한일서는 신자들이 공유한 아가페적 사랑을 삶 속에서 어떻게 나타내야 하는지를 가르치는 내용입니다. 사도 요한은 하나님을 사랑하노라 하면서 형제를 사랑하지 않는 사람은 거짓말하는 자요(요일 4:20), 의를 행치 않는 자나 그 형제를 사랑치 아니하는 자는 하나님께 속하지 아니했다고 했고(요일 3:14), 사랑하는 자마다 하나님께로서 나서 하나님을 알고(요일 4:7), 사랑치 아니하는 자는 하나님을 알지 못한다(요일 4:8)고 했습니다.

요한일서 4:18에는 "사랑은 두려움을 내쫓는다"고 했습니다. 만약에 진정으로 그를 사랑한다면 그 사람이 어떤 행동을 하든 전혀 두려워하지 않을 것입니다. 두려워하는 것은 사랑하지 않기 때문입니다. 그러므로 사랑은 죽음도 두려워하지 않는 용기와 힘을 주며, 무슨 일이든 하게 하는 위력을 발휘합니다. 부모들이 자식을 위해서 창피도 고통도 능욕도 무릅쓰고 심지어는 죽음까지도 마다하지 않고 희생 정신을 나타내는 것은 사랑의 힘입니다. 사랑의 힘은 모든 희생을 감수합니다. 사랑은 눈을 멀게 하고 허물을 덮어 줍니다. 예수님은 원수까지도 사랑하라고 하셨습니다(마 5:44).

하나님께서 신자에게 아가페적 사랑을 공유토록 하신 것은 사람뿐 아니라 하나님을 사랑하라는 뜻도 있습니다. 신자들은 사람보다 하나님을 더욱 사랑하는 사람입니다. 하나님을 사랑하는 사람은 하나님을 사랑하기 위하여 죽음도 두려워하지 않습니다. 지금까지의 수많은 순교자들은 예수 그리스도를 사랑하므로 목숨을 버린 사람들입니다. 하나님은 우리가 아가페 사랑으로 하나님을 사랑하기를 원하십니다(고전 16:22). 사랑하는 사람은 율법을 다 이루는 사람이라고 했습니다(롬 13:10). 사랑하지 않는 사람은 그러므로 가장 큰 죄를 범하는 사람입니다. 이 시대의 모든 병폐와 사회악은 대부분 사랑의 결핍에서 비롯된 것입니다. 청소년 범죄는 특히 그러합니다. 가정 불화, 가정 폭력, 이혼, 이웃 간의 다툼과 반목, 무관심과 무정함, 노인 문제와 고아 문제, 지역감정과 파벌 싸움, 집단 이기주의와 개인 이기주의, 과소비, 사재기, 부동산 투기, 인명 경시 풍조, 폭력, 성폭행, 탐욕 같은 모든 사회악들은 사랑의 부재에서 비롯된 것입니다.

하나님께서는 기독교 신자에게 하나님의 사랑(아가페)을 공유토록 하시므로 신자들이 세상에 살면서 선하고 아름다운 사회를 건설해 나가도록 하셨습니다. 신자는 세상에서 하나님의 사랑과 하나님 나라의 정의를 실현하라는 명령을 받은 사람들입니다. 그것은 그 어떤 것보다도, 크고 화려한 교회당을 짓는 것보다 더 중요한 일입니다. "너희는 세상의 소금과 빛이다"(마 5:13,14)라고 예수님께서 말씀하신 것은 사랑하는 사람이 되라는 말씀입니다.

예수님의 계명

그러나 오늘날의 신자들은 입으로는 사랑을 외치나 삶 속에서는 사랑을 잃어 가고 있습니다. 사랑의 향기가 너무 약합니다. 신자들이 사랑을 잃어버리면 세상으로부터 조롱을 받습니다. 간디는 신자들의 전도를 받고 이렇게 대답했다고 합니다.

"어째서 믿으라고 하는가? 백합화가 향기를 강요하는가? 그것은 가만있어도 향기를 뿜는다. 나보고 믿으라고 하지 말고 믿는 향기를 뿜어내라."

그리스도인은 사랑의 향기를 뿜는 자들이어야 합니다. 하나님이 인간을 구원하시려고 택한 방법은 물리적인 힘에 의한 강요의 법칙이 아닌 사랑의 방법이었습니다. 예수님이 세상에서 가르쳐 주시고 몸소 실천해 보이신 것은 물리적인 능력이 아니라 사랑의 능력이었습니다. 예수님의 가르침과 계명을 한 마디로 압축한 것이 "서로 사랑하라"(요 15:12)입니다.

신자는 사랑을 끊임없이 추구해야 하며, 사랑 때문에 애통해하고, 사랑을 위하여 기도해야 합니다. 초대교회는 사랑으로 로마제국의 박해와 맞서 역사상 최대의 제국을 사랑으로 정복했습니다. 사랑이 없는 믿음은 산을 옮길 만한 것이라도 아무것도 아니요, 사랑이 없는 예언의 능력이나 사랑이 없는 모든 지식과 지혜도 아무것도 아니요, 사랑이 없는 구제와 헌신과 봉사도 아무것도 아니라고 사도 바울은 말했습니다(고전 13:2).

사탄이 예수 그리스도를 모방하지 못하는 것이 있다면 사랑입니다. 사탄은 예수님의 모든 것을 모방하고 흉내 내는데 천재적이지만 사랑을 할 수 없습니다. 사랑은 신자의 가장 큰 힘이며 아름다움이요 사탄이 흉내 내지 못하는 유일한 표적입니다.

죄罪에 대한 성경적 이해

죄의 유래와 죄인의 특징

　죄에 대하여 성경적인 이해를 못한다면 엄밀한 의미에서 기독교 신자가 될 수 없습니다. 죄는 성경에서 가장 중히 다루는 문제이며 기독교신앙의 핵심 요소입니다. 불신자들은 죄에 대해서 윤리적인 차원 혹은 법을 어긴 차원에서 이해합니다. 그러나 죄는 그보다 훨씬 깊은 의미가 있습니다.

　성경에서는 아담과 하와의 타락으로 인하여 죄가 세상에 들어왔다고 합니다(롬 5:12). 그들은 사탄의 유혹에 넘어가 하나님과 동등하게 되려고 선악과를 따먹었습니다(창 3:1—6). 그것이 바로 인간의 최초의 죄였고 그때부터 인간은 죄의 종이 되었습니다. 그리고 모든 죄인의 공통적인 특성은 하나님과 동등하게 되려고 하는 오만불손함이 있어 하나님을 인정하지 않고 인간의 힘과 지혜를 제일로 믿고 의지하고 자랑합니다. 그러한 인간의 죄는 바벨탑을 쌓는 것으로 나타났고(창 11:1—4), 바벨탑의 의미는 '하나님 없이 무엇을 하는 행위'를 뜻합니다. 요약한다면 죄란 '어떤 모양으로든지 하나님을 믿지 않은 언행심사'라고 규정할 수 있습니다.

하나님을 믿는 사람은 하나님이 의로우시고 거룩하신 것처럼 의롭고 거룩하게 살아 보려고 힘씁니다. 그게 뜻대로 안 되어서 고민하고 부끄러워하며 탄식하는 사람이 예수를 믿는 사람입니다. 따라서 신자의 인격은 정신적으로 도덕적으로 일단 건전합니다(건전한 신자라면). 이웃을 해롭게 하지 않고 선한 마음으로 살며 하나님을 존중하고 두려워할 줄 알고 '이웃의 생명과 재산, 그리고 명예를 탐내지 말라'고 한 십계명을 지킵니다. 그러나 하나님을 믿지 않는 사람은 하나님을 존중할 줄도 모르고 두려워할 줄도 모릅니다. 세상 물욕과 명예욕과 시기와 질투심을 가지고 대합니다. 하나님을 믿지 않는 사람은 '하나님을 사랑하고 이웃을 사랑하라(십계명의 중심 사상)'는 계명을 어기고도 그것이 죄인지 모릅니다.

그러므로 하나님을 믿지 않는 것이 죄입니다. 또한 하나님을 믿지 않는 죄는 십계명뿐 아니라 세상에서 정해 놓은 법과 윤리도 범하게 만듭니다. 따라서 하나님을 믿지 않는 모든 것이 죄의 근본입니다.

오늘날 사람들은 죄를 무서워하지 않습니다. 죄에 대해서 너무 관대합니다. 죄를 실수 정도로 여깁니다. 기독교인들도 마찬가지입니다. 포스트모더니즘의 등장과 함께 기존의 기독교적 윤리 기준이 흔들리면서 세상에 죄가 더욱 창궐하게 되었고, 신자들조차도 죄에 대한 인식이 둔화되어 범죄사건 배후에 기독교인이 연루되는 경우가 보편적이 되어 가고 있습니다. 성경은 "의인은 하나도 없다"(롬 3:10)고 말하고 있습니다. 이 말은 인간의 기준으로 본 의인이 아니라 하나님의 기준으로 본 의인이 없다는 뜻입니다. 성경의 입장에서 볼 때 불신자는 용서받지 못할 죄인이며 신자는 용서받는 죄인이라고 할 수 있습니다. 그렇다고 해서 신자는 죄를 용서받을 수 있으니 얼마든지 죄를 지어도 안심해도 된다는 뜻은 아닙니다. 구원파라는 이단이 그렇게 생각합니다.

신자는 죄를 깨닫고 회개했을 때 용서받습니다. 회개는 같은 죄를 반복하지 않겠다는 의지와 결단과 실행을 전제로 합니다. 그러므로 기독교 신자는 죄를 가장 두려워하고 경계하는 사람이 될 수밖에 없습니다. 그럼에도 불구하고 죄로부터 온전히 자유로울 수 없는 사람이 기독교 신자입니다. 그만큼 인간에게는 뿌리 깊은 죄성罪性이 있기 때문입니다. 성경은 자신이 죄인이라는 사실을 부인하는 사람은 하나님을 거짓말쟁이로 여기는 자라고 말하고 있습니다(요일 1:10).

언어적 의미로서의 죄

죄를 의미하는 히브리 말은 라רע, 라샤רשׁע, 하타חטא이며, 헬라 말로는 하마르티아άμαρτία입니다.

1. **라**: 이 말은 '비틀거리다'라는 뜻을 지니고 있는데 '착하다'와 반대되는 말입니다. 비틀린 마음을 가진 사람은 정직하지 못하고 거짓말을 하며 사람을 모함하고 시기, 질투하며 이기적이며 배반합니다. 이러한 마음으로 인하여 사람은 하나님과 사람에게 범죄하지 않을 수 없습니다.

2. **라샤**: 이 말은 '신의가 없다', '약속을 어긴다'라는 뜻을 지니고 있습니다. 신의가 없는 사람은 약속을 어기며 제멋대로 행합니다. 아담과 하와는 하나님이 명하신 것을 어기고 제멋대로 행하는 불순종의 죄를 지었습니다. 시편 14편에는 라샤에 해당하는 사람을 '어리석은 사람'이라고 말합니다.

"어리석은 자는 그 마음에 하나님이 없다 하도다 저희는 부패

하고 소행이 가증하여 선을 행하는 자가 없도다."(시 14:1)

또 시편 10:4에서 라샤에 해당하는 사람을 '악인'이라고 말하고 있습니다.

"악인은 그 교만한 얼굴로 말하기를 여호와께서 죄를 감찰치
아니하시니 그 모든 사상에 하나님이 없다 하도다."

성경에 나타나 있는 악한 사람 곧 라샤에 해당하는 사람을 추적해 보면 그 사람은 첫째, 습관적으로 죄를 범하는 사람이고, 둘째, 죄를 범하면서도 회개치 않는 사람이고, 셋째, 하나님의 사람을 대적하는 사람입니다.

3. 파샤: 파샤는 '반역한다', '한계선을 넘는다'라는 뜻을 지닌 말로 파샤에 해당하는 사람은 하나님의 말씀과 십계명을 무시하는 사람입니다. 그것은 하나님을 무시하는 행위입니다. 요리문답 14문에 지적되어 있는 죄가 바로 파샤를 말합니다.

"죄가 무엇이뇨?"
"죄(파샤)는 하나님의 법(말씀)을 순종함에 부족한 것이나 혹 어기는 것이라."

4. 하타: 하타라는 히브리어와 같은 뜻으로 쓰이는 헬라어 하

마르티아는 활을 쏘는 사람이 표적을 적중시키지 못했을 때 쓰는 말로 '빗나가다', '벗어나다'라는 뜻이 있습니다. 모든 사람이 활을 쏜다고 할 때 적중시켜야 하는 표적이 하나님 말씀과 십계명인데 말씀과 계명을 지키지 못하면(순종하지 않으면) 마치 화살이 표적을 맞히지 못하고 빗나가거나 벗어나는 것과 같습니다. 그러므로 말씀과 계명을 지키지 못하는 것이 죄입니다.

무지無知의 죄

사람은 마땅히 해야 할 일이 두 가지 있습니다. 첫째는 '하나님을 알고 있어야 하는 일'이고, 둘째는 '하나님 말씀을 배우고 행하는 일'입니다. 사람이 하나님을 모르면 자신의 근본도 모르고 죄가 무엇인지도 모릅니다. 하나님 말씀을 체계적으로 배우지 못하면 무엇이 죄이고 죄가 아닌지 분별하지 못합니다. 신자들이 성경을 읽어야 하는 이유 중의 하나는 성경에서 죄에 대한 깨우침을 받기 위해서입니다. 하나님을 모르는 죄, 하나님의 말씀을 모르는 죄가 무지의 죄입니다. 무지의 죄는 하나님을 훼방하는 죄와 같고 하나님을 반역하는 죄와 같다고 성경은 말씀합니다.

"내 백성이 지식이 없으므로 망하는도다."(호 4:6)

죄의 결과

죄의 결과는 사망이라고 성경은 말씀합니다(롬 5:12). 여기서 사망이란 단순한 육체의 죽음을 의미하는 것이 아니라 하나님과의 단절로 인한 영혼의 죽음, 저주, 지옥형벌 등을 의미합니다. 인간의 모든 불행과 비극은 죄로 말미암아 생긴 것입니다. 성경에서 인간의 죄로 인한 불행과 비극은 육체의 죽음, 몸과 마음의 모든 질병, 자연의 재앙, 전쟁, 폭력, 살인, 불의의 사고, 분쟁, 미움과 다툼, 정욕과 방탕 등입니다.

죄는 인간의 영혼과 육체를 파멸시킵니다. 모든 사람은 자신의 죗값으로 끝내 지옥심판을 받게 된다고 성경은 말씀합니다(히 9:27; 계 20:12,14; 21:8).

예수 그리스도께서 세상에 오시고 십자가에 못 박혀 죽으신 것은 죄인들을 지옥심판의 저주에서 구해주시기 위함이라고 성경은 증언합니다. 누구든지 하나님의 독생자 예수 그리스도께서 자신의 죄를 대속해 주신 것을 믿고 마음에 영접하면 죄를 사함 받고 구원받을 뿐 아니라 천국영생복락의 선물을 받게 될 것이라고 성경은 약속하고 있습니다(요 3:16—18; 요 1:12; 요일 5:11—13).

십자가와 죄씻음

기독교신앙을 잘못 이해하면 사랑과 축복의 신앙으로 오해하기 쉽습니다. 그러나 성경에서 가장 많이, 그리고 가장 중요하게 언급하고 있는 기독교신앙의 문제는 죄에 관한 것입니다. 죄 문제를 빼놓고는 기독교신앙을 논할 수 없습니다. 예수님께서 이 땅에 오셨던 것은 인간의 죄 때문이었다는 사실을 잊어서는 안 됩니다. 하나님께서 지극히 사랑하시는 인류가 죄로 인하여 멸망할 수밖에 없기 때문에 그 문제를 해결하기 위하여 부득불 예수님께서 오실 수밖에 없었다는 것입니다.

성경에서 하나님의 은혜와 사랑을 말씀할 때는 반드시 인간의 죄 문제가 먼저 언급될 수밖에 없습니다. 하나님께서 인간을 사랑하신다는 가장 확실한 증거는 세상에 예수님을 보내 주셨다는 것인데 그 이유는 인간의 죄 문제를 해결하기 위함이었다고 성경은 말씀합니다(롬 5:8). 하나님께서 인간의 죄 문제를 해결해 주시기 위해서 독생자 예수 그리스도를 십자가에 못 박혀 피 흘려 죽게 하셨다는 것입니다. 그것은 '피 흘림이 없이는 죄 사함이 없다'는 하나님의 공의 때문이었습니다(히 9:22).

우리가 십자가에 못 박히시고 피 흘리신 예수 그리스도를 이해할 때 가장 중요한 핵심이 하나님의 공의와 사랑이라는 것을 잊어서는 안 됩니다. 우리는 종종 전능하신 하나님께서 인간의 죄를 해결하시기 위해서 왜 하필 그토록 사랑하시는 아드님을 참혹하게 죽게 하셨을까? 라는 의문을 갖게 됩니다. 인간은 가장 사랑하는 대상이 죄를 저질렀다면 가능한 한 그 죄를 축소시키고 숨겨 주고 덮어 주어서 죄로 인하여 책벌당하는 것을 면하게 해 주려고 합니다. 그러나 하나님은 지극히 공의로우시기 때문에 사랑하는 대상의 죄 문제를 축소시키거나 덮어줄 수 없고 반드시 죗값을 치르도록 하십니다. 성경에 보면 하나님께서 인간을 위하여 가장 시급히 해결하시려고 하신 일이 죄 문제였음을 알 수 있습니다. 하나님은 절대로 죄를 대충 적당히 넘기지 않으신다는 사실을 우리가 성경을 조금만 주의 깊게 본다면 금방 알게 됩니다.

그런데 우리는 죄 문제는 되도록 적당히 넘기려고 하면서 그보다는 하나님의 사랑, 좋으신 하나님, 복 주시는 하나님 쪽으로만 관심을 기울이려고 합니다. 이는 기독교신앙을 잘못 알고 있는 것입니다. 하나님이 사랑의 하나님이라는 것은 우리가 너무나도 익히 알고 있는 사실입니다. 하나님과 인간이 가까이 사귀고 밀접한 관계를 유지하며 일체감을 갖는 것을 하나님과의 사랑의 관계라고 합니다. 그러나 하나님과의 사랑의 관계를 갖게 되려면 먼저 조건을 구비해야 합니다.

> "우리가 저에게 듣고 너희에게 전하는 소식이 이것이니 곧 하나님은 빛이시라 그에게는 어두움이 조금도 없으시니라 만일 우리가 하나님과 사귐이 있다고 하고 어두운 가운데 행하면 거짓말을 하고 진리를 행치 아니하거니와." (요일 1:5,6)

하나님은 빛이시기 때문에 어두움이 조금도 없으시므로 어둠 속에 있으면서 빛과 같이 있을 수 없다는 말인데 여기서 어둠은 죄를 말합니다. 그러므로 사람이 하나님과 사귐을 갖고 그분과 사랑하는 관계가 되기 위해서 시급히 해결할 문제는 어둠 가운데서 속히 빠져나오는 일입니다. 즉 죄 문제가 먼저 해결되어야 한다는 것입니다. 그런데 성경은 인간이 어둠 가운데서, 즉 죄 가운데서 스스로 빠져나올 능력이 없다는 것입니다. 그래서 하나님께서 예수 그리스도를 보내셔서 우리를 어둠으로부터 꺼내 주실 수밖에 없었다고 말합니다. 빛이신 하나님이 어둠 속,

곧 죄 가운데서 스스로 빠져나올 수 없는 우리 인간을 사랑하셨으므로 예수 그리스도를 보내셔서 죄 문제를 해결하시고 죄의 어둠 속에 갇혀 있는 우리를 건져 내셨으며, 빛 되신 하나님과 사귐이 있게 하시고 사랑의 관계를 갖기를 원하셨다는 것입니다(요 1:4,5; 3:18—21).

그렇게 하지 않고는 공의로우신 하나님과 우리의 사랑의 교제가 불가능하기 때문입니다. 죄는 하나님과의 단절을 가져옵니다. 성경에서 하나님과의 단절은 저주와 멸망을 뜻합니다. 그래서 성경에서 인간의 가장 심각한 문제는 죄 문제요 가장 시급하게 해결할 문제도 죄 문제라고 한 것입니다(로마서 1, 2, 3, 4, 5장을 읽어보십시오).

죄에 대한 하나님의 혐오와 진노, 그리고 죄 문제를 절대로 묵과하지 않으신다는 하나님의 공의를 가장 잘 나타내주는 것이 바로 십자가입니다. 하나님께서 인류의 죄, 우리의 죄 문제를 해결하기 위해서 내세우신 방법이 곧 십자가였습니다. 하나님의 공의의 법은 반드시 죗값을 치러야 하는데 그렇게 될 때 모든 인류는 영원히 멸망할 수밖에 없는 것입니다. 곧 '피 흘림이 없이는 죄 사함이 없다'는 것이 하나님의 공의인데 모든 사람이 자기 죄 때문에 피를 흘리고 죽어야 한다는 것입니다. 그런데 하나님께서는 우리를 사랑하시므로 우리가 치러야 할 죗값 대신 아드님이신 예수 그리스도께서 십자가에 못 박혀 피 흘려 죽게 하신 것입니다. 예수께서 비천한 사람이 되어서 이 땅에 오셔야 했던 이유는 바로 십자가에 못 박혀 피 흘리고 죽기 위해서였습니다. 원래 예수님은 영이셨기 때문에 피를 흘릴 수 없는 존재였습니다. 그러나 피 흘리는 인간이 되어서 죽기 위하여 오신 것입니다.

십자가를 볼 때 흔히 하나님의 사랑의 표적으로만 생각하는 것이 우리의 고정관념이 되어 버렸습니다. 그러나 십자가를 보며 우리는 하나님의 사랑 이전에 하나님께서 얼마나 죄에 대하여 진노하시며 반드시 죄의 책임을 물으시는 공의로운 분이라는 생각을 할 줄 알아야 합니다.

요즘의 신자들은 죄에 대한 두려움이나 경계심이 희박해져 가는 경향이 있습니다. 사탄에 의해서 신자들이 받는 가장 강력한 유혹은 죄의 무서움을 잊어버리도록, 죄에 대하여 무감각하게 만드는 것입니다. 죄에 대한 하나님의 공의는 성경시대나 지금이나 동일하다는 것을 신자들은 알아야 합니다. 하나님께서는 우리의 죄 때문에 아드님을 십자가에 못 박기까지 죄를 미워하시며 반드시 그 대가를 요구하시는 분입니다(고후 5:21).

성경은 예수 그리스도의 피 흘리심 때문에 우리가 모든 죄에서 깨끗하게 사함 받게 되었다고 말씀합니다(요일 1:7). 피는 생명을 의미하고(창 9:5), 피 흘림은 죽음을 의미합니다. 죄는 반드시 피 흘림의 대가, 즉 죽음의 대가를 치르도록 되어 있습니다. 그것이 하나님의 공의입니다.

"우리는 그리스도 안에서 그의 은혜의 풍성함을 따라 그의 피로 말미암아 속량 곧 죄 사함을 받았느니라."(엡 1:7)

하나님의 은혜가 풍성함을 죄를 대충 넘기는 것으로 오해해서는 안 됩니다. 우리의 죗값을 예수님이 대신 치르도록 하신 것이 은혜가 풍성한 것이지 결코 죄를 너그럽게 넘기는 것이 은혜가 아닙니다. 그럼에도 오늘날의 신자들은 하나님은 좋으신 분이며 사랑의 하나님이시기 때문에 웬만한 죄는 너그럽게 봐 주시는 것으로 생각하여 그것을 은혜라고 착각합니다. 성경은 인간이 하나님과 화목케 되기 위하여 꼭 필요했던 것이 예수 그리스도의 십자가라고 합니다. 죗값으로 인한 피 흘림, 곧 예수님의 죽음이 없이는 결코 하나님과 화목하게 될 수 없다는 것입니다. 그러므로 기독교신앙의 출발점은 죄 문제로부터 시작됩니다. 자신의 죄를 깨닫고 그 심각성을 이해하고 공감할 수 있을 때 비로소 예수 그리스도의 십자가 복음을 간절한 마음으로 믿게 되고 신앙의 다음 단계로 나아갈 수 있게 되는 것입니다.

일반적으로 사람들은 윤리적 도덕적 차원의 죄를 안 짓는 것으로 죄에 대하여 깨끗하다고 생각합니다. 그것은 죄를 세상적인 차원으로 이해하고 있기 때문입니다. 그러나 성경은 도덕적, 윤리적 차원에서의 죄를 그토록 심각하게 따지는 것이 아닙니다. 물론 윤리적 차원의 죄도 무시할 수는 없지만 인간의 근원적인 문제는 하나님과의 잘못된 관계라고 성경은 말씀합니다.

> "의심하고 먹는 자는 정죄되었나니 이는 믿음으로 좇아 하지 아니한 연고라 믿음으로 좇아 하지 아니하는 모든 것이 죄니라."(롬 14:23)

믿음으로 좇아 하지 아니하는 모든 것이 죄라고 하는데 죄에 대한 성경적 정의가 잘 나타나 있는 구절입니다. 즉 인간의 믿음의 대상인 하나님과 관계없는 그 어떤 생각이나 행위가 다 죄라는 것입니다. 성경은 사람들이 범하고 있는 모든 죄들이, 그것이 크든 작든 죄라는 쓴 뿌리에서부터 나온 열매라고 합니다. 즉 사람이 어떤 죄를 지었기 때문에 죄인이 된 것이 아니라 원래부터 죄인이기 때문에 사람으로부터 나오는 모든 것들은 크든 작든 다 죄로 나타난다는 것입니다.

죄의 근본인 죄의 뿌리는 아주 깊고 크고 견고하며 엄청난 잠재력을 지니고 있습니다. 그것이 때로는 아주 작은 양상으로 나타나기도 하지만 때로는 살인, 전쟁 등 치명적인 파괴력으로 나타나기도 합니다. 대개의 사람들은 자신들이 저지른 잘못이 아주 사소한 죄라고 생각하여 양심이 좀 찔리는 정도로 끝내고 치명적인 큰 죄를 저지른 잘못으로 여기지 않습니다. 그것은 자신에게 있는 깊고 큰 죄의 뿌리에 대해서 깨닫지 못하기 때문입니다. 그래서 자신이 멸망 받을 수밖에 없는 죄인이라는 사실을 알지 못하고 사소한 잘못만 의식하여 자신은 심각한 죄인이 아니라고 착각하는 것입니다. 그러면서 세상을 떠들썩하게 한 죄인들만을 가리켜 못된 인간이라고 흥분합니다. 그러나 그들은 어쩌다 죄의 열매가 크게 나타난 것뿐이지 실상 모든 인간 속에 내재해 있는 뿌리 깊은 죄성은 똑같다는 것이 성경이 말하는 죄입니다. 우리는 죄의 뿌리로부터 나타나는 작은 부산물들만을 의식하여 이 사실에 대하여 늘 망각하기 쉽습니다.

성경은 무릇 인간으로 태어난 자는 한 사람도 예외 없이 죄인이며 죗값으로 멸망할 수밖에 없는 존재들임을 말씀합니다. 그것은 죄의 뿌리로부터 부산물로 나타난 어떤 윤리적 도덕적 차원의 죄를 지적하는 것이 아니라 아담으로부터 물려받은 인간의 근원적인 죄를 말하는 것입니다. 이러한 죄 문제를 해결하지 않고서는 결코 멸망에서 제외될 수 없음은, 죄 문제를 해결하지 않고서는 빛 되신 하나님과 관계를 맺을 수도, 사귐을 가질 수도 없기 때문입니다. 하나님과 화목한 관계를 갖지 못하고 하나님과 사귐이 없는 인간은 멸망에 처하게 된다고 성경은 말씀합니다.

그런데 하나님께서 예수님을 보내 주셔서 십자가에 못 박혀 피 흘려 죽게 하심으로 우리의 죗값을 치르게 하시고 예수 그리스도를 믿는 사람마다 죄 문제를 해결해 주시고 하나님과 사귀며 화목한 관계가 되게 하신다는 것입니다. 그렇다고 해서 예수님을 믿는 사람은 죄를 용서받는 보장을 받아 놓았으므로 죄를 얼마든지 지어도 무방하다는 뜻은 아닙니다.

신자가 죄를 안 짓게 되면 그보다 더 좋은 일은 없지만 신자도 죄를 짓는다는 것은 우리가 다 경험하고 아는 바입니다. 신자가 죄를 지으면 어떻게 될까요? 구원이 취소됩니까? 그렇지는 않습니다. 그렇지만 하나님과의 관계가 불편해진다고 봐야 옳습니다. 그럴 때 신자들은 곧잘 하나님의 마음에 드는 일을 하면 하나님과 좋은 관계로 회복된다고 생각합니다. 그래서 하나님께 잘 보이려고 선한 공로를 쌓아 죄를 용서받으려는 쪽으로 관심을 기울입니다. 물론 신자는 선한 일을 해야 합니다. 그러나 하나님께 죄 사함 받고 화목하게 되는 것은 인간의 어떤 선한 행위로 되는 것이 아닙니다.

신자가 죄를 짓고 하나님과 불편한 관계가 되었을 때 다시 회복하기 위해서는 반드시 예수 그리스도의 십자가 공로에 의지하여 죄를 자백하고 용서를 구하는 일이 우선되어야 합니다. 그뿐만 아니라 같은 죄를 반복하지 않으려는 의지와 노력과 결단이 필요합니다. 신자는 매일의 삶 속에서 매순간 예수님의 십자가 보혈의 공로를 믿고 그분과 동행하며 부득불 죄를 짓게 되면 즉시 예수님을 의지하여 죄를 자백하고 용서를 구해야 합니다. 그러할 때 하나님과의 화목한 관계를 바르게 유지할 수 있습니다.

예수님께서는 그러한 것을 '발을 씻어야 하는 것'(요 13:10)으로 말씀하셨습니다. 우리가 매일 발을 씻어야 하듯이, 하루 동안에도 발이 오물을 밟거나 진흙탕에 빠졌거나 할 때 그때마다 발을 씻듯이 우리는 죄를 지을 때마다 즉시 회개하여 예수님의 십자가 공로로 용서받아 깨끗해져야 하며 그에 대한 확신이 있어야 합니다. 하나님께서는 이런 식으로 신자의 죄에 대하여 반드시 해결을 보신 다음 우리와의 관계를 유지해 나가십니다.

영생 永生

예수를 믿어 구원받은 사람은 영생한다고 합니다. 영생은 오래 사는 것만을 의미하지 않습니다. 성경이 말하는 영생은 하나님과 함께 사는 생활을 뜻합니다. 영생은 또 죽은 후에 얻어지는 천국생활만을 의미하는 것도 아닙니다. 영생은 현재 여기서 누리는 임마누엘(하나님이 함께 하심)을 포함합니다. 따라서 예수 그리스도를 믿어 중생한 사람, 곧 구원 얻은 신자는 이미 영생의 삶을 누리고 있는 것입니다.

"저를 믿으면 멸망하지 않고 영생을 얻으리라"고 하였는데, 성경은 지금 영생을 가지고 있다는 현재형 동사를 자주 사용하고 있습니다(요 3:36; 5:24; 6:47). 요한복음 17:3에는 하나님과 그 아들 예수를 아는 것이 영생이라고 했습니다. 예수를 안다는 것은 그분에 대한 객관적 지식을 의미하거나 관념적인 믿음을 의미하지 않습니다. 그분과 믿음으로 연합되어 그분 안에 거하고, 그분이 내 안에 거하는 함께하는 삶(임마누엘)을 말합니다. 그것이 믿는 것입니다. 예수님을 아는 사람이 믿는 사람입니다. 알지 못하는 것은 믿지 못하는 것입니다(요 8:19). 요한일서 5:20에 의하면 예수님 자신이 영생이십니다. 그러므로 예수님을 모신 자(영접한 자)는 영생이 있고, 그 영생은 영원히 떠나지 않습니다.

영생은 믿는 자에게 주시는 아주 확고한 선물이므로, 그가 진실하게 예수 그리스도를 영접했다면 결코 영생을 잃지 않을 것입니다. 하나님은 인간이 영생을 얻도록 하기 위하여 독생자를 세상에 보내 주셨습니다. 하나님의 입장에서 보면, 또한 이미 거듭난 사람의 입장에서 보면 영생보다 시급하고 중요한 것이 인간에게 없습니다. 따라서 사람은 돈을 벌기에 앞서 먼저 영생을 얻어야 하고, 학식을 얻기에 앞서, 명예와 권세를 얻기에 앞서, 세상에서의 성공과 행복을 얻기에 앞서, 결혼을 하건 자녀를 낳건, 집을 사건, 살림을 하건, 정치를 하건, 누구든지 먼저 영생을 얻어야(소유해야) 합니다. 그렇지 않으면 그는 세상에서 아무리 성공하고 행복을 쟁취한다 하더라도 모래 위에 집을 지은 사람과도 같습니다.

물질은 삶에 있어서 없어서는 안 될 수단이지만 물질이 있어도 사용할 줄 아는 지식이 없으면 인간은 물질 때문에 죄만 짓게 되고, 지식이 있어도 도덕이 없는 사람은 이기적인 사람이 되어 지식은 죄악의 도구로 전락하게 되며, 도덕적으로 평생을 살았다고 해도 끝에 가서 멸망(소멸이 아닌 영원한 형벌)이라면 사람들이 현세에 사는 동안 그토록 갖고자 아등바등하고 기를 쓰며 추구하는 것들이 얼마나 무의미하며 허무한 일입니까? 인간 존재의 근본 문제를 확실히 해 두고 공부를 하거나 성공을 하거나 돈을 버는 것이 백 번 현명한 일입니다.

성경은 인생의 근본 문제인 '사느냐, 죽느냐, 그것이 문제로다'를 취급하는 책입니다. 창세기부터 사는 문제와 죽는 문제를 가지고 시작해서 요한계시록의 마지막 장에 이르기까지 계속 이 생사 문제를 핵심적인 주제로 취급하고 있습니다. 따라서 성경의 최우선의 관심은 영혼의 구원, 곧 영생의 문제입니다. 영생이냐 영벌이냐에 대한 진위는 예수님 재림에 있을 최후의 심판(백보좌 심판이라고 알려짐)에서 드러납니다. 누구든지 생명책(천국호적)에 기록되지 못한 자는 불못(지옥)에 던져져서 영원한 형벌을 받게 될 것입니다(계 20:12—15). 그러므로 사람에게 최대의 문제이며 제일 시급한 과제는 영생에 관한 문제입니다.

교회에 다니느냐가 중요한 것이 아닙니다. 과거에 다녔던 것도, 앞으로 다닐 예정도 중요치 않습니다. 현재 영생을 얻은 믿음이 있느냐가 중요합니다. 지금 얻고 있는 영생이 종말 심판 때에 천국에서의 영생과 직결되기 때문입니다. 불행하게도 교회 안에는 영생의 문제를 확실하게 해 두지 않은 채 막연하게 믿고 있는 신자들이 많이 있습니다.

지금 영생을 소유해야 장래의 영생이 보증이 됩니다. 즉 지금 예수를 알아야 나중 심판 때에 확인을 받는다는 것입니다. 성경에서 예수님을 안다는 것은 예수 그리스도와 함께 사는(계 3:30) 것을 말합니다. 그것이 세상에서 영생을 누리는(얻은) 삶입니다. 그런 사람이 참다운 성도입니다. 그런 사람은 성령께서 늘 내주하고 계시며(고전 3:16; 6:19), 성령의 열매를 맺어 가며(갈 5:22,23), 하나님의 성품에 참여한 사람이 됩니다(벧후 1:4—8).

성경의 신앙인들을 비롯하여 지금까지의 모든 참된 신자들은 이 세상에서부터 주님과 동행하며 영생을 누린 사람들이었습니다. 에녹은 300년을 하나님과 동행하며 죽음을 겪지 않고 영원한 하나님 나라로 옮겨졌다고 했는데(창 5:22), 에녹뿐 아니라 노아도 죄악이 관영한 세상에서 하나님과 함께하는 영생을 가졌기 때문에 모든 사람이 물로 심판 받을 때 구원을 받은 것입니다. 하나님의 명을 따라 그가 만든 방주는 세상에서 신자들이 누리는 영생을 상징합니다. 영생을 소유한 사람들은 세상의 가치관이나 풍조를 따르지 않습니다. 먹음직도 하고 보암직도 하고 탐스럽게 보이는 것들인 이 세상 것들보다는 하나님 자신을 더 소중히 여기며 사랑합니다.

아브라함은 좋은 땅을 자기가 선택할 권리가 있음에도 불구하고 조카 롯에게 양보하면서 "네가 좌하면 나는 우하고 네가 우하면 나는 좌하리라"(창 13:9)고 말했는데, 그가 생각하기에 좋은 땅이 중요한 것이 아니라, 하나님이 함께하는 것만이 중요하다고 여겼기 때문입니다. 이삭 또한 자기 소유의 우물을(팔레스타인 지방은 우물이 큰 재산임) 탐내는 다른 사람들에게 계속 양보하였습니다(창 26:22). 성경의 신앙인들의 특징은 이 세상 것들로 인하여 세상 사람들과 아귀다툼하듯 살지 않았다는 것입니다. 그들은 언제나 나그네처럼, 외국인처럼 세상에 연연하지 않고 더 좋은 영생을 누리며 돌아갈 본향인 천국을 바라보며 살았습니다(히 11:13-16).

요컨대 영생은 이다음 천국에서 누리는 삶뿐만이 아니라 지금 이 세상에서 하나님과 함께하는 삶을 포함한다는 사실을 반드시 기억해 둘 필요가 있습니다. 웨슬레는 죽으면서 말하기를 '최대의 축복은 영생'(임마누엘)이라고 했습니다. 사람이 세상에 살면서 최고로 성공적으로 사는 것은 영생을 소유하는 일입니다. 곧 예수 그리스도를 알고 그와 함께하는 삶입니다.

멸망 滅亡

성경에는 예수 그리스도를 믿으면 멸망하지 않고 영생을 얻는다는 말이 수없이 나옵니다. 하나님께서 예수님을 세상에 보내신 이유는 예수님을 믿는 자마다 멸망치 않게 하려 하심이라고 합니다(요 3:16).

멸망이란 문자 그대로 없어지는 것을 의미하지 않습니다. 제7안식교와 여호와의 증인에서는 멸망을 소멸로 해석하여 악인(불신자)의 영혼이 멸절(없어짐)되리라고 주장합니다. 그러나 성경에서 멸망한다는 것은 없어지는 것을 의미하지 않습니다. 성경이 뜻하는 멸망은 철저한 고통의 형벌에 처하는 상태를 의미합니다. 예수 그리스도를 모르는 자와 믿기를 거절하는 자에게 형벌이 있으리라고 성경은 분명히 선언합니다(살후 1:8; 렘 10:25). 또한 하나님을 찾지도 구하지도 않은 자에게 멸망이 임합니다(스 1:6). 예수님께서 말씀하시기를 "몸은 죽여도 영혼은 능히 죽이지 못하는 자(인간)들을 두려워하지 말고 오직 몸과 영혼을 능히 지옥에 멸하시는 자를 두려워하라"(마 10:28)고 강력하게 경고하셨습니다.

확실히 알아둘 것은 멸망이란 육신의 죽음을 의미하는 것이 아니라 영혼과 육신의 지옥형벌을 의미한다는 것입니다. 그것은 죄의 대가이며 하나님의 구원의 선물을 거부한 대가로 받게 되는 영원한 형벌입니다. 이미 공부한 바와 같이 온 인류가 아담 안에서 죄 가운데 태어나 죄 가운데 살다가 죄로 말미암아 죽게 되었는데(롬 5:12), 육신의 죽음 이후에는 반드시 심판이 있습니다(히 9:27).

만약 멸망한다는 것이 소멸되어 없어지는 것이라면 세상에서 죄 짓고 죽는다 해도 죽는 순간 잠깐의 고통만 경험하면 끝나 버리는 삶이므로 두려울 것이 없을 것입니다. 실제로 부도덕하게 사는 사람, 예수 믿기를 거부하는 사람, 혹은 흉악범들은 죽으면 끝나는 인생 어쩌고 하며 죽음과 함께 소멸되어 없어지는 것으로 알고 있는 것을 봅니다. 정말 그렇다면 세상에 신실하고 바르게 살려는 사람도 별로 없을 뿐 아니라 구태여 바르게 살려고 애쓸 필요도 없을 것입니다(고전 15:32-34). 성경에서 선포하는 멸망은 없어지는 것이 아니라 영원히 존재하되 형벌 받는 상태에 처해지는 것을 말합니다(막 9:47—49; 눅 16:22—31).

성경에 의하면 죽음은 세 가지 종류로 구분됩니다. 영과 육이 분리되는 신체적 죽음과 몸은 살았으되 영혼이 죽은 상태인 영적 죽음(중생하지 못한 상태), 몸과 영혼이 죽어 영원히 형벌 받는 멸망이 그것입니다.

요한복음 3:16의 멸망은 영원한 형벌을 의미합니다. 성경에는 멸망에 처한 상태를 여러 가지로 표현하고 있습니다. 구더기도 죽지 않는 곳(막 9:47—49), 음부(눅 16:23), 지옥 불못(계 20:15; 19:20). 바깥 어두운 곳에서 슬피 울며 이를 가는 것(마 22:13), 영벌(마 25:46) 등입니다. 요약하면 멸망은 지옥형벌을 의미합니다. 현대 교회는 지옥에 관한 가르침이 적으므로 신자들이 지옥형벌에 관한 것을 사실적으로 이해하지 못하는 경우가 많습니다. 막연히 천국과 영생만 믿고 있습니다. 지옥 얘기를 하면 교양 없고 세련되지 못한 원색적인 얘기라고 싫어합니다. 그것은 바르지 못한 태도입니다.

그러나 성경은 분명히 예수 그리스도를 알지 못하는 자는 지옥형벌에 처해질 것을 거듭 경고합니다. 이 형벌은 영혼과 정신과 육체의 전인격적인 철저한 고통을 뜻합니다. 죽고 싶어도 죽지 못하고 나오고 싶어도 나오지 못한 채 영원히 끝없는 고통을 받는 것이 지옥형벌입니다. 소망도 없고 기대도 없는, 너무 고통스럽고 절망스럽고 후회스러워서 슬피 울며 이를 가는 곳입니다. 지옥은 마귀와 그 사자들과 함께 있어 불에 태워지기도 하고 소금에 절여지기도 하고, 물 한 방울 마실 수도 없고, 빛이라고는 전혀 없는 어두운 곳이라고 성경은 묘사하고 있습니다(마 18:2; 22:13; 25:30,41; 막 9:48,49; 계 9:6 등).

빠삐용(Papillon), 미드나잇 익스프레스(Midnight Express), 쇼생크 탈출(The Shawshank Redemption) 같은 영화들은 지옥 같은(사실은 지옥에 비하면 천국 같은) 악명 높은 감옥의 고통을 견디지 못하여 탈옥을 시도하는 사람들에 관한 영화입니다. 잔혹하고 처참한 감옥소의 생활은 정말 끔찍합니다. 그런 곳에서 탈옥한다는 것은 도저히 불가능해 보이지만 기적처럼 탈옥에 성공합니다. 지옥에 비하면 아무것도 아니고 끝이 있는 감옥 생활에도 견디기 어렵고 자유가 그리워서 탈옥을 꿈꾸는데 지옥생활에서는 오죽하겠습니까? 그러나 지옥에서의 탈옥은 정말 불가능하다고 성경은 말씀합니다(눅 16:22—31). 사람이 죽은 후의 상태에 대해서 아무 관심도 갖지 않는 것은 불행한 일입니다. 성경에 계시된 사실대로 죽음 후에 대해서 알아 두는 것이 좋습니다. 사람은 죽으면 그 육체는 땅에서 썩어 흙으로 돌아가고, 영혼은 천국 아니면 지옥으로 가게 됩니다. 그 상태를 성경에서는 중간상태라고 합니다. 그러다가 예수 그리스도께서 재림하심과 동시에 최후의 심판이 있게 되는데 그 심판 전에 그리스도인들의 부활이 있게 되고, 천국에서 안식하고 있는 중간상태의 영혼과 흙으로 돌아갔던 육신의 부활이 있게 되며(고전 15장; 살전 4:16), 그 후에 완전한 영생복락의 상태로 들어갑니다(계 21,22장).

성경에 나오는 낙원과 음부는 부활하기 전에 영혼만이 존재하는 장소, 곧 낙원은 그리스도인이 가는 처소요, 음부는 불신자가 가는 처소로 알아 두는 것이 좋습니다. 최후의 심판 때 불신자들도 부활하는데, 형벌의 부활인고로 그때부터 영원히 끝도 없는 본격적인 지옥형벌에 처해지게 됩니다(계 20:10—15; 21:8). 사람이 세상에 살아있을 때 무엇을 믿고 어떻게 살았느냐로 죽은 후의 영원한 상태를 결정짓는 것을 안다는 것은 참으로 중요한 일입니다. 죽음은 소멸되는 것이 아니라, 영생 아니면 영벌의 시작임을 알아 두는 사람은 지혜롭고 복 있는 사람입니다.

교회 教會

교회를 건물로 알고 있는 사람들이 많이 있으나 교회는 건물이 아닙니다. 건물은 예배당, 또는 교회당이라고 해야 옳습니다. 신약성경의 교회를 뜻하는 헬라어 '에클레시아'라는 말은 성령에 의하여 소집된 회중, 곧 하나님의 백성을 의미합니다(행 19:32,39,40). 따라서 신약성경에서의 교회는 살아 계신 하나님께서 메시아이신 예수님을 중심으로 행하신 위대한 일(죄로 멸망할 인간을 구원하신 일)을 증거하며, 성령님으로 말미암아 이루어지는 성도들과 하나님과의 친교와, 성도와 성도 간의 친교를 뜻합니다.

예수 그리스도를 믿고 주로 고백하며 예배하며 친교하는 사람이 있는 곳은 그곳이 어디든, 사람이 많든 적든, 가정이든 감옥이든 교회라는 신비가 존재하는 곳입니다. 그러므로 보다 더 완전한 의미의 교회는 눈에 보이는 실체가 아니라 보이는 않는 초자연적인(영적인) 실체라고 해야 옳을 것입니다.

교회의 표징

예수님께서는 자기 백성(그리스도인)을 성령과 말씀을 통해서 자신과의 언약적 교제 안에 살게 하시며 믿음을 유지하고 성장하게 하십니다. 신자들은 예수님의 음성을 말씀 선포(설교)를 통해서 들을 수 있습니다. 성례의 집행 속에서 예수님의 행동을 볼 수 있습니다. 또한 기도와 찬송과 헌금으로 예수님을 경배합니다. 이것들이 눈에 보이는 교회의 표징들입니다. 또한 이것들을 통해서 예수님은 신자들의 신앙이 성장하게 하시며, 하나님께서는 이러한 것들을 통해서 약속하신 대로 자기 백성의 죄를 용서하시고 복을 주십니다. 그러므로 눈에 보이는 지상의 교회에서는 그곳이 어디가 되었든 말씀 선포가 있고, 성례의 집행이 있고, 찬송과 기도가 있고, 헌금이 드려지는 것입니다.

교회의 성격

사도 바울은 전체 교회나 지역 교회 모두를 교회라고 했습니다. 그는 큰 교회(모임)뿐만 아니라(고전 1:2) 가정 교회(모임)도 교회라고 했습니다(몬 1:2). 예수님께서는 "두세 사람이 내 이름으로 모인 곳(교회)에 나도 그들 중에 있느니라"(마 18:20)고 말씀하셨습니다. 어떠한 크기로든 일단 성도들이 모이면 그곳에 바로 교회가 존재합니다. 그리고 그것은 완전한 교회입니다. 작다고 불완전한 교회이며 크다고 완전한 교회는 아닙니다. 중요한 것은 규모가 아니라 바른 말씀 선포와 성례가 시행되며, 하나님과의 교제와 성도 간의 올바른 교제가 있으며 바른 경배가 드려지며 신앙의 성숙과 삶의 변화가 있느냐 입니다.

교회는 사람들 간의 친목 단체도 아니며, 사람에 의해서 세워지거나 좌우되는 존재도 아닙니다. 교회는 하나님이 세우셨고, 하나님에 의해서 좌우됩니다. 그러므로 교회를 지나치게 인간의 방법으로 좌지우지하려고 하는 것은 크게 잘못된 일입니다. 교회는 예수님이 머리가 되시고, 근본이시며(골 1:18), 신자들은 그의 몸을 이루는 지체(고전 12:12-27)라고 했습니다. 머리와 근본이 되시는 예수 그리스도가 교회의 주인이시며 주관자이십니다. 따라서 교회는 예수님께 절대 순종하며, 그분의 영광을 드러내고, 그분이 원하시는 일들을 해야 합니다. 신약성경은 교회를 하나님의 집, 포도원, 성령의 전, 하나님의 감람나무, 하나님의 성, 하나님의 백성, 그리스도의 신부 등으로 표현하고 있습니다. 그러므로 교회를 사람들이 모이는 친목 단체쯤으로 생각하거나, 규모의 크고 작음에 따라, 혹은 교회당의 화려함과 초라함에 따라 외형적인 조건만 가지고 평가하는 것은 잘못입니다. 신자들 가운데는 작은 교회에 대하여 시시하다는 생각을 가지고 있고, 동정하는 마음들이 되기도 하는데 그릇된 태도입니다. 어떤 규모의 교회이든 그리스도의 교회요 하나님의 집이므로 겸손한 자세와 떨리는 마음으로 섬겨야 할 것입니다.

신자들의 잘못된 자세 중의 하나는 자신이 속해 있는 교회에는 온갖 정성을 기울이면서 다른 교회에 대해서는 무관심과 냉담함과 멸시함과 질투와 심한 경우에는 적대감을 갖는 일입니다. 심지어는 다른 교회의 신자들을 자기가 소속된 교회로 데려가거나 해서 다른 교회에 피해를 끼치고 상처를 주는 일도 흔합니다. 그런 일들은 교회가 무엇인지 전혀 모르는 무지함에서 비롯된 것입니다. 그것은 예수님과 자신을 상처주고 괴롭히는 일입니다.

교회는 육신을 가진 사람들의 모임 같지만 사실은 삼위일체 하나님께서 죄인을 구원하시기 위하여 활동하시는 곳입니다. 하나님께서는 교회를 통해서 죄인들을 만나시고 죄인들을 변화시키며, 하나님의 자녀가 되게 하시며 하나님을 닮아가게 하시며, 천국으로 인도하십니다. 즉 교회를 통해서 죄인의 구원의 시작과 성화와 완성을 이루게 하십니다.

신자들은 교회를 통해서 영적인 면과 육신적인 면에서 하나님의 은혜와 사랑을 공급받으며 복을 누립니다. 또한 영적 가족들

(신자들)과의 교제와 사랑을 나누며 보살피고 위로와 격려와 힘이 되어 줍니다(롬 12:4—21; 빌 2:1—4). 그리고 세상을 향해서는 계속해서 복음을 증거하며 예수 그리스도의 사랑을 삶 속에서 실천하므로 세속에서 빛과 소금이 되어 하나님의 영광을 드러냅니다(마 5:13,14).

교회는 그리스도의 신부이므로 정결한 신부처럼 단장하고(믿음의 정결) 그분을 사모하므로 그분이 다시 오실 날(재림)을 기다리는 곳입니다(막 2:19,20; 고후 11:2; 롬 7:1—6; 계 19—21장). 만약 교회가 이상과 같은 일을 알지 못한다면 참된 교회라고 할 수 없을 것입니다.

교회의 직분

교회의 직분은 제사장 직분과 선지자 직분입니다. 교회는 대제사장이신 예수님 안에서 제사장의 직분을 해야 합니다. 죄인들과 하나님 사이를 화목하게 하는 일, 죄 용서받는 일, 복을 받게 하는 일을 합니다. 교회 안에서는 모든 성도가 예수 그리스도 안에서 제사장입니다(벧전 2:9; 5:2,3). 또한 교회는 하나님 백성들에게 말씀을 전하고 가르치는 선지자 직분을 해야 합니다. 그것은 하나님의 성도들을 말씀으로 먹이고 양육하고 죄를 깨닫게 하고 거룩하게 하여 하나님의 성품에 참예하도록(닮아가도록) 하는 일입니다.

교회의 사명

교회의 사명은 공적인 예배를 통해서 성도들과 하나님을 교통케 하는 일이며, 복음 전파를 통해서 죄인들을 하나님께 초청하며 구원받게 하는 일이며, 하나님의 율법(말씀)을 공포하여 하나님의 주권성을 선포하는 일, 신자들을 양육하고 훈계하여 영생의 길로 인도하는 일을 함으로 예수님의 사역을 계속하는 일입니다(예수님이 다시 오실 때까지). 또한 예수 그리스도만이 주님이시며 왕으로 섬기는 일을 계속함으로 그분께 영광과 존귀를 돌리는 일입니다.

주일성수

올바른 신앙생활을 하려고 하는 사람들이 부딪치는 문제들 중의 하나가 주일성수 문제입니다. 주일은 반드시 성수해야 하는가? 주일에 여행을 해도 되는가? 주일오전예배만 드리고 피크닉을 가거나 세속의 즐거움을 위하여 시간을 보내도 되는가? 주일에 영업을 하거나 직장에 출근을 해도 되는가? 혹은 집에서 밀린 일을 해도 되는가? 학생은 주일에 공부해도 되는가? 등등 많은 문제에 부딪치게 됩니다.

한국 교회는 다행스럽게도 초기부터 주일성수를 단호하게 가르쳐왔습니다. 그것은 성경적 신앙전통을 강조한 청교도신앙을 이어받은 미국 선교사들에 의하여 복음이 들어왔고 한국의 초기

기독교가 매우 열성적이며 건전했기 때문입니다. 전통적인 기독교는 성경의 명령에 따라 주일 하루를 온전히 구별하여 세속적 업무를 중단하고 예배와 봉사와 교제와 전도로 하나님께 바쳐 왔습니다. 초기 한국 교회도 주일을 온전히 지키지 않았다는 이유로 징계 받는 일이 허다했습니다.

주일을 온전히 지키는 것이 신앙생활의 본질이기 때문에 일제강점기와 공산주의 정권에서는 주일을 지키지 못하게 하려고 갖은 애를 썼습니다. 일제 치하에서 주일성수 문제로 많은 성직자들과 성도들이 투옥과 고문과 순교를 당하면서도 주일을 지켰고 공산주의 치하에서도 마찬가지였습니다. 주일성수는 기독교신앙생활의 본질적인 문제이므로 어떠한 일이 있더라도 거룩히 구별하여 지켜 왔고, 한국 교회는 주일에 실시하는 선거, 국가고시, 직장근무, 훈련 등은 거부하는 것을 원칙으로 합니다.

주일성수는 10계명 중 제4계명이므로 5, 6, 7, 8, 9, 10계명을 범하는 죄와 주일을 지키지 않는 죄는 동일합니다. 신자들 중에는 6계명(살인하지 말라), 7계명(간음하지 말라)을 범하는 것은 큰 사건으로 여기면서 4계명을 범하는 것은 심각하게 생각하지 않는 경향이 있는데 그것은 주일성수의 중요성을 잘 모르기 때문입니다. 4계명(주일성수)을 범하는 것이나 6, 7계명을 범하는 것은 동일한 죄이며 어떤 의미에서 더 큰 범죄입니다. 6, 7계명보다 4계명이 앞서 있으며, 하나님과의 관계를 멸시하는 망령된 일이기 때문입니다. 그럼에도 불구하고 현대에 이르러 차츰 주일성수를 소홀히 여기는 풍조가 만연되어 가는 것은 심히 안타깝고 두려운 일이며 국가적으로도 불행한 일입니다. 현대산업사회의 복잡한 생활 구조 때문이라고는 하지만 마음으로부터 주일성수에 대한 중요성, 하나님에 대한 절대 신앙이 해이해져 가고 있기 때문입니다. 그렇다면 주일성수가 왜 그렇게 중요한지 이해할 필요가 있습니다.

구약시대의 안식일

구약에는 이스라엘 백성들에게 안식일을 철저하게 성수할 것을 명령하였습니다(출 20:8—11; 신 5:15). 안식일 성수야말로 이스라엘 백성의 표징(하나님 백성의 표징)이었습니다(출 31:17). 하나님께서 이스라엘 백성에게 안식일을 구별하여 지키라고 명하신 이유는

첫째, 하나님께서 엿새 동안 천지를 창조하시고 일곱째 날을 기념하여 쉬셨으므로 하나님 백성에게도 그 날을 기념하게 하기 위함이었습니다(출 20:11). 즉 온 우주 만물과 나를 지으신 창조주 하나님께 영광 돌리기 위해서 하나님께서 안식하신 날을 기념하여 지키라는 뜻이었습니다.

둘째, 하나님께서 이스라엘을 구원하신 것을 기념하는 뜻으로 안식일을 지키라고 하였습니다(신 5:15). 한 마디로 안식일을 지키라는 뜻은 하나님께서 창조주이시며 구주이신 것을 기념하

도록 하기 위함이었습니다. 그것은 먼저 이스라엘에게 명하셨지만, 이스라엘을 제사장 나라로 삼아 점차 전 인류에게 적용해 나가려는 것이 하나님의 뜻이었습니다.

구약의 안식일 성수는 지극히 엄격했습니다. 그 날을 여호와의 날로 구별하여 거룩하게 지켰고 세속의 일을 일체 중단하고, 어기는 자는 죽임을 당했습니다(민 15:32-36). 안식일을 온전하게 지키도록 하기 위해서 이스라엘이 광야 생활 중에 하나님은 만나마저도 안식일에는 내려 주시지 않았고 안식일 전날에 안식일의 분량까지 거두도록 명령하였습니다. 그 날은 모든 처소에서 불을 피우는 것과 짐을 나르는 것도 허용되지 않았고, 세월이 흐르면서 더욱 엄격한 규례를 첨가시켜(율법학자들에 의해서) 심지어 짐승이 구덩이에 빠져도 건지지 못하게 했고, 길을 가던 사람이 구덩이에 한쪽 다리가 빠지면 안식일 지날 때까지 그대로 있어야할 정도였으며, 몸에 벼룩이 기어가도 잡지 못하고, 적군이 공격해도 방어하지 못하며, 환자가 침상을 다른 곳으로 옮겨가도 안 되었습니다. 따라서 본래의 안식일의 의미는 사라진 채 규례를 지키기 위한 안식일이 되고 말았습니다.

신약시대의 안식일과 주일의 관계

예수님은 안식일 본래의 의미를 모른 채 율법적 규례만 엄격히 지켜지는 형식적인 안식일 제도에 대하여 책망하시며 본래의 안식일 의미를 회복시키려고 하셨습니다. 예수님은 안식일에 병자도 고치셨고, 자비를 베푸셨으며, 귀신도 쫓으시고, 밀밭을 지나다가 밀 이삭을 잘라먹는 제자들을 말리지 않으셨습니다. 유대 종교인들은 그러한 예수님의 자유분방한(?) 태도에 대하여 적개심과 증오를 나타냈고 트집을 잡았습니다. 예수님은 그러는 그들에게 "인자는 안식일의 주인이니라 인자는 안식일의 완성자니라"라는 이해할 수 없는 말씀을 하셨습니다(마 12:1-8).

당시에 이 말씀에 대해서 이해할 수 있는 사람은 아무도 없었습니다. 그런데 십자가 죽으심과 부활 이후 제자들은 예수님의 말씀을 깨닫기 시작했습니다. 즉 예수님의 십자가 죽으심과 부활로 말미암아 새 창조와 새 구원의 역사를 이루셨다는 사실을 알게 되었습니다. 구약의 안식일을 비롯한 모든 율법이 예수님의 구속사역으로 완성될 새 창조와 새 구원의 예표였다는 것을 깨달은 것입니다. 예수님의 부활은 구약에서 예표했던 예수님에 관한 모든 것이 완성되었음을 의미합니다. 예수님이 안식일날 무덤에 계셨다는 것은 구약의 모든 예표가 끝이 났다는 것을 의미하고 그 다음 날 부활하신 것은 새로운 창조와 구원을 이루셨다는 것을 의미합니다. 부활하신 예수님은 항상 안식일 아닌 안식 후 첫날(주일)에 나타나셨으며, 성령님도 안식 후 첫날에 강림하셨습니다. 그러므로 지금도 토요일 안식일을 고집하는 제7안식일교회는 크게 잘못된 비기독교적 집단입니다.

초대교회는 안식 후 첫날을 주의 날로 부르며 거룩히 구별하여 지켰습니다. 그때부터 주의 날(주일)은 사도시대, 속사도시대, 교부시대, 중세암흑시대, 종교개혁시대, 근세, 현대에 이르기까지 정통적 기독교가 가장 중히 여기는 날로 거룩히 지켜 왔습니다. 정통적 기독교는 주일에 일체 세속의 일이나 오락을 금하고 온종일 예배와 찬양과 기도와 성경읽기와 봉사와 전도로 바쳐 왔습니다. 주일을 온전히 구별하여 지키는 일(주일성수)은 신앙생활의 기본이며 필수 조건입니다.

18세기 중엽의 뉴잉글랜드의 철학자 겸 위대한 복음주의 부흥사였던 조나단 에드워드는 이렇게 말했습니다.

"성경은 두 종류의 창조, 즉 옛 창조와 새 창조에 대해서 기록하고 있다. 4계명은 옛 창조에 속했던 사람들에게만 주어진 것이 아니라 새 창조시대(신약시대)에 속한 사람들에게도 똑같이 주어졌다. 구약시대가 창조와 구원을 기념하기 위하여 안식일을 구별하여 거룩히 지켰던 것처럼, 새 하늘과 새 땅에 속한 신약의 그리스도인들도 똑같은 이유로 주일(안식일)을 기념하도록 되어 있는 것이 4계명(안식일 계명)의 원리이다."

하나님께서 천지를 창조하신 후 쉬셨던 것처럼 예수님도 구속의 사역을 마치시고 부활승천하심으로 쉬셨습니다. 그러므로 그리스도인들은 예수님의 예표였던 구약의 안식일이 아닌, 인류를 구원하시고 새롭게 창조하신 새 창조의 날인 주일을 기념하라고 신약성경은 명령하고 있습니다.

올바른 주일성수의 자세

오전예배를 드리고 종일 다른 일을 보기 위하여 외출하거나 TV를 시청하거나 기타 세속적 업무나 오락으로 주일을 보내는 것은 주일을 바르게 지키는 자세가 못됩니다. 주일은 몸과 마음과 영혼이 오직 하나님과 함께(예수님과 함께) 안식하며 그분을 즐거워하며 그분을 섬기고 예배하며 그분이 영광 받으시는 날로 드려야 합니다. 적어도 올바른 신앙생활을 하려면 그렇게 해야 합니다. 예전에는 온전한 주일성수를 위해서 토요일 저녁부터 주일자정까지 그랬지만(지금도 그렇게 하는 신자들이 있음), 그렇게는 못한다 하더라도 주일 하루만큼은 바르게 지킬 줄 아는 자세를 가지고 있어야 하나님을 바르게 경외하는 사람이 될 수 있습니다.

물론 예수님 당시의 바리새인들처럼 주일의 의미를 상실한 채 율법주의적이며 강제적으로 그렇게 하는 것은 바람직하지 않습니다. 그렇다면 누구도 주일을 기쁨으로 지킬 수 없을 것입니다. 주일성수는 주일의 의미를 알고 자발적으로 즐겁게 지킬 수 있을 때 큰 의미가 있고 복이 있습니다. 신자가 주일의 의미를 바르게 이해하면 자연히 올바른 주일성수의 자세를 갖게 됩니다. 올바른 주일성수의 자세는 아래와 같습니다.

첫째, 예수 그리스도의 부활로 말미암아 이루어진 구속사역을 기쁨으로 기념하는 날이어야 합니다. 이것이 주일의 본질입니다. 주일마다 부활찬송을 부르는 것은 이상한 일이 아니라 당연한 일입니다. 주일날 금식을 하거나 슬퍼하는 것은 옳지 않습니다.

둘째, 하나님을 예배하고 성경말씀을 배우고 가르치며 거룩히 지켜야 합니다. 무성의한 예배, 준비 없는 예배, 지각 예배, 우울하고 푸시시한 모습은 금물입니다. 즐겁고 감사한 마음, 단정하고 정중한 자세로 예배에 임하며 세속의 생각이나 염려는 금해야 합니다. 또한 자신과 다른 성도의 영적 성장을 도모하는 날이 되어야 합니다.

셋째, 봉사와 자선의 일을 하는 날이어야 합니다. 예수님께서도 이미 본을 보여 주셨고 사도들도 그렇게 했습니다. 주님은 안식일에 병자를 고쳐 주시고 말씀을 가르치시고 선한 일에 힘쓰셨습니다. 사도 바울도 그런 일에 힘쓰라고 가르쳤습니다. 그 일은 교회 안에서나 밖에서나 모두 필요한 일입니다. 그런 일로 주일날 외출하는 것은 좋은 일입니다.

넷째, 주님의 몸의 지체요 영적 가족인 형제자매(교인)들이 함께 모여 교제하는 날입니다. 음식을 나눈다면 더욱 좋은 일입니다. 최소한 인사하고 서로 안부를 묻고 관심과 위로와 격려와 사랑의 교제는 있어야 합니다. 예배가 끝나면 뒤도 안돌아보고 도망치듯 나가버리는 일은 예배를 드리다말고 가는 것과 같습니다. 예배는 성도와의 교제까지 포함됩니다. 주일은 혼자 지키는 것이 아닙니다. 모이는 것은 성도의 생활 중에서 중요한 비중을 차지합니다(히 10:24,25). 주일은 개인에게 속한 날이 아니라 주님의 날이며 주님의 교회를 위한 날이며, 구원받은 모든 공동체의 날입니다. 교회 자체가 주일의 모임으로 탄생되었고, 주일의 모임으로 지금까지 계속되어 왔으며 앞으로도 예수님 다시 오실 때까지 계속 모여야 합니다. 그러한 공동체적 의식을 가지고 기쁨으로 주일을 지킬 때 바른 주일성수가 됩니다.

다섯째, 주일은 앞으로 완성될 영원한 안식인 새 하늘과 새 땅의 도래와 성도의 부활을 바라보면서 종말론적인 믿음과 소망으로 지켜야 합니다(히 4:1—11).

여섯째, 이러한 의미들을 알고 주일을 올바르게 지키기 위해서는 주일날 다른 일(세속적인 일)을 할 수가 없습니다. 사람은 육신적인 일에 몰두하면서 영적인 일을 할 수 있는 능력이 없기 때문입니다. 이러한 주일의 의미를 이해하고 믿는다면 주일날 스스로 다른 일을 할 수가 없게 될 것입니다. 현실적으로 불가피한 일을 제외한 모든 세속의 일을 중단하고 세속적인 오락을 금할 수밖에 없습니다. TV 시청도 최소한 주일저녁예배 후까지는 금해야 합니다. 주일성수를 바르게 하기 위해서는 주일저녁예배를 반드시 드려야하는 것은 지극히 당연한 일입니다.

일곱째, 주일은 희생의 각오로 지켜야 합니다. 주일을 지키기 위한 희생정신 없이, 형편과 상황에 따라 주일을 지키지 못한다면 주일을 온전히 성수하는 일은 불가능한 일이며, 계속해서 제4계명을 범하는 불행한 신앙생활을 하게 됩니다. 그것은 율법주의적인 의미에서가 아니라, 나의 창조주이시며 구주이시고, 내 생명의 주인 되시며 생사화복의 근원되시는 그분을 사랑하며 경외하는 것이 본분이기 때문입니다. 우리가 하나님과 예수 그리스도가 어떤 분이신지를 안다면 그분의 날인 주일 하루를 온전히 그분께 구별하여 드리는 것은 지극히 당연한 일입니다. 그분은 엿새나 우리에게 주셨습니다. 엿새도 그분의 날이지만 우리를 위해서 사용하도록 하셨습니다. 주일 하루를 그분께 드리는 것이 아깝고 부당하다고 생각된다면 강도와 다름없습니다.

여덟째, 주일을 온전히 지킴으로 불신자들에게 주일이 어떤 날인지, 단순히 일요일이 아닌 날인 것을 메시지화해서 보여줌으로 주일이 갖는 엄청난 의미를 그들이 알게 하여 주일에 대한 인식을 바꾸도록 해 주어야 합니다. 주일만큼은 기독교인들이 목숨 걸고 지킨다는 것을 확인하게 함으로써 기독교인들에게 주일날 출근을 강요한다든지, 국가고시를 치르게 한다든지 등을 요구할 수 없도록 해야 합니다. 기독교인들이 그것을 단호하게 보여주지 못하면 불신자들이 주일을 대수롭지 않게 여기게 됩니다.

한국 교회의 위기 중의 하나는 주일이 점점 세속화되어가고 있다는 것입니다. 그것은 신자들의 불행일 뿐 아니라 국가적인 불행입니다. 교회가 주일을 거룩하게 구별하여 지키지 못할 때 국가적인 불행이나 재앙이 있었던 것은 2,000년 기독교 역사가 증명합니다. 그리스도인들에게 주일은 추석이나 설날 같은 민족적 명절보다도 중요하다는 것을 알고 지키는 사람은 진실로 복 있는 사람입니다.

예배 禮拜

대부분의 사람들은 무엇인가를 얻으려고 예배를 드립니다. 설교를 듣기 위하여, 훌륭한 찬양을 듣기 위하여, 혹은 마음의 평안을 얻기 위하여, 혹은 주일을 지키기 위하여 예배를 드리기도 합니다. 어떤 사람은 그런저런 생각 없이 예배를 드리기도 합니다. 이런 경우들에 있어 예배를 드리는 것이 아니라 보는 것, 참여하는 것, 혹은 참여해 주는 것이라고 해야 타당할 것입니다.

예배에 있어서 설교라든가 찬양은 중요한 요소이긴 합니다. 그러나 그것은 신자로 하여금 하나님을 경배하는 수단에 지나지 않습니다. 그 점을 파악하지 못한다면 참된 예배를 드릴 수가 없습니다.

예배는 하나님께 얻기 위한 것보다는 먼저 드리는 것이 목적이 되어야 합니다. 그러한 예배를 드리는 사람이 참된 예배를 드리는 사람이며 복 있는 사람입니다(행 20:35). 하나님께서 받으시는 예배를 드리기 위해서는 예배를 위하여 준비할 수 있을 때 가능해집니다. 하나님을 사랑하는 마음, 예배를 사모하는 마음, 예배에 대한 열망, 기다림, 준비, 진지한 자세 등이 그것입니다.

예배에 대한 정의

예배는 하나님께 존경, 경의, 헌신, 찬양, 영광을 드리는 것입니다. 예배에 사용된 신약성경의 원문 '프로스쿠네오'는 '······에게 키스하다, 손(혹은 발)에 키스하다, 엎드리다, 절하다'의 뜻이 있습니다. 그러므로 예배라는 개념은 사람이 하나님께 감사한 마음과 존경의 경외심을 가지고 엎드려 절하며 거룩하시고 전능하신 그분을 향하여 영광과 찬송을 드리는 것입니다.

따라서 예배의 본질은 드리는 것입니다. 설교와 찬양과 기타 예배의 요소들은 예배자로 하여금 예배를 드리도록 도와주는 수단일 뿐입니다. 참된 예배는 하나님께 나의 마음과 몸, 자세와 시간과 재물을 비롯한 나에게 있는 모든 것이 하나님께서 주신 것임을 고백하며 감사함으로 드리는 것을 기본으로 합니다. 베다니 마리아가 옥합을 깨뜨려 예수님께 드리고, 죄 많은 여인이

향유를 예수님께 붓고 눈물로 발을 씻어드리고 입 맞추고 머리털로 닦아 드린 것이야말로 가장 아름다운 예배정신입니다.

예배의 중요성

예배가 중요한 첫째 이유는, 예배에 대해 성경이 강조하고 있기 때문입니다. 하나님의 말씀은 수백 번 거듭거듭 예배의 중요성을 강조합니다(출 20장, 25장; 민 1:52—2:2; 사 6:1,2; 시 95:6,7; 5:7; 29:2; 45:11; 66:4; 86:9; 99:59; 132:7; 138:2; 요 4:20—24; 롬 12:1,2; 벧전 2:5 등).

예배가 중요한 둘째 이유는, 영생은 예배에 의해서 결정되기 때문입니다. 예배는 구원과 직결됩니다. 참 예배생활을 통해서 구원의 시작과 성화와 완성이 이루어집니다.

그러므로 예배는 생활의 추가물(부산물)이 아니라, 생활의 중심이어야 함을 성경은 수없이 강조합니다. 현대 기독교의 위기 중의 하나는 신자들 가운데 예배를 생활의 핵이 아니라, 생활의 부산물로 여기는 풍조가 만연되어 가고 있으며, 그것을 두려워하지 않고 있다는 것입니다.

바른 예배

하나님께 신령과 진정으로 예배드리는 삶을 핵으로 삼고 사는 사람이 하나님이 받으시는 예배자입니다(요 4:20—24). 하나님은 그릇되고, 제멋대로이고, 무성의한 예배를 거부하시는 분입니다 (말라기 1:6—14; 3:13—15; 4:1—5; 아모스 5:21—27; 호세아 6:4—7). 예배드리는 자는 하나님 앞에 자신이 누추하고 연약한 죄인이며, 하나님께서 예수 그리스도 안에서 베푸신 구속의 은혜만이 자신이 하나님께 받아들여진다는 사실과 함께, 하나님 앞에 죄를 고백하며 회개하고 감사한 마음으로 청결하고 정직한 마음으로 경외심을 가지고 최상의 마음으로 예배에 임해야 합니다 (시 24:3—6).

참된 예배자가 되기 위해서는 먼저 예배의 대상이신 하나님이 어떤 분이신가를 알고 예배자 자신에 대해서 직시할 줄 알아야 합니다. 또한 예수님이 자신을 위하여 십자가에 못 박혀 피 흘려 죽으신 일에 대한 이해와 부활에 대한 믿음과 내세에 대한 소망을 아울러 가져야 하고, 성령님의 도우심과 인도하심에 의지할 줄 알아야 합니다.

하나님께서 우리를 구원해 주신 목적은 우리로 하여금 하나님께 예배드리는 자가 되게 하기 위함입니다 (롬 12:1,2; 히 12:28). 그러므로 만약 신자가 예배를 소홀히 한다거나 무시한다면 그는 자신을 구원하신 하나님의 뜻을 무시하는 죄를 범하는 것입니다.

참된 예배자들의 특성

참된 예배생활은 사람을 변화시키며 다음과 같은 특성을 보입니다. 동료 신자들에게 지혜로운 덕을 끼치고, 교회의 참된 회원이 되어 가며 사람들을 예수님께로 인도하고(롬 12:3 이하; 롬 14:3 이하; 롬 15:16), 믿음이 아름답고 강해지며 헌금생활과 헌신과 봉사생활을 기꺼이 하게 되고(빌 2장—4장; 고후 9장), 경건하고 단정해지며(딤전 2:3), 하나님을 찬양하고 감사하는 사람이 되며(히 13:15,16), 착하고 의롭고 진실해지며(엡 5:8 이하), 의의 열매로 충만하게 됩니다(빌 1:1).

올바른 예배생활

월요일부터 토요일까지는 자기가 원하는 방식대로 살다가 주일에 한 번 교회에 가서 예배를 드리는 것으로 예배생활을 하고 있다고 생각한다면 정말 잘못된 생각이며 예배를 오해하고 있는 것입니다. 예배는 집에서도, 출퇴근 시간 동안 도로 위에서도, 일을 하면서도 드릴 수 있어야 합니다. 그러나 그렇게 되기 위해서는 우리의 마음이 하나님을 향하여 바르게 되어 있어야 합니다. 주일예배가 우리의 일상적인 삶의 연장이 되지 못하고 교회 문 밖으로 나오자마자 끝나 버린다면, 그리고 곧 속된 생각으로 가득차고, 육신의 정욕, 안목의 정욕, 이생의 자랑이 우리의 삶의 핵이 되게 한다면, 그런 마음으로 한 주간을 지내다가 주일날 교회에 예배드리러 간다면 우리의 예배는 의미 없는 것이며, 예배를 통한 삶의 변화와 하나님의 은혜와 복을 풍성히 누리는 영적 생활은 어려워집니다.

그러므로 신자는 일생생활 속에서도 하나님께 예배드리는 마음을 지속해야 합니다. 사도 바울이 데살로니가 교회를 향하여 "항상 기뻐하라 쉬지 말고 기도하라 범사에 감사하라 이는 그리스도 예수 안에서 너희를 향하신 하나님의 뜻이니라 성령을 소멸하지 말며 예언(말씀)을 멸시하지 말고 범사에 헤아려 좋은 것을 취하고 악은 어떤 모양이라도 버리라 평강의 하나님이 친히 너희를 온전히 거룩하게 하시고 또 너희의 온 영과 혼과 몸이 우리 주 예수 그리스도께서 강림하실 때에 흠 없게 보전되기를 원하노라"(살전 5:16—23)고 말씀한 것은 바로 생활 속에서 예배정신을 잃지 말라는 뜻입니다. 그러할 때 우리의 영혼과 몸과 삶이 흠 없이 보전된다는 말은 참으로 유념해야할 일입니다.

한 주간 동안에 개인예배, 가정예배 등은 그래서 중요한 것이고, 교회에서의 공예배(주일 낮, 밤, 수요일, 구역 등)는 신자가 기본적으로 드려야하는 예배인 동시에 우리의 평소의 예배생활을 고무시키고, 부족한 점을 채우기 위한 목적인 것이지, 일주일에 한 번 예배로 예배생활이 충분하다는 것은 절대로 아닙니다.

"……참 마음과 온전한 믿음으로 하나님께 나아가자……. 모이기를 폐하는 어떤 사람들의 습관과 같이 하지 말고 오직 권하여 그 날이 가까움을 볼수록 더욱 그리하자."(히 10:22—25)

기도 祈禱

신앙생활에서 기도만큼 중요한 것도 없을 것입니다. 기도는 그리스도인의 놀라운 복이며 특권이며 자랑이며 의무이며 책임입니다. 그러나 기도의 의미를 제대로 파악하고 기도하는 신자는 흔치 않습니다. 즉 우리에게 기도라는 것이 허락되고 사용하도록 하신 하나님의 의도를 알고, 기도를 할 수 있는 신자라는 신분에 대해서 분명히 이해하고 기도하는 신자들이 흔치 않다는 뜻입니다. 성경이 가르치는 기도의 개념과 우리가 생각하는 기도의 개념이 서로 다르다면 그것은 참된 기도라고 볼 수 없습니다.

기도의 원리

기도를 하면 무엇이든지 기도한 내용대로 이루어지는 것이라면 그것은 마치 단추를 누르면 원하는 대로 척척 이루어져야 된다는 것과 같습니다. 먼저 알아둘 것은 하나님은 어떤 기도든지 무조건 응답해 주시는 만능 기계도 아니며, 알라딘의 마술램프도 아니며 도깨비 방망이도 아니라는 것입니다. 응답의 여부를 결정하시는 분은 하나님이시지 우리가 아닙니다. 또한 우리가 기도하기 전에 하나님은 우리의 필요한 것을 아시며 예비해 놓고 계십니다. 우리가 어떤 것을 주시라고 기도한다 하더라도 하나님이 친히 판단하셔서 다른 것, 더 좋은 것을 주실 수도 있고 보류하실 수도 있습니다. 그렇다면 굳이 기도해야 할 필요가 뭐 있겠느냐는 생각을 할 수도 있습니다. 그렇지 않습니다. 그럴지라도 우리는 하나님께 반드시 기도해야 한다고 성경은 말씀합니다(겔 36:32—37).

신자가 기도해야 하는 가장 근본적인 이유는 세상을 세상의 힘이나 방법으로 사는 사람들이 아니기 때문에, 세상을 하나님의 자녀로 살며 하나님의 힘과 방법으로 살아야 하기 때문에, 세상의 힘과 방법으로 할 수 없는 일들을 해야 하는 사람들이기 때문에 전능하신 하나님의 도우심을 요청하기 위해서입니다.

사람은 원래 독자적으로 사는 존재가 아닌 하나님과 더불어 그분의 은혜와 사랑과 간섭 속에서 살도록 지음 받았으며, 그분을 떠나서 살 수 없도록 지음 받았습니다. 사람이 만약 하나님을 떠난다면 영원한 사망이 있을 뿐입니다. 그러나 사탄의 유혹에 넘어간 아담 부부의 타락으로 사람은 하나님을 떠나 독자적으로 살기 시작했습니다. 성경적으로 볼 때 그것처럼 큰 죄가 없습니다. 인류가 저주를 받은 것은 그때문입니다. 인간은 독자적으로 살면 죄만 짓게 되고 끝내 멸망하도록 되어 있습니다. 기도한다는 것은 독자적으로 살지 않겠다는 표시입니다. 하나님을 의지하고 하나님의 힘으로 살며, 하나님의 간섭 속에 살겠다는 표시입니다.

기도의 가장 큰 원리는 '하나님 도와주십시오'입니다. 내 힘으로 살지 않겠다는 것, 아니 내 힘으로 도저히 못살겠다는 것, 그것이 기도입니다. 따라서 기도는 하나님 앞에 자존심이 없어졌을 때 가능해집니다. 그분께 매달려야 한다는 것을 절실히 깨달은 사람이 기도할 수 있습니다. 우리 인생에서 가장 중요한 일은 순간마다 하나님을 의지하는 법을 배우는 일입니다. 한 마디로 기도는 '주제 파악'을 하는 일입니다. 주제 파악을 제대로 한 사람이 기도하게 됩니다.

응답의 원리

우리나라 신자들이 기도에 관하여 가장 많이 오해하는 것 중

하나가 지성이면 감천이라는 생각입니다. 그래서 40일 작정기도니, 100일 작정기도니, 금식기도니 하는 것을 참 많이들 하고 있습니다. 그것이 나쁘다는 것이 아니라 의미를 바로 알고 하자는 것입니다. 그 저변에는 '이래도 안 들어 주시겠습니까?'가 깔려있습니다. 끈질기게 붙잡고 보채고 늘어지면 지성을 보아서라도 하나님 마음이 움직일 것이라는 생각입니다. 그 근거로 누가복음 18:1—8에서 비유하신 예수님의 말씀을 예로 듭니다. 어떤 불의한 재판관에게 가서 자신의 억울함을 호소하여 원한을 풀어 달라고 졸라 댄 과부가 끝내는 목적을 이루고 만다는 내용인데, 예수님께서는 그 말씀을 하시기 전에 "항상 기도하고 낙망치 말라"(눅 18:1)고 하셨습니다. 보통 우리들은 그 내용을 끈질기게 기도하라는 식으로 이해합니다. 그러면 귀찮아서라도 들어주실 것이라고 생각합니다.

그러나 예수님의 말씀 의도는 그보다 훨씬 깊은 의미가 있습니다. 이 말씀은 기도를 한 후에 곧 응답이 없더라도 낙망치 말라는 의미입니다. 하나님께서 능력이 없어서도 아니고, 우리를 사랑하지 않아서도 아니고, 관심이 없어서도 아니라, 무슨 일인지는 몰라도 쉽게 응답해 주시지 않을 때가 있는데 그럴지라도 낙망치 말고 기다리라는 뜻입니다. 기도는 항상 그런 자세로 하라는 것입니다. 하나님께서는 우리를 지극히 사랑하심에도 불구하고 기도 응답을 안 해주실 수가 있음을 성경은 가르쳐 줍니다

(고후 12:7—9). 그것은 개인마다 이유가 다를 수 있지만 대개 믿음의 연단, 시험, 인내 같은 신앙 성숙을 위함이거나, 우리가 해로운 것을 구했기 때문일 수도 있습니다.

그럴지라도 그 기도가 헛된 것이 아니며, 하나님께서는 반드시 어느 때든지, 어떤 방식으로든지 응답하실 것이므로 낙망치 말라는 것입니다. 성경이 약속하는 가장 큰 보류된 기도 응답이 임하는 때는 하나님의 공의가 만천하에 찬란하고 영광스럽게 드러나는 마지막 심판 때입니다. 그때처럼 성도가 찬란하고 영광스럽게 될 때는 없습니다. 어떤 목사는 참으로 기도도 많이 하고 신실하게 목회하고 있는데 정당한 대가를 받지 못합니다. 너무 고생하고, 너무 없이 살고, 너무 괄시받고, 곤고합니다. 또 어떤 성도는 열심히 믿고 기도하는데 10년이 넘도록 병상에서 일어나지 못하고 세상 의술로도 고칠 가망이 없습니다. 하나님의 자녀로서 정당히 살려고 힘쓰는데 그 대가가 주어지지 않는 것처럼 안타까운 일이 없고, 그것처럼 신앙 문제에 있어서 어려운 일은 없습니다. 그럴 때 낙망하기 쉽습니다. 참으로 믿음이 좋은 사람은 그렇지 않을 수도 있지만 대개는 낙망합니다. 그러나 낙망하지 말라는 것입니다. 나중에 한꺼번에 보너스까지 얹어서 응답하실 수도 있고(욥의 경우처럼), 끝내 그런 일이 없더라도 마지막 때 상상도 못할 찬란한 영광스러움으로 응답 받는다는 것입니다 (롬 8:18).

그러나 예수님은 누가복음 18:1—8의 기도에 관한 말씀을 하시면서 참으로 의미심장하고 두려운 말씀을 하셨습니다.

"그러나 인자가 올 때에 세상에서 믿음을 보겠느냐."(눅 18:8)

대부분의 신자가 기도하다가 응답 없음 때문에 낙망할 것이라는 것이며, 그것은 믿음이 없기 때문이라는 것입니다. 성경에서 이처럼 두렵고 떨리는 말씀도 없습니다. 신자들 중에 기도하다가 낙망해 보지 않은 신자는 아마 별로 없을 것입니다. 그러나 낙망하지 말아야 합니다. 내 탐욕과 정욕을 채우기 위한 기도라든지, 다른 사람을 해치기 위한 기도라든지, 하나님을 훼방하는 기도가 아닌 것은 헛된 기도가 아니며 하나님께서 다 응답해 주실 것입니다. 죽어서야 응답받는 기도도 있고, 예수님 재림 때에나 응답받는 기도도 있을 것입니다. 그러므로 낙망치 말라는 것입니다. 이러한 기도의 원리를 알고 나면 기도에 대한 생각이 달라질 것입니다.

신앙이란 몽땅 응답되는 기도만 있다고 해서 최고의 경지는 아닙니다. 기도는 응답되어지기 때문에 하는 것이 아니라 하나님이 예수 그리스도 안에서 내 인생과 모든 사람의 인생과 온 우주 만물의 경륜을 주장하고 계신 왕 중의 왕이심을 마음으로부터 인정하고 복종하기 때문에 해야 하는 것입니다. 그런 사람은 복 있는 사람입니다.

참된 기도

기도를 방법이나 기술로 이해하고 멋지고 세련된 기도, 사람들이 들었을 때 은혜로운 기도를 하려는 사람들이 있습니다. 그래서 기도의 어휘를 구사하는 연구와 연습을 하고 사람들 듣기에 감동적인 기도를 하려고 노력하는 사람들이 있습니다. 기도는 하나님께 하는 것이지 사람 들으라고 하는 것이 아닙니다. 하나님은 기도의 어휘가 매끄럽고 훌륭한 것을 주목하시는 분이 아니라 기도하는 사람의 마음 중심을 보십니다. 그러므로 기도에 있어서 중요한 것은 테크닉이나 방법이 아니라, 마음 자세입니다. 그분을 신뢰하고 의지하고 사랑하는 마음으로, 정말 그분의 도우심이 없이는 살 수 없다는 마음으로 기도하는 마음을 보십니다. 말이 어눌하든, 내용이 시시하든 그것은 문제가 안 됩니다. 기술이 아니라 믿음으로 하는 것이 참된 기도입니다. 기도에 있어서 잊지 말아야 할 것은 하나님이 나의 아버지시며 나는 그분의 자녀라는 관계입니다. 아버지와 자녀 사이에 방법이나 기술이 통하지 않는다는 사실은 지극히 당연한 일입니다. 아버지와 자녀 사이에는 오직 사랑, 신뢰, 존경, 진심이 제일 중요합니다.

2장

찬양 讚揚

오랫동안 신앙생활을 해 온 그리스도인들 가운데도 찬양에 대하여 일반적인 것조차 이해하지 못하며 찬양생활을 바르게 하지 못하는 것을 보게 됩니다. 특히 오늘날 젊은 세대들은 복음성가 중심으로 찬양을 하는 경우가 많은데, 복음성가 중에는 하나님을 찬양하는 목적에 상당히 빗나간 내용들이 많이 있습니다.

찬양생활은 그리스도인의 삶에서 가장 중요한 일 중의 하나임에도 불구하고 찬양의 의미조차 제대로 모르고 신앙생활을 하거나 찬양을 소홀히 한다면 그것처럼 하나님께 부끄럽고 자신에게 손실이 되는 것은 없을 것입니다.

찬양의 원형

우리는 이 땅에서 완전한 찬양을 할 수 없습니다. 완전한 찬양은 천국에서나 가능합니다. 그렇다고 해서 어차피 완전하지 못한 찬양이므로 대충해도 괜찮다는 뜻은 아닙니다. 이사야와 요한은 서로 수백 년이나 다른 시대에 살았고(600년 이상), 다른 문화와 다른 환경(이사야는 왕들의 선지자와 교사였고, 요한은 왕의 죄인이었음) 속에 살고 있었으며 다른 언어(이사야는 히브리어, 사도 요한은 헬라어)를 사용했음에도 하늘의 장엄한 찬양을 묘사함에 있어서 거의 일치하고 있습니다.

> "웃시야 왕이 죽던 해에 내가 본즉 주께서 높이 들린 보좌에 앉으셨는데 그의 옷자락은 성전에 가득하였고 스랍들이 모시고 섰는데 각기 여섯 날개가 있어 그 둘로는 자기의 얼굴을 가리었고 그 둘로는 자기의 발을 가리었고 그 둘로는 날며 서로 불러 이르되 거룩하다 거룩하다 거룩하다 만군의 여호와여 그의 영광이 온 땅에 충만하도다 하더라 이같이 화답하는 자의 소리로 말미암아 문지방의 터가 요동하며 성전에 연기가 충만한지라."
> (사 6:1—4)

여기서 묘사되어 있는 스랍은 천사의 서열에서 매우 높은 위치에 있는 천사입니다. 이사야가 성전에서 기도하고 있을 때 그는 스랍들(천사들)이 보좌에 앉으신 주 하나님께 창화(서로 주고받는 찬송)하고 있는 환상을 보았습니다. 스랍의 날개는 여섯 개가 있었는데 두 날개로는 얼굴을 가렸고, 두 날개로는 발을 가렸고, 두 날개로는 날면서 찬양했습니다. 천사들이 왜 그런 모습으로 찬양했느냐 하면 하나님께서 너무 거룩하시고 존귀하시고 영광스러우셨기 때문입니다.

찬양의 내용은 이런 것이었습니다.

"거룩하다 거룩하다 거룩하다 만군의 여호와여 그의 영광이 온 땅에 충만하도다······."

그들의 찬양은 너무나 우렁차고 엄청났습니다. 그래서 그 소리로 인해서 문지방의 터가 요동했으며 성전에 연기가 충만했습니다. 연기가 충만했다는 것은 향기로 가득했다는 의미입니다. 얼마나 아름답고 우렁찬 찬양이었으면 성전이 흔들리고 향기로 가득 찼을까 생각해 봅니다.

시편에도 찬양과 큰소리로 외치는 것을 연관 지어 묘사하고 있습니다.

"할렐루야 그의 성소에서 하나님을 찬양하며 그의 권능의 궁창에서 그를 찬양할지어다 그의 능하신 행동을 찬양하며 그의 지극히 위대하심을 따라 찬양할지어다 나팔 소리로 찬양하며 비파와 수금으로 찬양할지어다 소고 치며 춤 추어 찬양하며 현악과 통소로 찬양할지어다 큰 소리 나는 제금으로 찬양하며 높은

소리 나는 제금으로 찬양할지어다."(시 150:1—5)

예수님의 재림하심도 엄청난 찬양과 함께 임하실 것이라고 신약성경은 말씀하고 있습니다.

"주께서 호령과 천사장의 소리와 하나님의 나팔 소리로 친히 하늘로부터 강림하시리니……."(살전 4:16)

호령, 천사장의 소리, 하나님의 나팔은 모두 찬양과 관계있는 말들입니다. 예수님께서 탄생하실 때도 엄청난 찬양이 있었던 것처럼(눅 2:13,14), 재림 때도 그러한 찬양이 있을 것이라는 것입니다.

이스라엘이 여리고성을 무너뜨릴 때 지른 함성에서부터(수 6:20), 여호와의 성전 기초가 놓이는 것을 보고 지른 큰 소리까지(스 3:11—13), 시편과 역사서와 예언서에는 하나님의 백성들이 '큰 소리로 외침'에 대해서 자주 언급하고 있음을 주목할 필요가 있습니다.

"너희 만민들아 손바닥을 치고 즐거운 소리로 하나님께 외칠지어다."(시 47:1)

"주에게 피하는 모든 사람은 다 기뻐하며 주의 보호로 말미암아 영원히 기뻐 외치고……."(시 5:11)

여기에서의 외침은 찬양과 연관되어 있습니다. 찬양은 작은 소리로 하는 것이 아니라 힘껏 큰 소리로 부르는 것이 마땅하다는 것을 알아야겠습니다.

찬양의 목적

요한계시록에는 천국의 예배에서 일어나는 여러 가지 모습들이 묘사되어 있습니다.

> "거룩하다 거룩하다 거룩하다 주 하나님 곧 전능하신 이여 전에도 계셨고 이제도 계시고 장차 오실 자라."(계 4:8)

천국에서 찬양하는 자들은 하나님과 예수님께 영광과 존귀와 감사를 드리며 찬양하고 있습니다.

> "……보좌에 앉으사 세세토록 살아계시는 이에게 영광과 존귀와 감사를 돌릴 때에 이십사 장로들이 보좌에 앉으신 이 앞에 엎드려 세세토록 살아계시는 이에게 경배하고 자기의 관을 보좌 앞에 드리며 이르되 우리 주 하나님이여 영광과 존귀와 권능을 받으시는 것이 합당하오니 주께서 만물을 지으신지라 만물이 주의 뜻대로 있었고 또 지으심을 받았나이다."(계 4:9—11)

하늘에서의 온전한 찬양소리는 물론 엄청나게 큰 소리입니다.

> "내가 또 보고 들으매 보좌와 생물들과 장로들을 둘러 선 많은 천사의 음성이 있으니 그 수가 만만이요 천천이라 큰 음성으로 이르되 죽임을 당하신 어린 양은 능력과 부와 지혜와 힘과 존귀와 영광과 찬송을 받으시기에 합당하도다 하더라 내가 또 들으니 하늘 위에와 땅 위에와 땅 아래와 바다 위에와 또 그 가운데 모든 피조물이 이르되 보좌에 앉으신 이와 어린 양에게 찬송과 존귀와 영광과 권능을 세세토록 돌릴지어다 하니."(계 5:11—13)

이 찬송의 내용은 하나님의 모든 창조물들과 사람들, 지음을 받은 모든 것들에게 하나님을 찬양하라고 초청하는 시편 148편과 너무 잘 어울립니다.

> "할렐루야 하늘에서 여호와를 찬양하며 높은 데서 그를 찬양할 지어다 그의 모든 천사여 찬양하며 모든 군대여 그를 찬양할지어다 해와 달아 그를 찬양하며 밝은 별들아 다 그를 찬양할지어다 하늘의 하늘도 그를 찬양하며 하늘 위에 있는 물들도 그를 찬양할지어다 그것들이 여호와의 이름을 찬양함은 그가 명령하시므로 지음을 받았음이로다 그가 또 그것들을 영원히 세우시고 폐하지 못할 명령을 정하셨도다 너희 용들과 바다여 땅에서 여호와를 찬양하라."(시 148:1—7)

여기에 나타나 있듯이 우리가 하나님을 찬양해야 하는 근본적 이유는 우리가 하나님의 피조물이기 때문이며 하나님께서 찬양과 영광을 받으시기 위해서 우리를 창조하셨기 때문입니다. 찬양의 목적은 하나님께 영광을 돌리기 위함입니다.

계시록의 찬양

창조로 인하여 찬양과 영광을 돌림

"우리 주 하나님이여 영광과 존귀와 권능을 받으시는 것이 합당하오니 주께서 만물을 지으신지라 만물이 주의 뜻대로 있었고 또 지으심을 받았나이다 하더라."(계 4:11)

구원을 인하여 영광과 찬양을 돌림

"이 일 후에 내가 보니 각 나라와 족속과 백성과 방언에서 아무도 능히 셀 수 없는 큰 무리가 나와 흰 옷을 입고 손에 종려 가지를 들고 보좌 앞과 어린 양 앞에 서서 큰 소리로 외쳐 이르되 구원하심이 보좌에 앉으신 우리 하나님과 어린 양에게 있도다 하니 모든 천사가 보좌와 장로들과 네 생물의 주위에 서 있다가 보좌 앞에 엎드려 얼굴을 대고 하나님께 경배하여 이르되 아멘 찬송과 영광과 지혜와 감사와 존귀와 권능과 힘이 우리 하나님께 세세토록 있을지어다 아멘 하더라."(계 7:9—12)

"하나님의 종 모세의 노래, 어린 양의 노래를 불러 이르되 주 하나님 곧 전능하신 이시여 하시는 일이 크고 놀라우시도다 만국의 왕이시여 주의 길이 의롭고 참되시도다 주여 누가 주의 이름을 두려워하지 아니하며 영화롭게 하지 아니하오리이까 오직 주만 거룩하시니이다 주의 의로우신 일이 나타났으매 만국이 와서 주께 경배하리이다 하더라."(계 15:3,4)

모세와 어린 양의 노래는 모두 구원의 노래입니다. 하늘에서 하나님께 큰 소리로 찬양하는 자들은 모두 구원을 이미 온전히 이루었음을 선포하며 찬양합니다. 그들은 구원을 향해, 구원을 바라보며 부르는 노래가 아니라, 구원을 뒤돌아보며 구원 받은 사실에 감사 감격하며 찬양합니다. 천국의 유리바닷가의 무리들(계 15:1,2)은 예수 그리스도께서 이루어 놓으신 구속의 은혜를 기억하며 찬양하고 있었습니다. 찬양에서 빼놓을 수 없는 중요한 요소는 예수 그리스도 구속의 은혜를 찬양하는 것임을 반드시 기억해야 합니다.

하나님의 심판을 인하여 찬송과 영광을 돌림

천국에서 찬양하는 무리들은 하나님의 심판을 인해서 찬송과 영광을 돌리고 있는 것을 요한은 보았습니다.

"이 일 후에 내가 들으니 하늘에 허다한 무리의 큰 음성 같은 것이 있어 이르되 할렐루야 구원과 영광과 능력이 우리 하나님께 있도다 그의 심판은 참되고 의로운지라 음행으로 땅을 더럽

게 한 큰 음녀를 심판하사 자기 종들의 피를 그 음녀의 손에 갚으셨도다 하고"(계 19:1,2)

이 땅의 신자들도 하나님의 의로우신 심판을 인하여 찬송과 영광을 돌려야 합니다.

하나님의 통치를 인하여 찬송과 영광을 돌림

요한은 천국에서 찬양하는 무리들이 하나님의 통치로 인해서 찬송과 영광을 돌리고 있는 것을 보았습니다.

"또 내가 들으니 허다한 무리의 음성과도 같고 많은 물 소리와도 같고 큰 우렛소리와도 같은 소리로 이르되 할렐루야 주 우리 하나님 곧 전능하신 이가 통치하시도다"(계 19:6)

이 땅의 신자들도 하나님의 통치하심을 인하여 찬송과 영광을 돌리는 것이 마땅합니다.

어린 양 예수 그리스도와의 혼인 잔치로 인하여 찬송과 영광을 돌림

구원받은 무리들은 어린 양 예수 그리스도와의 혼인 잔치를 인하여 찬송과 영광을 돌리고 있었습니다.

"우리가 즐거워하고 크게 기뻐하며 그에게 영광을 돌리세 어린 양의 혼인 기약이 이르렀고 그의 아내가 자신을 준비하였으므로 그에게 빛나고 깨끗한 세마포 옷을 입도록 허락하셨으니 이 세마포 옷은 성도들의 옳은 행실이로다 하더라 천사가 내게 말하기를 기록하라 어린 양의 혼인 잔치에 청함을 받은 자들은 복이 있도다 하고…"(계 19:7—9)

압도적인 천상의 찬양

요한이 본 천상의 찬양은 너무나도 압도적이어서 요한은 그것을 어떻게 묘사해야 할지 난처했던 것 같습니다.

"또 내가 들으니 허다한 무리의 음성과도 같고 많은 물 소리와도 같고 큰 우렛소리와도 같은 소리로 이르되 할렐루야 주 우리 하나님 곧 전능하신 이가 통치하시도다."(계 19:6)

헤아릴 수 없는 허다한 무리, 폭포수처럼 쏟아져 내리는 찬양, 뇌성처럼 울려 퍼지는 찬양은 가히 압도적이랄 수밖에 달리 표현할 길이 없습니다. 이와 같은 천상에서의 찬양의 모습은 찬양의 목적이 무엇이며 찬양의 자세가 어떠해야 하며 찬양을 어떻게 실행해야 하는지를 알게 해 주는 찬양의 원형이 되고 있습니다.

찬양은 소리 내어 말로 표현하는 것이며 그 말의 내용은 하나님의 전능하심과 거룩하심과 사랑과 은혜 곧 하나님의 속성을 찬양함이요, 하나님의 창조하심을 찬양함이요, 어린 양 예수 그리스도로 말미암은 하나님의 구원하심을 찬양함이요, 하나님의 심판하심과 통치하심과 어린 양 예수님과의 혼인 잔치를 찬양하는 내용으로 되어 있습니다.

찬양의 형식 및 특징

찬양은 아무렇게나 하는 것이 아니라 몇 가지 형식이 있었습니다. 그리고 특징이 있었습니다. 요한계시록에 나타나 있는 찬양의 형식 및 특징은 아래와 같습니다.

* 즐거워하며 기뻐하며 불렀습니다.
* 큰 소리로 불렀습니다(독창이든, 합창이든, 교창이든).
* 교창으로 불렀습니다.
* 합창으로 불렀습니다.
* 독창으로 불렀습니다.
* 손을 쳐들며 부르기도 했습니다.
* 엎드려 경배하며 불렀습니다.
* 간혹 면류관(월계관)을 보좌 앞에 드리며 불렀습니다.
* 종려나무 가지를 흔들며 불렀습니다.
* 악기가 동원되었습니다.

이러한 것들은 하나님의 명령이나 권고와 같은 것이 아니라 하나님의 거룩한 사람들이 있는 그대로를 보고 증언한 것입니다. 이것이 찬양의 원형이요, 모범이요, 정서입니다. 천국에서는 찬양이 곧 예배였습니다. 그곳의 예배에는 지상에서의 예배처럼 설교도 없었고 헌금도 없었습니다. 왜냐하면 그곳에서는 그런 것들이 필요 없기 때문입니다. 천국의 예배에서 찬양만이 존재한다는 것은 찬양이 얼마나 중요한지, 찬양이 얼마나 하나님을 영화롭게 하는지를 잘 나타내 줍니다.

이 땅에서는 찬양이 예배의 보조 수단으로 여겨지는 일이 많습니다. 그러나 찬양은 예배의 보조 수단이 아니라 예배의 중심이며 예배 자체이어야 합니다. 그만큼 찬양은 중요한 것입니다. 찬양은 하나님 아버지와 주 예수 그리스도께 대한 신앙고백이며, 기도이며, 감사드림이며, 영광돌림이며, 사랑의 표현입니다. 그런 마음으로 찬양해야 합니다.

신앙생활의 모형들

신앙생활에는 원리가 있고, 모델들이 있고, 적용이 있습니다. 인간은 영적인 것을 스스로 이해하고 스스로 할 수 있는 능력이 없기 때문에 하나님께서는 성경의 계시를 통해서 원리를 가르쳐 주시고 그것을 이해하고 행동으로 옮긴 모델들을 제공해 주심으로써 우리로 하여금 영적인 것을 배우고 행하도록 하십니다.

구약성경에는 신앙생활의 실체의 모델들, 상징들, 모형들이 풍부하게 있습니다. 요셉의 생애에 보여 주는 예수님의 모형, 아브라함의 생애에서 보여주는 믿음의 원형, 그리고 유월절 속죄양에게서 보여 주는 구속의 모형, 레위기의 모든 제사 규례에서 보여 주는 예수 그리스도의 십자가 대속의 모형들은 실로 놀라운 것이 아닐 수 없습니다.

찬양의 원형들

마찬가지로 찬양에도 풍부한 원형과 모형이 있습니다. 성경에 찬양이라는 단어가 처음 나오는 것은 이름이 찬양을 뜻하는 유다의 출생에 관해서 기록된 창세기 29:35입니다.

> "그가 또 임신하여 아들을 낳고 이르되 내가 이제는 여호와를 찬송하리로다 하고 이로 말미암아 그가 그의 이름을 유다라 하였고 그의 출산이 멈추었더라."(창 29:35)

야곱의 두 아내인 레아와 라헬 사이에는 심각한 갈등이 있었습니다. 라반이 야곱을 속이고 라헬 대신 신방에 들여보냈으므로 어쩔 수 없이 야곱의 아내가 된 레아는 남편 야곱의 사랑을 받지 못하면서도 세 아들을 낳았습니다. 르우벤, 시므온, 레위가 그들입니다. 레아는 항상 남편의 사랑이 동생 라헬에게 향하는 것을 고통스러워하면서 남편의 사랑을 요구했습니다. 그러나 영적인 아름다움보다는 육체적인 아름다움에 매료된 야곱은 용모가 아름답지 못한 레아보다 용모가 아름다운 라헬을 사랑했습니다. 그러던 야곱과 레아 사이에 육체적이고 법적인 연합뿐 아니라 영혼의 연합까지 이루어졌다고 느끼게 된 것은 그녀가 넷째 아들 유다를 나면서부터였습니다. 그래서 레아는 유다를 낳은 후 이름을 찬양, 곧 유다라 불렀습니다.

찬양은 하나님과의 법적인 관계뿐만 아니라 하나님과 우리의 영·육·혼 모두를 관계 맺게 하는 영적인 연합입니다. 찬양이라는 의미의 이름을 가진 유다가 한 민족의 조상이 되었고, 그에게서 위대한 다윗 왕이 나왔습니다. 다윗은 찬양의 왕이라고 할 정도로 하나님을 찬양하는 데 전심을 기울인 왕이었으며, 유다, 다윗의 혈통을 타고 영원히 찬양받으실 예수 그리스도께서 세상에 오셨음을 기억해야 합니다.

이스라엘의 12지파 조상인 야곱은 죽기 전에 아들들을 침상에 불러 놓고 각각 예언적인 유언을 했습니다. 그때 유다에 대해서 이렇게 예언했습니다.

> "유다는 사자 새끼로다 내 아들아 너는 움킨 것을 찢고 올라갔도다 그가 엎드리고 웅크림이 수사자 같고 암사자 같으니 누가 그를 범할 수 있으랴 규가 유다를 떠나지 아니하며 통치자의 지팡이가 그 발 사이에서 떠나지 아니하기를 실로가 오시기까지 이르리니 그에게 모든 백성이 복종하리로다."(창 49:9,10)

이 예언은 유다의 후손으로 오실 예수 그리스도에 관한 내용으로 되어 있습니다. 계시록에 이런 구절이 있습니다.

> "……유대 지파의 사자 다윗의 뿌리가 이겼으니 그 두루마리와 그 일곱 인을 떼시리라."(계 5:5)

유대 지파의 사자 다윗의 뿌리는 곧 예수 그리스도를 가리킵니다. 예수님께서 찬양이라는 이름의 유다의 후손으로 오셨을 뿐 아니라, 세상에 태어나실 때 하늘에서 천사들이 찬양했고, 다시 오실 때도 찬양과 함께 오시며, 지금도 하나님 보좌 우편에서 찬양을 받으시고 계신다는 사실은 찬양이 어떤 의미가 있는지를 잘 나타내 줍니다.

찬양의 복과 힘

찬양에 대한 또 다른 예표는 출애굽한 이스라엘 민족이 광야를 행할 때 나타납니다. 이스라엘의 12지파대로 장막을 세우게 하신 하나님께서는 유다(찬양)의 장막은 떠오르는 태양과 성막에 들어가는 문을 모두 바라볼 수 있는 동쪽에 위치하도록 지시하셨습니다. 의로운 태양이신 예수 그리스도(말 4:2)의 은혜를 가장 풍성하게 누릴 수 있는 사람은 언제나 찬양하는 사람들입니다.

신명기 33:7에는 찬양(유다)에 대한 4중 축복이 있습니다. 죽기 전에 12지파에게 예언적 축복을 하던 모세는 유다(찬양)에 대하여 가장 큰 축복을 했습니다.

> "여호와여 유다(찬양)의 음성을 들으시고 그의 백성에게로 인도하시오며 그의 손으로 자기를 위하여 싸우게 하시고 주께서 도우사 그가 그 대적을 치게 하시기를 원하나이다."(신 33:7)

모세는 하나님께서 무엇보다도 먼저 유다의 음성, 곧 찬양하는 음성을 들어주시라고 요청했습니다. 실제로 진심으로 하는 찬양은 어떤 힘도 뚫고 나아가서 하나님께 도달합니다.

또한 모세는 유다(찬양)가 그의 백성들에게 인도되게 해 주시라고(그의 백성들과 연합되게 해주소서) 기도했습니다. 예수 그리스도 안에서 원수가 서로 화해하고 하나가 될 수 있으며 모든 국가와 민족과 인종과 신분을 초월해서 하나로 연합되는 것이 복음입니다. 그들이 서로 한 하나님, 한 주 예수 그리스도를 찬양하며 예배하고 친교하고 나누고 섬기는 것처럼 아름답고 감동적인 것은 없습니다. 찬양은 서로 성장 배경이 다르고 생각이 다른 성도들을 하나로 끌어 모으는 놀라운 힘을 가지고 있습니다.

찬양은 찬양하는 자들에게 어떤 힘보다 큰 힘을 제공한다는 사실을 기억해야 합니다. 찬양이야말로 신자들에게 있어 큰 힘을 나타내어 대적(영적 대적, 사탄의 세력)을 물리치게 하는 무기가 된다는 사실을 성경은 보여 주고 있습니다. 모세는 유다(찬양)를 위해서 기도할 때 "그의 손으로 자기를 위하여 싸우게 하시고 주께서 도우사 그가 그 대적을 치게 하시기를 원하나이다"라고 했습니다.

"여호와를 기뻐하는 것이(찬양하는 것이) 너희의 힘이니라"(느 8:10)고 성경은 선포하고 있습니다.

실제로 그리스도인들이 사탄의 세력을 물리칠 때, 귀신을 쫓을 때 가장 강력한 무기로 삼는 것이 찬양이라는 것을 누구나 체험하는 바입니다. 다윗도 사울 왕에게 임한 악신을 물리칠 때 비파를 켜서, 즉 찬양으로 물리쳤습니다(삼상 16:23). 성도들이 하나님께 예배를 드리기 전에 힘차게 찬양하는 것은 하나님께 영광 돌리려는 목적이 우선이지만, 예배를 방해하고 은혜를 반감시키려는 사탄의 세력을 물리치기 위함인 것도 반드시 기억해야 합니다. 예배에 임할 때 찬송을 충분히 부른 것과 찬송을 부르지 않은 채 예배에 임하는 것과는 너무나 큰 차이가 난다는 것을 경험해 본 사람은 다 알고 있습니다.

찬양지파(유다지파)의 승리

이스라엘의 12지파 중에서 하나님의 능력을 가장 많이 체험하고, 하나님의 은혜와 사랑을 가장 풍성히 누린 지파, 탁월한 왕들을 배출한 지파, 왕 중의 왕 메시야를 탄생케 한 지파는 찬양지파인 유다지파였음을 이미 언급한 바 있습니다.

광야의 이스라엘 백성이 모두 불신앙과 불순종으로 하나님을 원망하여 하나님께서 진노하셨을 때 여호수아와 갈렙만이 하나님을 신뢰하며 하나님을 영화롭게 하는 말로 이스라엘을 설득했습니다.

"이에 서로 말하되 우리가 한 지휘관을 세우고 애굽으로 돌아가자 하매…… 그 땅을 정탐한 자 중 눈의 아들 여호수아와 여분네의 아들 갈렙이 자기들의 옷을 찢고 이스라엘 자손의 온 회중에게 말하여 이르되 우리가 두루 다니며 정탐한 땅은 심히 아름다운 땅이라 여호와께서 우리를 기뻐하시면 우리를 그 땅으로 인도하여 들이시고 그 땅을 우리에게 주시리라 이는 과연 젖과 꿀이 흐르는 땅이니라 다만 여호와를 거역하지는 말라 또 그 땅 백성을 두려워하지 말라 그들은 우리의 먹이라 그들의 보호자는 그들에게서 떠났고 여호와는 우리와 함께 하시느니라 그들을 두려워하지 말라 하나."(민 14:4—9)

갈렙은 유다지파 사람, 곧 찬양지파 사람이었습니다. 그가 하나님을 굳게 신뢰하고 영화롭게 했을 때 하나님은 이렇게 말씀하셨습니다.

"내 영광과 애굽과 광야에서 행한 내 이적을 보고서도 이같이 열 번이나 나를 시험하고 내 목소리를 청종하지 아니한 그 사람들은 내가 그들의 조상들에게 맹세한 땅을 결단코 보지 못할 것이요 또 나를 멸시하는 사람은 한 사람도 그것을 보지 못하리라

> 그러나 내 종 갈렙은 그 마음이 그들과 달라서 나를 온전히 따랐은즉 그가 갔던 땅으로 내가 그를 인도하여 들이리니 그의 자손이 그 땅을 차지하리라."(민 14:22—24)

결국 갈렙은 하나님의 약속대로 광야생활을 마치고 85세의 고령의 나이에 가나안 땅에 들어가서 이스라엘 사람들이 그렇게도 두려워했던 거인 아낙 자손의 소유지인 헤브론 땅을 기업으로 받았습니다(수 14:6—15). 헤브론은 이스라엘의 조상 아브라함, 사라, 이삭, 야곱의 장지이기도 합니다(창 23:1—20; 25:9; 50:13). 나중에 헤브론은 다윗이 왕위에 올라 예루살렘으로 옮기기까지 7년간 이스라엘을 통치한 곳이기도 합니다. 찬양지파의 땅 헤브론에서 찬양의 왕 다윗이 왕으로 기름부음을 받았다는 것은 우연한 일이 아니라는 것을 기억할 필요가 있습니다.

사사기 1:1,2에서 "여호수아가 죽은 후에 이스라엘 자손이 여호와께 여쭈어 이르되 우리 가운데 누가 먼저 올라가서 가나안 족속과 싸우리이까" 했을 때 하나님께서는 "유다(찬양지파)가 올라갈지니라 보라 내가 이 땅을 그의 손에 넘겨 주었노라 하시니라"는 말씀을 보게 되는데, 찬양은 싸움의 선봉이 되어 승리를 가져다 준다는 것을 알 수 있습니다. 하나님은 유다지파(찬양)가 승리하게 하셨습니다. 마찬가지로 그리스도인들에게 찬양 없는 영적 승리는 있을 수 없습니다.

이스라엘 역사에 나타난 찬양의 능력

모압과 암몬이 유다를 몰래 쳐들어 왔을 때 유다 왕 여호사밧은 군사를 동원하여 전쟁에 임하기 전에 먼저 하나님께 기도하고 예배를 드렸습니다. 그리고 노래하는 자들(찬양하는 자들)을 군대 앞에 세워 주님께 찬양하게 했습니다(대하 20:1—21). 전쟁은 유다(찬양)의 승리로 끝났습니다.

> "이에 백성들이 아침에 일찍이 일어나서 드고아 들로 나가니라 나갈 때에 여호사밧이 서서 이르되 유다와 예루살렘 주민들아 내 말을 들을지어다 너희는 너희 하나님 여호와를 신뢰하라 그리하면 견고히 서리라 그의 선지자들을 신뢰하라 그리하면 형통하리라 하고 백성과 더불어 의논하고 노래하는 자들을 택하여 거룩한 예복을 입히고 군대 앞에서 행진하며 여호와를 찬송하여 이르기를 여호와께 감사하세 그의 인자하심이 영원하도다 하게 하였더니 그 노래와 찬송이 시작될 때에 여호와께서 복병을 두어 유다를 치러 온 암몬 자손과 모압과 세일 산 주민들을 치게 하시므로 그들이 패하였으니."(대하 20:20—22)

그 노래와 찬송이 시작될 때에 이미 하나님께서 유다의 적을 물리치셨다는 것을 주목하십시오. 오늘날 성도들이 진심으로 하나님을 찬양하기 시작할 때에 이미 성도들을 공격하는 사탄의 세력으로부터 승리했음을 기억해야 합니다.

예수를 믿는 사람들은 먼저 하나님을 찬양하는 법을 배워야 합니다. 왜냐하면 그것이 곧 하나님을 움직이게 하는 힘이 되기 때문이며 승리의 지름길이기 때문입니다. 하나님을 찬양하지 않은 사울 왕이 실패한 왕, 버림받은 왕인 반면, 하나님을 찬양한 다윗이 최고의 왕이었던 것을 기억해야 합니다. 다윗에게 기름을 부어 그를 왕으로 삼은 사람들 또한 찬양의 사람들(유다지파)이었습니다.

> "사울의 아들 이스보셋이 이스라엘 왕이 될 때에 나이가 사십 세이며 두 해 동안 왕위에 있으니라 유다 족속은 다윗을 따르니 다윗이 헤브론에서 유다 족속의 왕이 된 날 수는 칠 년 육 개월이더라." (삼하 2:10,11)

사울이 죽은 후 사울의 잔여 추종자가 사울의 아들 이스보셋을 왕으로 세웠으나 그는 무능한 통치를 하다가 2년 만에 부하들에게 암살당하고 맙니다(삼하 4:1—7). 그러나 찬양지파인 유다지파가 세운 유다자손 다윗 왕은 헤브론에서 7년 6개월, 예루살렘에서 33년, 총 40년간 죽을 때까지 이스라엘을 통치하여 나라를 굳건하게 세워 놓았습니다(왕상 2:11).

시편의 찬양

시편은 즐거움과 형통 중에, 고난과 슬픔 중에 하나님을 찬양한 내용들입니다. 그리고 결국은 승리의 노래로 끝나는 것이 시편입니다. 시편의 대부분은 유다지파(찬양)의 다윗의 찬양으로 되어있습니다. 그뿐만 아니라 시편의 대부분은 유다를 찬양의 모델로 삼고 있습니다.

> "주의 심판으로 말미암아 시온 산은 기뻐하고 유다의 딸들은 즐거워할지어다."(시 48:11)

> "여호와여 시온이 주의 심판을 듣고 기뻐하며 유다의 딸들이 인하여 즐거워하였나이다."(시 97:8)

> "천지가 그를 찬송할 것이요 바다와 그중의 모든 생물도 그리할지로다 하나님이 시온을 구원하시고 유다 성읍들을 건설하시리니 무리가 거기에 살며 소유를 삼으리로다."(시 69:34,35)

> "유다는 여호와의 성소가 되고 이스라엘은 그의 영토가 되었도다."(시 114:2)

찬양은 메마른 심령에 성령의 샘이 흘러넘치게 하는 원천이며 근원입니다. 예수님께서는 이렇게 말씀하셨습니다.

> "누구든지 목마르거든 내게로 와서 마시라 나를 믿는 자는 성경에 이름과 같이 그 배에서 생수의 강이 흘러나오리라."(요 7:37,38)

예수 그리스도 안에서 하나님을 찬양할 때 우리의 심령에서 생수의 강(성령의 강)이 흘러넘치게 됩니다.

구약성경을 마감하는 말라기에도 역시 찬양이 하나님께 기쁨이 될 것임을 선포하고 있습니다.

"그때에 유다(찬양)와 예루살렘의 봉헌물이 옛날과 고대와 같이 나 여호와께 기쁨이 되려니와."(말 3:4)

예배와 찬양

예배와 찬양은 하나님의 백성들이 하나님 앞에서 행해야 하는 가장 기본적인 의식이며 가장 중요하고 복된 일입니다. 예배와 찬양은 떨어질 수 없는 밀접한 관계에 있는데, 찬양 없이는 하나님께 예배를 드릴 수 없기 때문입니다.

"이 백성은 내가 나를 위하여 지었나니 나의 찬송을 부르게 하려 함이니라."(사 43:21)

찬양하기를 싫어하거나 찬양을 소홀히 하거나 무성의하게 하는 신자가 있다면 그는 정상적인 신자라고 할 수 없습니다.

"그러나 야곱아 너는 나를 부르지(찬양) 아니하였고 이스라엘아 너는 나를 괴롭게 여겼으며."(사 43:22)

찬양은 예배의 필수적인 요소입니다. 사람들은 예배를 지나치게 엄숙한 의식으로 생각하는 경향이 있습니다. 그러나 성경에서 가르치고 있는 많은 예배는 엄숙함보다는 기쁨과 감사와 즐거움으로 특징 지어진 축제적인 면이 많습니다.

축제로서의 예배와 찬양

구약시대의 축제일은 의무적인 것과 임의적인 것(자발적인 것)이 있었습니다. 의무적인 축제일은 유월절(무교절), 오순절(맥추절), 초막절(수장절)이었고, 임의적인 축제일은 새해가 시작되는 나팔절과 백성의 죄를 속죄 받는 속죄일이었습니다. 의무적인 축제일 때는 남자는 모두 반드시 예루살렘으로 가야 했습니다. 모든 축제일은 즐거운 시간이었고, 또한 흩어져 살고 있는 가족 친지들을 정기적으로 연합케 하는 기회였습니다. 제물로 바쳐진 짐승들은 증거가 되는 일부분만 제사장에게 주고, 나머지는 레위인과 제물을 바친 사람들에게 돌려주어 축제를 위해 사용하게 했습니다. 그리하여 먹고 마시고 사귀고 즐거워 하는 것이 축제의 가장 중요한 일이었습니다.

바벨론 포로생활을 마치고 예루살렘에 귀환한 유대인들이 예루살렘 성벽과 성전을 재건축하는 동안 새해가 시작되는 7월 1일에 느헤미야와 에스라는 백성들을 수문 앞 광장에 모으고 하나님의 율법을 읽어 주었습니다(느 8:1—12). 백성들은 하나님의 율법(말씀)을 설명해 주는 것을 듣고 자신들의 범죄와 나태, 무지 등을 깨닫고 통곡했습니다(느 8:8,9).

> "백성이 율법의 말씀을 듣고 다 우는지라 총독 느헤미야와 제사장 겸 학사 에스라와 백성을 가르치는 레위 사람들이 모든 백성에게 이르기를 오늘은 너희 하나님 여호와의 성일이니 슬퍼하지 말며 울지 말라 하고 느헤미야가 또 그들에게 이르기를 너희는 가서 살진 것을 먹고 단 것을 마시되 준비하지 못한 자에게는 나누어 주라 이 날은 우리 주의 성일이니 근심하지 말라 여호와로 인하여 기뻐하는 것이 너희의 힘이니라 하고 레위 사람들도 모든 백성을 정숙하게 하여 이르기를 오늘은 성일이니 마땅히 조용하고 근심하지 말라 하니 모든 백성이 곧 가서 먹고 마시며 나누어 주고 크게 즐거워하니 이는 그들이 그 읽어 들려 준 말을 밝히 앎이라." (느 8:9—12)

이것이 곧 예배의 원형이요 축제일을 기념하는 모습입니다. 오늘날 주일, 추수감사절, 성탄절, 부활절은 이러한 축제적 예배를 드려야 성경적인 예배가 됩니다. 실제로 사도행전의 초대교회의 예배 모습은 축제적입니다(행 2:42—47). 물론 구약시대의 예배의 한 측면에는 엄숙한 제사의식도 있었고, 죄를 회개하기 위한 금식도 있었고, 마음을 찢는 통회자복도 있었습니다. 그러나 그것이 전부가 아니라 반드시 축제적인 요소가 두드러졌음을 알아야 합니다.

예배에 대한 하나님의 명령은 축제(유월절)와 함께 시작되었고, 축제(예수 그리스도와의 천국 혼인 잔치)와 함께 끝나게 됩니다. 그 사이에 있는 그리스도인들은 끊이지 않는 축제를 해야 하는데 세 가지 측면에서 그리하여야 합니다.

첫째, 구원을 기념하는 과거적인 측면,

둘째, 지금 누리고 있는 하나님의 은혜에 대한 현재적 측면,

셋째, 앞으로 누리게 될 영광에 대한 미래적 측면.

찬양의 세 가지 측면

따라서 찬양에도 세 측면이 요구됩니다. 우리는 하나님 아버지와 예수 그리스도의 과거에 행하신 일들, 곧 창조와 구속의 은혜를 찬양해야 합니다. 또한 현재 베풀어 주시는 은혜와 사랑, 보존과 유지, 통치하심에 대하여 찬양해야 합니다. 그리고 장차 온전히 이루어질 하나님 나라에 대한 약속과 우리 개인의 구원의 완성, 부활, 영생에 대한 믿음과 소망을 찬양해야 합니다. 뒤를 보든 앞을 보든 지금 현실을 보든 우리는 늘 주님을 찬양해야 할 이유가 있는 사람들입니다. 그리고 주님 앞에서 즐거움의 축제를 벌여야 합니다.

전제로서의 찬양

찬양은 하나님께 바쳐지는 전제(헌주 : 포도주)의 의미가 있습니다. 구약시대에 하나님께 제사를 드릴 때 전제를 드렸는데, 사도 바울은 자신의 순교를 하나님께 바치는 전제(관제)라고 표현했습니다. 순교야말로 하나님께 바치는 가장 값진 선물이기 때문입니다.

"관제(전제)와 같이 내가 벌써 부어지고 나의 떠날 시각이 가까웠도다."(딤후 4:6)

그리스도인의 생활 속에서 하나님께 드리는 전제는 여러 가지가 있으나(시간, 재물, 재능, 몸 등) 그중의 하나가 마음을 다해 드리는 찬양입니다. 우리가 찬양할 때 우리의 영 깊은 곳으로부터 그 무엇인가가 하나님 앞으로 쏟아져 나옵니다. 사랑과 감사와 경배, 그리고 예배가 우리의 영으로부터 흘러나와 성령을 통해서 하나님의 임재하심 안으로 흘러들어갑니다. 그것은 사람을 위해서 있는 것이 아니고 오직 하나님께로 바쳐지는 것입니다. 그래서 다윗은 "내 영혼아 여호와를 송축하라 내 속에 있는 것들아 다 그 성호를 송축하라"(시 103:1)고 자기 자신에게 외쳤던 것입니다.

우리는 우리의 영혼에게 늘 하나님을 찬양하라, 그리스도를 찬양하라고 촉구해야 하며, 하나님 앞에 사랑과 감사와 찬양의 전제를 부어 드려야 하는 사람임을 기억해야 합니다.

> "오라 우리가 여호와께 노래하며 우리의 구원의 반석(예수 그리스도)을 향하여 즐거이 외치자 우리가 감사함으로 그 앞에 나아가며 시를 지어 즐거이 그를 노래하자."(시 95:1,2)

개인적 찬양

찬양은 본래 집단적인 것이 아니라 개인적인 것입니다. 우리가 어떤 모임에서 사람들과 함께 연합하여 찬양을 한다 하더라도 그래서 우리 개인의 찬양이 온 회중의 찬양과 섞였다 하더라도 그 모든 찬양들은 각 사람(개인)에게서 나온 것입니다. 구원이 개인적인 믿음으로 말미암은 것처럼 찬양도 개인적인 것입니다.

그러므로 자신이 출석하는 교회가 찬양이 부족하다고 탓할 수 없습니다. 또한 자신이 출석하는 교회의 찬양 인도자가 뛰어나거나 그렇지 않은 것에 따라 자신의 찬양이 좌우되는 것도 아닙니다. 자신이 찬양하기 위해서 반드시 다른 사람의 찬양인도나 감정의 자극을 받아야 할 필요는 없습니다.

성경의 위대한 찬양의 사람들은 모두 그들의 환경에 아랑곳하지 않고 홀로 찬양하였던 사람들입니다. 누구든지 홀로 찬양하는 것을 익힌 사람은 아무데서나 구애받지 않고 많은 무리들 속에서든, 적은 무리들 속에서든, 악기 반주가 있든 없든, 다른 사람의 찬양이 훌륭하든 훌륭하지 못하든 구애받지 않고 자신의 찬양을 합니다. 다윗은 늘 혼자 찬양하기를 즐겨했습니다. 그는 적에게 쫓기면서도 찬양했고, 생명의 위기 속에서도 찬양했으며, 심지어 죄를 범했을 때도 회개의 찬양, 죄를 탄식하는 찬양을 했습니다.

찬양의 여러 형태들

찬양은 반드시 찬송가에 있는 것만을 고집할 필요는 없습니다. 자신의 신앙고백을 운율로 가다듬어서 얼마든지 찬양할 수 있습니다. 혹은 시편들을 큰 소리로 읽는 것, 암송하는 것도 훌륭한 찬양이 됩니다. 하나님의 말씀에 곡을 붙이면 그대로 훌륭한 찬양이 될 수 있습니다. 시편에는 "새 노래로 여호와를 노래하라"(시 149:1)는 말씀이 자주 언급됩니다. 성경에는 "여호와를 노래하자"라는 말이 300번 이상 언급됩니다. 노래, 곧 찬양은 예배에서 중요한 부분을 차지한다는 것을 부인할 사람은 아무도 없을 것입니다. 찬양이 없는 예배, 곧 여호와를 노래함이 없는 예배는 있을 수 없습니다. 예배가 있는 곳에는 언제나 찬양이 있습니다. 혹 박해받는 곳에서는 큰 소리로 찬양할 수 없는 경우가 있습니다. 그럴 때 그들은 단지 눈으로 찬송을 읽는 것으로, 혹은 시편을 읽는 것으로 침묵의 찬송을 했습니다. 그렇게 해서라도 찬양을 하지 않고는 예배를 드릴 수 없기 때문입니다.

언약궤가 예루살렘에 들어오던 날 다윗은 노래하는 이들을 택하여 언약궤 앞에서 밤낮으로 찬양하게 했습니다. 언약궤는 곧 하나님의 임재를 상징합니다. 따라서 다윗은 하나님 앞에 밤낮 없는 찬송을 드리게 한 것입니다(대상 6:31—33).

강력한 비밀병기

역사의 위대한 인물들은 모두 찬양의 엄청난 위력을 알고 있는 사람들이었습니다. 그들은 기쁜 일이든 고통스러운 일이든 하나님께 찬양부터 드렸던 사람들입니다. 구세군의 창시자인 부스Booth 장군은 "좋은 음악은 모두 다 마귀가 가지고 있다고 누가 말했는가?" 하고는 수많은 거리의 찬양대를 만들어 복음찬송의 놀라운 위력을 보여주었습니다.

하나님(그리스도)을 노래하는 것은 전통적으로 기독교의 강력한 비밀병기 중의 하나였습니다. 투기장의 순교자들(로마의 기독교 대박해 때)은 그들의 몸이 맹수에게 찢길 것을 목전에 두고도 예수 그리스도를 찬양하므로 군중들과 로마 황제를 질리게 만들었습니다. 나치의 유대인 말살정책에 독방에 갇혀있던 여인 코리 텐 붐Corrie Ten Boom은 "일어서라, 일어서라 예수를 위해"라는 노래를 날마다 불렀습니다. 그녀는 기적적으로 살아남아 전 세계를 돌며 복음을 전하는 전도자가 되었습니다.

세상에 알려진 역사적인 부흥회는 모두 찬양을 동원했습니다. 오늘날 대부분의 교회에서는 찬송이 간접적인 자기 확인으로만 이루어지는 경향이 있습니다. 성가대가 찬송을 부르고 나면 교인들은 다만 "아멘"이라고만 하므로 남들이 대신 부른 찬송을 감상하는 것으로 만족하고 있습니다. 성가대가 세련되게 부르는 찬송을 감상하는 것보다는 자신이 직접 부르는 찬송이 훨씬 더 중요합니다. 진정으로 하나님의 감동이 있는 사람은 자신이 직접 하나님께 무엇인가 표현하고 싶어지고, 그래서 찬송을 부르고 싶은 마음이 솟구칩니다.

기존 찬송의 세 가지 유익

이미 만들어진 노래들을 이용해서 찬송을 부르면, 즉 기존 찬송을 부르면 적어도 세 가지 유익을 얻게 됩니다.

첫째, 이미 만들어진 찬양의 어휘와 곡을 제공해 줍니다. 우리가 어떤 찬양을 노래하게 되면 다른 사람들에게 의미가 있었을 뿐 아니라 우리와도 쉽게 공감될 수 있는 내용과 곡조를 접하게 됩니다. 하나님과의 놀라운 경험을 한 가운데서 영감으로 만들어진 바로 그 찬송을 우리가 부름으로써 영감이 풍부한 높은 수준의 찬양을 우리의 표현으로 부를 수 있게 됩니다. 비록 혼자서 찬양을 할지라도 거기엔 우리가 그 찬송을 지어서 부른 사람들과 하나가 되는 것입니다.

둘째, 이미 만들어진 노래들을 이용해서 찬송을 부르면 그 노래를 부르는 다른 사람들과의 연합과 일치감을 맛보게 됩니다. 똑같은 찬송이라도 혼자서 부르는 것과 여럿이 부르는 것과 아주 많은 무리와 함께 부르는 것은 그 느낌이 다릅니다. 같은 찬송을 여럿이 함께 부르면서 단시간에 하나가 되는 효과, 똑같은 템포, 똑같은 음조, 똑같은 시간에 한 찬송을 부를 때 나타나는 일체감과 생동감은 실로 대단합니다.

셋째, 이미 만들어져서 불리는 익숙한 찬송의 유익함은 감정 표현이 자연스럽게 드러난다는 것입니다. 사람마다 각각 찬송할 때 감정의 표현이 차이가 납니다. 어떤 사람은 같은 찬송이라도 격한 감정에 사로잡혀 울면서 하게 되고, 어떤 사람은 잔잔한 감동에 사로잡혀 찬송을 하게 되고, 어떤 사람은 기쁜 마음으로, 어떤 사람은 회개하는 마음으로 찬송을 하게 됩니다. 그리고 그러한 각각의 감정들은 동료신자들에게 전해질 뿐 아니라 하나님께 그대로 전달되므로 같은 찬송으로 다양한 감정표현을 하나님께 드릴 수 있습니다. 감정 없이 하는 찬송은 진정한 찬송이라 할 수 없습니다.

하나님께서는 사람을 하나님의 형상을 따라 인격 있는 존재, 곧 지·정·의가 있는 존재로 지으셨기 때문에 우리가 부르는 찬송이 하나님께 대하여 어떤 인식, 어떤 감정이 들어있는지를 보십니다. 하나님은 외모를 보시는 분이 아니라 중심을 보시는 분이십니다(삼상 16:7). 같은 찬송이라도 때로는 감사와 기쁨으로, 때로는 찔림 받고 회개하는 마음으로 부르게 되는 것은 우리에게 인식과 감정이 있기 때문입니다. 그러므로 같은 시간에 같은 찬송을 여럿이 부를 때 그 찬송을 부르는 각자의 중심을 통하여 하나님께서 영광을 받으시고, 은혜와 복을 베푸시는 것입니다. 찬송을 부르다가 죄를 회개하고 마음과 몸의 병을 치유 받는 일이 생기는 것은 그때문입니다.

찬양하도록 동기를 부여하시는 하나님

하나님은 우리가 하나님을 섬기고 찬양하는 데 강압적인 힘을 사용하지 않고, 찬양하라고 명령하시기보다는, 억지로 찬양하게 하시기보다는 찬양할 수 있도록 동기를 부여하시는 쪽을 택하십니다. 하나님께서 우리에게 주신 것들에 대하여 찬양으로 응답하려는 내적인 욕구가 없는 찬양은 찬양의 진정한 의미가 없습니다. 그것은 마치 북한의 주민들이 김일성 김정일 부자를 찬양하지 않고 감사하지 않으면 벌 받을까봐 찬양하고 감사하는 식이 되고 마는 것이니까요. 하나님께서는 우리의 의지를 거슬러 우격다짐으로 억지로 찬양하게 하시는 분이 아닙니다. 우리로 하여금 기꺼운 마음으로, 감사한 마음으로 찬양하도록 만드시며 권고하십니다.

찬양하도록 하시는 하나님의 여섯 가지 권고

시편 149:1—7에는 찬양을 위한 동기부여, 즉 우리로 하여금 기꺼이 찬양토록 하시는 여섯 가지 하나님의 권고들이 열거되어 있습니다.

> "할렐루야 새 노래로 여호와께 노래하며 성도의 모임 가운데에서 찬양할지어다 이스라엘은 자기를 지으신 이로 말미암아 즐거워하며 시온의 주민은 그들의 왕으로 말미암아 즐거워할지어다 춤 추며 그의 이름을 찬양하며 소고와 수금으로 그를 찬양할지어다 여호와께서는 자기 백성을 기뻐하시며 겸손한 자를 구원으로 아름답게 하심이로다 성도들은 영광 중에 즐거워하며 그들의 침상에서 기쁨으로 노래할지어다 그들의 입에는 하나님께 대한 찬양이 있고 그들의 손에는 두 날 가진 칼이 있도다 이것으로 뭇 나라에 보수하며 민족들을 벌하며."

첫 번째 권고는, 우리가 경험하는 하나님이 어떤 분이신지 그것으로 인하여 하나님을 찬양하라는 것입니다(1절). 하나님이 어떤 분이신지를 모른다면 진정한 의미의 찬양을 할 수 없습니다. 창조주 하나님, 은혜로우신 하나님, 구원의 하나님, 자비하신 하나님, 의로우신 하나님, 전능하신 하나님, 지혜로우신 하나님을 경험해야 진정한 찬양을 할 수 있게 됩니다. 남들에게 들어서 알고 있는 종교적이고 피상적인 하나님이 아니라, 자신이 직접 체험해서 알고 있는 인격의 하나님이라야 찬양할 수 있습니다.

하나님을 성경에 나와 있는 그대로 아는 것이야말로 찬양하게 되는 가장 강력하고도 좋은 동기부여가 됩니다. 우리가 예수 그리스도를 높이며 그분의 사랑을 주요 온전케 하시는 분이며, 친절하신 분으로, 우리의 모든 필요를 채우시는 공급자로 알게 될 때 우리는 주님께 진정으로 찬양할 수 있습니다.

두 번째 권고는, 하나님께서 행하신 일들로 인하여 하나님을 찬양하라는 것입니다(2절).

> "야곱아 너를 창조하신 여호와께서 지금 말씀하시느니라 이스라엘아 너를 지으신 이가 말씀하시느니라 너는 두려워하지 말라 내가 너를 구속하였고 내가 너를 지명하여 불렀나니 너는 내 것이라."(사 43:1,2)

하나님께서 우리를 지으셨으므로, 구속(구원)하셨으므로, 택하여 부르셨으므로, 자기 백성 삼으셨으므로 찬양하라는 것입니다. 우리의 현재의 모습은 삶 속에서 우리가 선택한 것, 추구해 온 것들로 인하여 이루어진 것인 동시에 하나님께서 그렇게 되도록 우리를 위하여 선택해 놓으신 것들 속에서 이루어진 것입니다. 우리의 선택이 비록 때로 지혜롭지 못하고 어리석고 악하기조차 할지라도 하나님께서는 그것을 다스려 오셨으며 합력하여 최선의 길로 이루어 놓으셨습니다(롬 8:28). 그리고 하나님께서 뜻하신 대로 이루어 가는 과정에 있습니다. 그러므로 우리는 하나님을 찬양해야 합니다.

　<u>세 번째 권고는</u>, 하나님께서 우리의 왕이시므로 찬양해야 한다는 것입니다(2절). 하나님은 우리의 인생의 왕이시며 국가와 민족의 진정한 왕이시며, 인류의 왕이시며 우주의 왕이시며, 우리의 인격의 왕이십니다. 우리는 하나님께서 우리의 인생의 왕이 되시어 다스려주시고, 인격을 다스려 주시도록 기도하고 찬양해야 하고, 민족과 인류의 왕이 되시어 다스려 주시도록 기도하고 찬양해야 합니다.

　<u>네 번째 권고는</u>, 하나님께서 자기 백성을 기뻐하시므로 찬양하라는 것입니다(4절). 하나님께서는 손수 지으신 모든 피조물들을 보시고 기뻐하시며 만족하셨고, 특별히 자기 백성된 성도들을 기뻐하시는 분입니다(창 1:25; 엡 1:5). 인간은 하나님의 영광을 위해서 사는 것이 본분입니다.

> "그런즉 너희가 먹든지 마시든지 무엇을 하든지 다 하나님의 영광을 위하여 하라."(고전 10:31)

　우리가 하나님을 진심으로 찬양할 때 하나님께서 얼마나 기뻐하시는지는 성경이 거듭거듭 증거하는 바입니다.

　우리로 하여금 기꺼이 하나님을 찬양토록 하시는 <u>다섯 번째 권고는</u>, 성도들의 입에는 하나님의 존영(존귀와 영광)이 있어야 하기 때문입니다. 즉 성도들은 늘 하나님께 존귀와 영광을 돌려야 하는 사람들이므로 하나님을 찬양하라는 것입니다. 성도들이 진심으로 하나님을 찬양할 때 하나님께 존귀와 영광이 됩니다.

　여섯 번째 권고는, 우리가 하나님을 찬양할 때 그것이 우리의 칼(무기)이 되므로 찬양하라는 것입니다. 여호사밧의 경우에서 자세히 살펴보았듯이 찬양은 악의 세력을 이기는 가장 강력한 무기(힘)가 됩니다. 그것은 어떤 칼의 힘보다, 폭탄의 힘보다 강합니다. 사탄의 세력은 혈육(육체)의 힘으로 물리치는 것이 아니라 성령의 권능으로 물리치는 것인 바, 찬양이야말로 성령의 권능이 임하는 가장 확실한 통로입니다.

　이 모든 동기부여는 우리로 하여금 기꺼이 주님을 찬양하도록 만듭니다. 목소리를 높여 주님을 찬양하며, 하나님께서 어떤 분이신지를 생각하며 주님을 찬양하며, 하나님께서 하신 일들을 생각하며 찬양하며, 하나님께 기쁨을 드리기 위하여 찬양하며, 그분이 우리를 기뻐하시므로 찬양해야 합니다.

> "그의 능하신 행동을 찬양하며 그의 지극히 위대하심을 따라 찬양할지어다……. 호흡이 있는 자마다 여호와를 찬양할지어다 할렐루야."(시 150:2,6)

찬양의 다섯 가지 기능

　하나님께서는 우리에게 강력한 영적 무기들을 주셨으며 찬양은 그 무기들 중에서 으뜸입니다. 시편 149:7—9에서는 찬양을 무기로 삼았을 때 신자들에게 그 위대함과 고상함과 능력을 보여 주는 찬양의 다섯 가지 기능이 언급되고 있습니다.

> "이것(찬양)으로 뭇 나라에 보수하며 민족들을 벌하며 그들의 왕들은 사슬로, 그들의 귀인은 철고랑으로 결박하고 기록한 판결대로 그들에게 시행할지로다 이런 영광은 그의 모든 성도에게 있도다 할렐루야"

첫째, 뭇 나라에 보수할 수 있고(7절),
둘째, 민족들을 벌할 수 있고(7절),
셋째, 그들의 왕들을 사슬로 결박하고(8절),
넷째, 그들의 귀인을 철고랑으로 결박하고(8절),
다섯째, 기록한 판결대로 그들에게 시행할 수 있습니다(9절).

다섯 가지 기능의 영적 의미

찬양은 무궁한 능력이고 찬양의 효력은 영원하며, 찬양은 우리로 하여금 영의 세계와 직접적으로 관련되게 하며, 대적자들과 마귀의 권세를 사로잡게 하고 그들을 이겨 승리하게 합니다. 구약에 언급되는 '뭇 나라'(열방)는 언제나 하나님 없이 사는 나라들을 말합니다. 그들은 하나님을 아는 지식도 없고, 하나님을 받아들이지도 않고, 하나님과 아무 관계가 없는 자들이며 오히려 하나님을 대적하고 멸시합니다. 그들의 배후에는 언제나 사탄이 있습니다. 그들은 하나님의 백성인 이스라엘에게 언제나 위협적인 존재였으며 틈만 나면 공격해 왔습니다. 그러므로 그들에게 복수(보수)가 필요했고, 복수의 가장 큰 힘은 찬양이었던 것입니다. 그 실례는 유다를 공격해 온 암몬과의 싸움에서 여호사밧 왕과 백성들이 보여주었습니다(대하 20:1—30).

구약에서 언급되는 민족들은 대개 '주의 백성들' 혹은 '그 백성'으로 불린 하나님의 언약백성들을 가리키며, 이스라엘 백성 혹은 이스라엘이 분열된 후 북이스라엘과 남 유다 백성들을 의미합니다. 그들은 하나님께로부터 보복을 당하는 것이 아니라 징계, 곧 벌을 받습니다. 왜냐하면 불신앙과 불순종과 우상숭배와 부패와 타락에 빠졌기 때문입니다. 자녀가 잘못하면 부모가 벌을 주듯이 하나님께서는 자기 백성들에게 벌을 주십니다.

"주께서 그 사랑하시는 자를 징계하시고 그가 받아들이시는 아들마다 채찍질하심이라."(히 12:6)

"우리가 판단을 받는 것은 주께 징계를 받는 것이니 이는 우리로 세상과 함께 정죄함을 받지 않게 하려 하심이라."(고전 11:32)

찬양이 '그들의 왕들'과 '그들의 귀인'을 사슬과 철고랑으로 결박한다고 했는데, 이는 바로 사탄과 악령들을 의미합니다. 예수님께서는 사탄을 이 세상 임금(요 14:30; 16:11)으로 언급하셨고, 바울은 사탄을 공중권세 잡은 자(엡 2:2)로, 광명의 천사로 가장한 자(고후 11:14), 의의 일꾼으로 가장한 자(고후 11:15)로 언급한 바 있습니다.

찬양은 사탄과 그의 하수인들인 악령과 귀신들의 세력을 물리치는데 다시없는 무기입니다. 성도들이 믿음을 지키려면 그들과 싸우지 않으면 안 됩니다.

"우리의 씨름은 혈과 육에 대한 것이 아니요 정사와 권세와 이 어두움의 세상 주관자들과 하늘에 있는 악의 영들에게 대함이라." (엡 6:12)

"근신하라 깨어라 너희 대적 마귀가 우는 사자같이 두루 다니며 삼킬 자를 찾나니 너희는 믿음을 굳게 하여 저를 대적하라." (벧전 5:8,9)

또한 찬양은 "기록한 판결대로 저희에게 시행하게" 합니다(시 149:9). 이 말은 찬양이 하나님으로 하여금 심판을 행하시도록 한다는 의미입니다. 하나님은 사랑의 하나님인 동시에 심판의 하나님이십니다. 하나님의 사랑과 공의는 동전의 앞뒤와도 같이 공존합니다. 예수 그리스도의 십자가에는 하나님의 사랑과 공의가 공존합니다. 하나님의 사랑은 복음으로 죄인을 구원하시지만, 하나님의 공의는 죄를 회개하지 않고 복음을 거절하는 불의한 자들을 심판하십니다. 요한계시록 6:10에서 우리는 순교자들의 외치는 소리를 듣게 됩니다.

> "큰 소리로 불러 이르되 거룩하고 참되신 대주재여 땅에 거하는 자들을 심판하여 우리 피를 갚아 주지 아니하시기를 어느 때까지 하시려 하나이까."

또한 요한계시록 11:17,18에는 하나님을 찬양하며 예배하는 24장로들이 이렇게 외치고 있습니다.

> "감사하옵나니 옛적에도 계셨고 지금도 계신 주 하나님 곧 전능하신 이여 친히 큰 권능을 잡으시고 왕노릇 하시도다 이방들이 분노하매 주의 진노가 내려 죽은 자를 심판하시며 종 선지자들과 성도들과 또 작은 자든지 큰 자든지 주의 이름을 경외하는 자들에게 상 주시며 또 땅을 망하게 하는 자들을 멸망시키실 때로소이다."

이처럼 천국에서 찬양하는 자들도 하나님의 의로운 심판이 땅에 임하기를 외치고 있습니다. 사도 바울은 원수 갚는 일을 우리가 친히 하지 말고 하나님께 맡기라고 했습니다.

"원수 갚는 것이 내게 있으니 내가 갚으리라고 주께서 말씀하시니라." (롬 12:19)

하나님께서는 우리가 친히 복수하는 것을 원치 않으십니다. 왜냐하면 복수는 복수를 낳고 끊임없이 원수를 맺게 하기 때문입니다. 예수님께서는 "칼을 쓰는 자는 칼로 망하리라"(마 26:52)고 말씀하셨습니다. 복수는 마음에 칼을 품는 것입니다. 복수 대신 예수님께서 명하신 것은 원수를 사랑하라는 것이었습니다.

"너희 원수를 사랑하며 너희를 미워하는 자를 선대하며 너희를 저주하는 자를 위하여 축복하며 너희를 모욕하는 자를 위하여 기도하라." (눅 6:27,28)

아무리 마음이 강퍅한 자라도 대부분 사랑의 힘에는 굴복하게 되고 마음을 바꾸게 됩니다. 그래서 원수를 사랑하라는 것입니다. 칼로 복수해서 이길 생각을 하지 말고 사랑으로 승리하라는 것입니다. 그것이 피차 간에 복이기 때문입니다. 만약에 사랑에 굴복하지 않는 원수가 있다면 하나님께서 심판하시겠다는 것입니다. 하나님은 사랑을 거절하는 자들 위에 궁극적으로 심판을 (복수를) 쏟아 부으십니다. 복수는 하나님의 주권인 것이지 사람에게 있는 것이 아님을 기억하십시오. 우리는 오직 하나님을 찬양하며, 하나님께 복수를 맡기며, 그분의 사랑을 나타내는 일만이 가장 현명한 일이며 승리하는 길이라는 사실을 기억하십시오.

찬양은 가장 확실한 성도들의 힘이요 무기입니다. 교회가(신자들이) 악한 자들(사탄과 그 하수자들)을 쇠사슬과 철고랑으로 결박하는 능력은 주의 말씀을 믿는 믿음과 찬양의 능력에 있습니다.

"우리의 싸우는 무기는 육신에 속한 것이 아니요 오직 어떤 견고한 진도 무너뜨리는 하나님의 능력이라 모든 이론을 무너뜨리며."(고후 10:4)

찬양을 방해하는 것들

사탄

하나님을 기쁘시게 하고 영광을 돌리게 하는 모든 것에는 방해하는 것들이 있듯이 찬양에도 역시 방해 요소가 있습니다.

찬양을 훼방하는 첫 번째 존재는 사탄입니다. 사탄은 원래 천국에서 하나님을 찬양하는 일을 맡았던 자였으므로 찬양의 가치와 목적과 그 능력을 누구보다도 잘 알고 있습니다. 그뿐만 아니라 사탄은 하나님 나라의 일들을 헛되게 하는 것을 알기 때문에 힘을 다하여 성도들의 찬양을 막으려고 합니다. 그러나 성경은 성도가 사탄에게 복종하게 되는 것이 아니고, 사탄이 성도에게 복종하게 된다고 가르치고 있습니다.

"평강의 하나님께서 속히 사탄을 너희 발 아래에서 상하게 하시리라." (롬 16:20)

예수님께서는 믿는 자들에게 귀신을 제어할 권세를 주셨고, 주님의 이름으로 귀신을 쫓아낼 것이라고 보증해 주셨습니다(눅 9:1; 막 16:17). 예수님께서는 자신의 십자가 죽으심과 부활승천으로 마귀의 모든 능력과 권세에 치명타를 입히시고 지위를 빼앗아 버렸습니다.

"사망으로 말미암아 사망의 세력을 잡은 자 곧 마귀를 없이하시며." (히 2:14)

여기서 '없이하시며'로 번역된 헬라어 원문의 의미는 '줄여서 제로zero로 만들다'입니다. 예수님은 사탄을 아무것도 아닌 존재로 무기력하게 만들어버렸습니다.

요한은 이렇게 말했습니다.

"하나님의 아들이 나타나신 것은 마귀의 일을 멸하려 하심이라." (요일 3:8)

사탄은 아무것도 아닙니다. 그러나 사탄은 거짓의 명수, 속임수의 명수이므로 이 사실을 모르는 자들을 속여 자신이 마치 권능 있는 것처럼 꾸미며 위협하며 유혹과 공격을 여전히 하고 돌아다닙니다(벧전 5:8). "마귀로 틈을 타지 못하게 하라"는 에베소서 4:27은 대화와 관계되는 문맥 속에 주어진 구절로, 우리의 생각과 대화 속에, 인간관계 속에 비집고 들어와서 마음을 불쾌하게 하고, 화나게 하고, 싸움을 하게 하므로 평강을 깨뜨리며 미움과 증오를 품게 합니다. 그렇게 되면 찬양이 내키지 않으며, 찬양을 즐겁고 힘 있게 할 수 없고, 하나님께서 영광 받으시는 찬양이 될 수 없습니다. 그럴 때는 먼저 회개하는 것이 순서이며, 회개의 찬양을 하는 것이 도움이 됩니다.

죄

찬양에 대한 두 번째 방해물은 죄입니다. 다윗은 "내가 내 마음에 죄악을 품으면 주께서 듣지 아니하시리라"고 했고, 이사야는 그것을 설명해 주었습니다.

"오직 너희 죄악이 너희와 너희 하나님 사이를 갈라 놓았고 너희 죄가 그의 얼굴을 가리어서 너희에게서 듣지 않으시게 함이니라."(사 59:2)

찬양을 받으실 하나님이 찬양을 거절하시고 듣지 않으신다면 찬양은 아무 의미가 없습니다. 아무리 힘 있게 열심히 찬양을 할지라도 하나님께서 귀를 막으신다면 무슨 소용이 있겠습니까? 하나님께서는 우리가 "깨끗한 마음(죄 없는 마음)으로 주를 부르는 것"(딤후 2:22)을 원하십니다.

찬양을 할 때 우리가 우리의 의로움을 가지고 하나님 앞에 찬송할 수 있는 자격이 주어지는 것은 아닙니다. 우리가 아무리 의로움을 추구한들 우리의 의로움은 하나님 앞에 더러운 넝마조각에 불과할 뿐입니다. 그리스도의 의로우심에 의지하지 않고 찬양을 한다면 하나님께서 받으실 만한 찬양이 될 수 없습니다.

그러므로 어떤 죄를 특별히 범하지 않았을 때에도 예수님의 의로우심에 의지하여 찬양해야 하며, 어떤 죄를 범했을 때는 예수님의 이름을 의지하여 죄를 고백하는 회개가 있고 나서 찬양해야 마땅합니다. 그렇지 않은 찬양은 하나님 앞에 영광을 돌릴 수 없습니다.

"만일 우리가 우리 죄를 자백하면 그는 미쁘시고 의로우사 우리 죄를 사하시며 우리를 모든 불의에서 깨끗하게 하실 것이요"(요일 1:9)

"그러므로 이제 그리스도 예수 안에 있는 자에게는 결코 정죄

함이 없나니 이는 그리스도 예수 안에 있는 생명의 성령의 법이
죄와 사망의 법에서 너를 해방하였음이라."(롬 8:1,2)

먼저 죄를 해결하는 것이 찬양의 순서입니다. 죄를 시인하고, 죄를 고백하고 예수 그리스도의 십자가 구속의 은혜가 아니고는, 주님의 피로 깨끗하게 함을 받지 않고서는 누구든지 하나님 앞에 찬양할 수 없음을 고백하고 주 예수 그리스도의 구속의 은혜에 의지할 때 비로소 하나님께서 받으실 만한 찬양을 할 수 있습니다.

죄의식

찬양을 훼방하는 세 번째 것은 죄의식입니다. 죄의식은 죄를 해결하지 못했을 때나, 회개하고 죄를 용서받았다는 확신이 없을 때 일어납니다. 우리는 죄를 고백하고 나서도 너무나 죄의식에 사로잡힐 때가 많습니다. 그것은 믿음이 약한 탓이며, 우리의 감정(죄의식)을 믿기 때문입니다. 사탄은 우리 마음 속에 죄의식을 갖도록 여러 방법을 시도하여 죄의식에 괴로워하게 만들고 찬양을 하지 못하도록 훼방합니다.

우리가 엄청난 죄인인 것은 사실이지만 우리는 하나님의 거저 주시는 은혜로 죄를 사함 받은 구원받은 죄인입니다.

예수님께서 죄인들을 구원하시기 위하여 오셨음을 늘 염두에 두고 예수 그리스도 안에서 용서받지 못할 어떤 죄도 없다는 사실을 기억하여 죄 사함에 대한 확신을 갖는 것이 무엇보다도 중요합니다.

두려움

찬양을 훼방하는 네 번째 방해물은 두려움입니다. 하나님에 대한 두려움, 사람에 대한 두려움, 내적인 상한 감정으로 인한 두려움, 조롱에 대한 두려움······. 두려움보다 사람을 무기력하게 만들고 꼼짝 못하게 하는 것은 없습니다. 두려움은 사고의 자유를 멈추게 하고 감각들을 굳어 버리게 하며 의지를 억제합니다. 그리하여 찬양하는 목소리는 목구멍 속으로 기어들어가고, 표정은 우울해지며 무기력한 찬양을 하게 됩니다. 두려움을 극복하는 길은 주님의 사랑을 굳게 의지하는 것밖에 없습니다. 성경에 두려움에 대한 완전한 해독제가 있습니다.

"사랑 안에 두려움이 없고 온전한 사랑이 두려움을 내쫓나니 두려움에는 형벌이 있음이라 두려워하는 자는 사랑 안에서 온전히 이루지 못하였느니라."(요일 4:18)

주님은 이렇게 말씀하십니다.

"괜찮아, 괜찮아, 내가 여기 있어. 긴장을 풀고 나를 의지해라."

이외에 자만심, 독선, 우월감, 거만함 같은 겸손하지 못함, 심각한 자기 비하, 열등감 같은 건강하지 못한 자아도 찬양을 훼방하는 방해물이며, 하나님에 대한 잘못된 인식, 즉 하나님은 가혹하고 포악하고, 엄격하고, 냉혹하고, 작은 일에도 진노하신다고 인식하고 있으면 감사와 기쁨으로 찬양할 수가 없으며, 하나님에 대한 개념이 너무 비인격적이고 초월적일 때도 찬양을 바른 마음으로 할 수 없습니다. 근심, 걱정, 염려, 슬픔, 부정적인 생각에 둘러싸여 있는 것도 찬양에 훼방을 받게 됩니다.

요컨대 신앙이 건전하지 못하고, 확신이 없으며, 하나님에 대한 지식이 없고, 하나님과의 교제가 원만하지 못할 때 건전한 찬양생활을 할 수 없게 됩니다.

코이노니아

다른 신자들과의 교제를 기피하거나 소홀히 여기는 신자들이 많이 있는 것을 봅니다. 신앙생활은 혼자하지 못하며 반드시 공동체(교회)의 지체가 되어 교제를 나누어야 함을 신약성경은 가르치고 있습니다.

성경을 읽어 보면 교제에 대해서 그 어떤 것보다도 강조하고 있다는 것을 알 수 있습니다. 요한일서의 중심메시지는 교제입니다. 기독교신앙은 하나님과의 교제 및 신자와의 교제를 기본으로 합니다. 사귐이라고도 번역되어 있는 교제는 헬라어로 코이노니아인데, 이 말은 신약성경에서 가장 많이 등장하는 말이기도 합니다. 코이노니아는 때로 통용(행 2:44)이라는 말로도 사용되고 있고, 교통(고후 13:13)이라는 말로도 사용되고 있으며 신약성경에서 66회 나타납니다.

 코이노니아는 교제를 통해서 다른 대상의 필요를 충족시켜 준다는 의미를 담고 있으며, 기독교신앙의 핵심메시지 중의 하나입니다. 하나님은 우리와 교제(사귐)를 가지시기를 원하십니다. 신자가 하나님과 교제를 나누는 일은 예배, 찬양, 기도, 성경읽기, 묵상 등 다양한 경로를 통해서 이루어질 수 있습니다. 예수님께서 세상에 오셔서 십자가에 못 박혀 피 흘려 죽으신 이유는 한마디로 우리와 하나님 사이에 교제할 수 있는 길을 열어 주시기 위함이었습니다. 인간은 죄로 인하여 하나님과의 교제가 단절되었고 그로 인해 심판과 멸망에 처하게 되었는데, 하나님께서 인간을 구원하시기 위하여 인간과의 화해의 길을 마련하신 것이 독생자 예수 그리스도의 성육신입니다. 누구든지 십자가에 못 박히신 예수 그리스도를 구주로 믿고 죄 용서함을 받은 사람은 하나님과 교제할 수 있는 화목한 관계가 됩니다. 다시 말하면 예수님을 믿는 사람은 하나님과 코이노니아를 갖게 됩니다.

 아가페가 하나님의 일방적인 사랑이라면 코이노니아는 주고받는 사랑이라고 말할 수 있습니다. 하나님께서는 우리가 하나님을 사랑하기 전에 먼저 우리를 사랑하셨고, 그런 다음 우리가 하나님의 사랑에 반응하여 하나님을 사랑하도록 하시므로 코이노니아(교제)를 하십니다. 이것이 수직적 코이노니아라면 사람과 사람 사이의 코이노니아를 수평적 코이노니아라고 합니다. 예수 그리스도를 믿는 사람 안에 내주하시는 성령님은 신자들로 하여금 교회를 통하여 다른 사람과도 사랑의 교통을 하게 하십니다. 그것은 육신적인 사랑에서처럼 이기적이고 정욕적인 요소가 아닌 이타적 요소의 사랑의 교통입니다. 그러나 세속적인 교제에서는 뭔가 대가를 원하기 마련이고 자신에게 돌아올 것이 없는 사랑과 교통은 누구나 원하지 않습니다. 겉으로는 대가를 바라지 않는다지만 내심 대가를 바랍니다. 손해가 나는 교제는 누구나 싫어하는 것이 당연합니다.

그러나 코이노니아는 대가를 바라지 않고 오히려 자신으로 말미암아 다른 사람의 필요를 채워주는 교제입니다. 그러므로 코이노니아는 봉사와 섬김과 조건 없는 나눔입니다. 초대교회는 온전한 코이노니아가 있었습니다. 즉 하나님과의 수직적 교통과 신자 상호간의 수평적 교통이 온전히 아름다웠던 교회였습니다(행 2:42-46). 그 결과 교회가 세상에 빛을 발하게 되었고 하나님을 영광스럽게 했습니다(행 2:47).

하나님은 인간을 홀로 사는 존재가 아닌 함께 더불어 교제하며 살아야 하는 존재로 지으셨습니다. 아담과 하와를 남자와 여자로 지으신 것은 완벽한 교제와 사랑을 나누도록 하기 위함이었습니다. 그들은 정신적, 영적, 육체적인 교제와 사랑을 나누는 완벽한 코이노니아 속에 있었습니다. 아담이 하와를 처음 맞이

하면서 "이는 내 뼈 중의 뼈요 살 중의 살이라"(창 2:23)고 말함은 그들의 완벽한 코이노니아를 짐작케 합니다. 그러나 타락 후 그들은 서로 죄책을 핑계, 전가시키는 이기심을 나타내 보임으로 그들의 코이노니아가 순수하지 못함을 보여줍니다(창 3:12). 타락한 아담의 후손으로 태어난 모든 인간은 하나님과의 수직적 코이노니아를 잃어버렸을 뿐 아니라, 인간 상호 간의 코이노니아의 순수한 정신을 잃어버리고 서로의 필요에 의해서 이기적인 교제를 하게 되었습니다.

 그리스도인이 된 사람은 이러한 상태에서 진정한 코이노니아를 회복하게 되었다는 것을 말합니다. 하나님과의 교제를 비롯해서 부부 간의 코이노니아, 가족과의 코이노니아는 물론이고, 영적 가족들인 성도와의 코이노니아와 더 넓게는 교회 밖으로까지 코이노니아의 영역을 넓혀 가는 사람이 그리스도인입니다. 우리가 예배 때마다 고백하는 사도신경에도 코이노니아에 관한 대목이 나오는데 특히 성도와의 코이노니아를 언급합니다. 성도가 서로 교통하는 것을 신앙으로 고백하면서 실생활에서는 코이노니아를 부인한다면 그것은 참된 신앙의 자세라고 볼 수 없습니다.

 성도의 교제를 통해서 하나님은 여러 가지 은혜를 베푸십니다. 성령의 은혜의 역사는 성도가 혼자 있을 때보다 성도가 함께 예배하며 교제하는 가운데 더욱 강력하게 나타났었음을 성경은 증거하고 있습니다(행 2:43; 4:24—31; 10:34—48 등). 야고보서에는 성도가 서로 교통하며 죄를 고백하고 기도할 때 있을 치유의 역사에 대해서 말씀합니다(약 5:13—16). 아름다운 성도의 교통은 신자들의 신앙을 성숙케 하며 은혜를 체험하게 한다는 것이 성경뿐 아니라 성도의 교통을 지속하고 있는 신자들의 한결같은 증언입니다. 요한일서는 하나님과의 코이노니아와 성도와의 코이노니아는 정비례함을 말씀합니다. 즉 하나님과의 교제를 깊이 나누는 성도는 성도와의 교제 또한 깊다는 것입니다.

아무리 하나님을 사랑하며 신앙이 깊다고 하는 사람이라도 그가 형제(성도)를 사랑하지 못하면(교통을 원치 않는다면) 그의 하나님 사랑은 거짓이라는 것입니다(요일 2:8—11; 3:14—16; 4:20,21). 코이노니아는 교제를 통한 사랑의 구체적인 실천입니다.

> "사랑하는 자들아 우리가 서로 사랑하자 사랑은 하나님께 속한 것이니 사랑하는 자마다 하나님께로 나서 하나님을 알고 사랑하지 아니하는 자는 하나님을 알지 못하나니 이는 하나님은 사랑이심이라."(요일 4:7,8)

> "저가 빛 가운데 계신 것같이 우리도 빛 가운데 행하면 우리가 서로 사귐이 있고 그 아들 예수의 피가 우리를 모든 죄에서 깨끗하게 하실 것이요."(요일 1:7)

신앙과 헌금

교회에서 설교자가 헌금에 관한 설교를 하면 신자들은 은혜롭지 못하게 생각하고 머리를 꼬기 시작합니다. 다른 얘기는 다 좋은데 돈 얘기만은 하지 말아 달라는 것입니다. 그만큼 돈에 관한 얘기는 신, 불신자를 막론하고 예민하게 받아들입니다. 헌금 때문에 시험이 들어 교회를 그만 둔 사람들도 흔합니다. 그러나 성경을 보면 예수님께서 의외로 돈과 관련된 말씀을 많이 하셨음을 발견할 수 있습니다. 예수님은 누구보다도 재물(돈) 이야기를 자주 하셨습니다. 그것은 사람이 제일 중요하게 여기는 것이 재물이라는 것을 잘 아셨기 때문입니다. 예수님은 재물에 대하여 바른 자세를 가지고 있는 사람이 하나님과도 바른 관계를 유지

할 수 있다는 것을 거듭 강조하셨습니다. 신자와 재물의 관계에 있어서 가장 중요한 사항이 헌금생활임은 두말할 것도 없습니다. 종교개혁자 마틴 루터는 다음과 같이 명민한 말을 했습니다. "세 가지 회심이 필요하다. 가슴의 회심, 정신의 회심, 돈지갑의 회심이다."

헌금의 의미

헌금이라는 말은 글자 그대로 하나님께 돈을 바치는 것을 의미합니다. 신약성경에는 헌금과 같은 용도로 사용되는 말 중에 연보(고후 8:1; 9:11)라는 말도 있는데, 연보는 돈뿐 아니라 헌물(금, 은, 보석, 문서 등)을 포함한 의미로 사용되고 있습니다. 실제로 옛날에는 돈 대신 헌물을 바치는 일들이 흔했습니다. 그러면 성도가 그렇게까지 하나님 앞에 헌금이나 헌물을 바쳐야 하는 이유가 무엇인가 하는 의문이 생길 것입니다. 하나님은 모든 것을 창조하신 분이므로 부족함이 없으신 분인데 구태여 인간들이 바치는 헌금에 왜 관심을 두시고 바치라고 명령하시는지, 하나님도 인간들처럼 돈을 좋아하시는지 궁금합니다.

시편 24:1에 보면 "땅과 거기에 충만한 것과 세계와 그 가운데에 사는 자들은 다 여호와의 것이로다"라고 했습니다. 인간의 것은 아무것도 없다는 것입니다. 정확히 말해서 내가 가지고 있는 모든 것(몸, 영혼, 재물, 재능, 시간 등)은 내 것이 아니라 하나님의 것입니다. 그런데 성경은 왜 구태여 하나님 것을 구별하여 십일조를 바치고 헌금을 바치라고 명령하는가 하면 인간에게 재물은 생명과도 같이 중히 여김을 받는 것이기 때문에 그것을 하나님께 바침으로써 하나님을 향하여 영광을 돌리며 헌신과 경외하는 마음을 확인하기 위함입니다.

"여호와의 이름에 합당한 영광을 그에게 돌릴지어다 예물을 가지고 그 앞에 들어갈지어다."(대상 16:29)

"여호와여 이제 내가 주께서 내게 주신 토지소산의 맏물을 가져왔나이다 하고 너는 그것을 네 하나님 여호와 앞에 두고 네 하나님 여호와 앞에 경배할 것이며……."(신 26:10)

"네 재물과 네 소산물의 처음 익은 열매로 여호와를 공경하라."(잠 3:9)

처음 익은 열매, 맏물 등은 가장 좋은 것, 가장 귀한 것을 의미합니다. 그것을 하나님께 구별하여 바침으로 하나님께 영광을 돌리고 그분을 성실과 진실로 섬기고 경배하는 마음을 보시기 위해서 하나님은 헌금을 요구하십니다. 구약성경 말라기에 보면 하나님은 헌금생활을 소홀하여 가장 귀한 것을 하나님께 바친 것이 아니라 흠 있는 것, 상한 것, 쓰다 남은 것 등을 하나님께 드리고 십일조를 제대로 드리지 않은 이스라엘 백성들에게 하나님을 멸시하여 하나님의 것을 도둑질했다고 진노하시며 차라리 성전 문을 닫아걸라고 꾸중하시면서 이제라도 올바른 제물과 십일조를 드리면 복을 주시겠다고 약속하시는 말씀이 있습니다(말 1:6—3:12).

학개에 보면 자신들의 생업에만 급급하여 하나님을 섬기고 공경하는 일에 소홀한 이스라엘에게 하나님께서 재앙을 내리셔서 아무리 노력하고 땀 흘려도 그들의 소득이 없어지게 하시므로 빈궁하게 하셨다는 책망과 함께 회개를 촉구하는 말씀이 있습니다(학 1:5—11). 이처럼 헌금은 하나님을 경외하는 일에 직접적인 관련이 있는 문제이기 때문에 성경은 헌금을 중요한 문제로 다룹니다. 예수님은 "네 보물 있는 그 곳에는 네 마음도 있다"(마 6:21)고 말씀하시면서 땅에 쌓아 두는 보물(재물)보다 하늘에 쌓아 두는 보물(헌금, 구제)의 유익함과 중요성을 강조하셨고, 친히 성전 연보궤 앞에 앉으셔서 헌금 드리는 사람들을 관찰하시며 풍족한 중에서 일부를 드리는 부자의 많은 액수의 헌금보다 생활비 전부를 드리는 가난한 과부의 동전 두 닢의 헌금을 귀히 보시며 칭찬하셨습니다.

구약의 헌금과 십일조와 그 용도

구약에서는 헌금과 헌물을 성막(성전)을 짓는 데 사용했고(출

36:5; 대상 29:1,2), 성막(성전)에서 봉사하는 것을 업으로 삼은 레위인, 제사장들의 생활비와 가난한 자(과부, 극빈자, 고아, 나그네 등) 구제를 위하여 십일조를 드렸습니다(민 18:21,26; 신 14:28,29; 26:12). 엄밀하게 보면 구약의 십일조는 감사 십일조(소득의 십일조)와 구제를 위한 십일조 두 가지가 드려졌습니다. 감사 십일조는 레위인 제사장들의 생계비로 사용되었고, 구제 십일조는 말 그대로 구제를 위하여 사용되었습니다. 따라서 구약의 신자들은 평균 '십이조'를 드렸습니다.

신약시대의 헌금

십일조는 율법 이전부터 있어온 것이며(창 14:20), 예수님께서도 말씀하셨는데(마 23:23) 예수님은 십일조를 종교적인 습관이나 의무로, 혹은 공로로 여기며 드리는 바리새인들의 잘못된 헌금관을 나무라셨습니다(눅 8:12). 초대교회는 헌금을 교회 운영과 복음사역자들과 구제와 선교를 위하여 사용하였음을 알 수 있습니다(행 6:1; 고전 9:13,14; 고후 9:1—13; 갈 6:6; 빌 4:16; 딤전 5:17,18). 사도 바울의 헌금에 관한 가르침을 연구해 보면 의무감에서가 아닌 감사와 복음 선교와 사랑의 원리에 입각한 헌금관이었음을 알 수 있습니다. 초대교회 때에는 사도 바울의 왕성한 선교여행과 성령님의 폭발적인 역사로 여기저기 이방 교회가 많이 세워졌습니다. 또한 로마의 극심한 박해와 기근 같은 재해로 신자들 가운데는 생활이 어려운 사람들이 많았습니다. 초대교회 신자들은 부자나 가난한 자나 모두 헌금생활에 적극적이었으며(행 2:44,45; 4:36,37; 고후 8:1—5), 헌금을 바른 용도로 사용했습니다. 즉 선교와 구제와 복음사역자들을 위하여 사용했습니다. 그들은 사유재산에 대한 집착과 탐욕을 버렸으며(복음을 확실히 믿으면 그렇게 됨. 행 2:44,45; 4:36,37), 자신의 집을 곧잘 예배 처소로 내놓았고(행 1:12—14; 16:13—15; 몬 1:2 등), 신앙을 지키는 일과 복음을 전하는 일에 목숨도 아까워하지 않았습니다(롬 16:4).

그들은 가난하다고 헌금을 기피하지 않았으며, 최선을 다해 헌금생활을 했으므로 신약성경에 보면 헌금과 관련된 아름답고 감동적인 얘기들이 많습니다(고후 8:1—5). 따라서 초대교회 신자들은 은혜에 대한 감사와 복음전파와 서로의 아픔을 나누는 사랑의 실천에 입각한 헌금생활을 하는 것을 은혜의 기회라 하며 격려했습니다(고후 1:15,16). 헌금생활을 통해서 하나님의 풍성한 은혜를 누리게 되는 것은 헌금생활을 성실히 하는 모든 신자들의 공통적인 경험입니다.

바람직한 헌금생활

신약성경의 헌금에 대한 가르침을 요약하면

첫째, 마음에 정한 대로 하라고 했습니다. 인색함이나 억지로 가 아닌 정성껏, 즐거움으로 하라는 것입니다(고후 9:7).

둘째, 자신의 힘대로(능력대로) 자원하여 하라고 했습니다(고후 8:3). 자발적으로 성의껏, 최선을 다하라는 뜻입니다.

셋째, 힘에 지나도록 하라고 했습니다(고후 8:3). 자신의 생활에 지장이 없는 한도 내에서 헌금을 한다면 헌금생활을 제대로 할 수 없습니다. 헌금은 어느 정도 생활의 희생의 각오 없이는 할 수 없습니다. 힘에 지나도록 하라는 말은 그런 자세로 하라는 뜻입니다. 하나님은 그러한 중심을 귀히 보십니다.

넷째, 먼저 자신을 하나님께 드리라고 했습니다(고후 8:5). 하나님은 물질 자체만이 아니라 물질을 드리는 사람의 전인격을 받으시기를 원하십니다. 물질만 바치고 자신이 할 일을 다했다는 마음은 진정한 헌금자세가 못됩니다.

다섯째, 신자가 헌금을 바치는 마음이 기복적(복을 원하는 마음)이라면 그것은 올바른 자세가 아닌 샤머니즘적 신앙입니다. 헌금은 복을 받기 위한 계산을 하며 바치는 것이 아닌, 감사와 경배의 자세로 드리는 것입니다. 헌금도 예배의 일부임을 명심해야 합니다(고후 9:13). 한국교회의 부끄러운 모습 중의 하나가 기복정신으로 헌금을 강조하고 대부분의 신자들이 헌금을 기복적인 자세로 바치는 것입니다. 어떤 부흥사는 그런 식으로 헌금을 유도하면서 예수 믿고 3년 안에 부자가 못된 사람은 믿음이 이상한 사람이라고 떠들고 다닐 정도였습니다.

　여섯째, 헌금생활을 바른 자세로 하는 것은 놀라운 복입니다(고후 9:13). 하나님께 꾸준히 열납되는 올바른 헌금생활을 하는 사람은 복된 사람입니다. 그런 사람은 예수님의 말씀대로 하늘에 보물을 쌓는 사람이며(마 6:20), 하나님의 사랑을 받으며 풍성한 은혜와 많은 것을 넉넉하게 받게 될 것이라고 성경은 약속합니다(고후 9:7,8; 갈 6:8).

십일조의 성경적 의미

신앙생활을 하다보면 십일조에 관한 문제에 부딪치게 됩니다. 십일조 생활을 해야 할 것인가 말아야 할 것인가, 십일조를 바치지 않으면 죄가 되가 안 되나, 십일조 생활을 하면 정말 복이 임하나, 십일조 생활을 하지 않으면 물질축복을 받지 못하나, 십일조는 율법의 산물인가 아닌가, 십일조는 대충 드려도 되나 정확하게 계산해서 드려야 하나, 십일조 생활은 직분자(집사 이상)들만 하나, 세례교인은 모두 해야 하나? 왜 로마 가톨릭은 십일조에 대해서 강조하지 않는데 개신교는 십일조를 강조하나, 십일조에 대해서 부인하는 개신교는 정상일까? 십일조를 강조하는 것은 비복음적인가, 복음적인가? 예수를 믿는 신자들이라면 이처럼 누구나 십일조에 대한 관심이 많게 됩니다.

헌금과 십일조

어떤 신자는 헌금과 십일조를 구분하지 않는 것을 보게 됩니다. 이를테면 주일헌금이나 감사헌금, 기타 다른 명목의 헌금을 드릴 때 십일조에 해당하는 액수에서 조금씩 나누어 여러 가지 헌금으로 두루뭉술 때우는 식입니다. 자신이 드리는 각종 헌금을 모두 합하면 십일조 액수에 근접하기 때문에 자신은 십일조에 해당하는 헌금을 하나님께 드린다고 생각하고 있습니다. 그것은 십일조와 헌금의 의미를 잘 모르는 데서 비롯된 잘못된 자세입니다. 헌금과 십일조는 엄격히 구별해야 합니다. 십일조 생활을 꼬박꼬박하는 신자들 중에도 십일조를 드리는 주일에는 주일헌금을 생략하기 쉬운데 십일조를 드려도 주일헌금을 별도로 드려야 하는 것이 원칙입니다.

신앙고백으로서의 십일조

십일조는 자신의 수입에서 십분의 일을 드리는 것이지만, 십분의 일만 하나님의 것이고 나머지 아홉은 내 것이라는 뜻이 아닙니다. 나머지 아홉도 하나님의 것이라는 마음으로 십일조를 해야 합니다. 우리에게 있는 것 중에서 하나님의 것이 아닌 것은 아무것도 없습니다. 모두 하나님께로부터 온 것이며, 하나님께 소유권이 있습니다.

　모든 것이 하나님의 것이지만 그중에서 십분의 일을 구별하여 하나님께 드리고, 나머지 아홉을 가지고 하나님께서 기뻐하시는 일에 선하고 규모 있게 사용해야 하는 것이 물질에 대한 신자들의 자세입니다. 하나님께 십일조를 드리는 의미는 내 모든 시간과 물질과 몸과 재능이 하나님의 것이라는 살아있는 신앙고백인 것입니다. 이런 까닭에 하나님께 드리는 다른 헌금과 마땅히 구별되는 것입니다. 다른 헌금(주일헌금, 감사헌금, 선교헌금, 건축헌금 등)은 자유로이 드릴 수 있고, 혹 못 드려도 할 수 없거니와 (개인의 형편에 따라) 십일조는 드려야 하는 것이 원칙입니다. 십일조는 하나님께서 하나님의 것으로 정해 놓은 몫을 마땅히 바치는 것이므로 헌금이 아닙니다. 그럼에도 많은 신자들이 헌금과 십일조의 의미를 구분하지 못하고 있는 것을 보게 됩니다. 쉽게 이해하자면 십일조는 하나님의 백성들이 하나님께 바치는 세금에 해당하고, 헌금은 자발적으로 드리는 예물에 해당한다고 볼 수 있습니다.

십일조의 성경적 근거

　성경에서 십일조가 처음으로 언급되는 곳은 창세기 14:17—20 입니다.

"아브람이 그돌라오멜과 그와 함께한 왕들을 쳐부수고 돌아올 때에 소돔 왕이 사웨 골짜기 곧 왕의 골짜기로 나와 그를 영접하였고 살렘 왕 멜기세덱이 떡과 포도주를 가지고 나왔으니 그는 지극히 높으신 하나님의 제사장이었더라 그가 아브람에게 축복하여 이르되 천지의 주재이시요 지극히 높으신 하나님이여 아브람에게 복을 주옵소서 너의 대적을 네 손에 붙이신 지극히 높으신 하나님을 찬송할지로다 하매 아브람이 그 얻은 것에서 십분의 일을 멜기세덱에게 주었더라."

여기서 아브람은 전쟁에 승리하게 하시고 조카 롯을 구원케 하신 하나님께 대한 감사와 멜기세덱의 제사장 직분을 인정하는 의미로 전리품 중에서 십일조를 드렸고 멜기세덱은 아브람을 축복했습니다.

십일조에 관한 언급이 두번째 등장하는 것은 야곱에 의해서였습니다(창 28:10—22). 에서의 장자권을 속임수로 가로챈 야곱이 메소보다미아 하란에 있는 외삼촌 라반의 집으로 피신하던 중 밤에 노숙하다가 꿈에 하나님의 천사가 오르락내리락하는 것과 하나님께서 야곱과 그의 후손을 축복하시는 것을 보았는데, 잠에서 깨어난 야곱이 자기가 누웠던 돌베개에 기름을 부으며 서원기도를 하면서 십일조를 드리겠다고 했습니다.

"내가 기둥으로 세운 이 돌이 하나님의 집이 될 것이요 하나님께서 내게 주신 모든 것에서 십분의 일을 내가 반드시 하나님께

드리겠나이다 하였더라."(창 28:22)

여기서 분명히 야곱은 자기에게 있는 모든 것이 하나님께서 주신 것임을 고백하며 십일조를 서원하고 있습니다.

십일조가 다시 언급되는 것은 이스라엘 백성이 출애굽한 후 율법이 주어졌을 때입니다. 율법에서 십일조는 제사장의 봉양이나 레위인들의 생활 등 종교적 목적을 위해 바쳤고(신 14:22—27), 농산물의 십분의 일을 바치기도 했으며(신 14:22—27), 빈민구제(가난한 자, 과부, 고아, 나그네 등)의 목적으로 매 3년마다 드렸고(신 14:28,29), 또한 첫 열매를 바침으로써 십일조를 뜻하기도 했습니다(신 26:1—4).

"너는 마땅히 매년 토지 소산의 십일조를 드릴 것이며 네 하나님 여호와 앞 곧 여호와께서 그의 이름을 두시려고 택하신 곳에서 네 곡식과 포도주와 기름의 십일조를 먹으며 또 네 소와 양의 처음 난 것을 먹고 네 하나님 여호와 경외하기를 항상 배울 것이니라."(신 14:22,23)

흔히 십일조가 율법에서 명한 것이므로 율법의 산물이라고 하며 무용론을 주장하는 자들이 있으나 십일조는 분명히 율법 이전에 믿음의 조상 아브라함에 의해서 시작되었을 뿐 아니라, 율법도 폐지된 율법과 영속적인 것 두 가지가 있음을 알아야 합니다.

폐지된 율법과 영속적인 율법

　십일조는 율법에 근거를 두고 있는 것이 아니라 믿음에 근거를 두고 있습니다. 십일조를 처음 시작하게 된 사람은 믿음의 조상 아브라함이었습니다. 물론 율법에서 성문화되어 본격적으로 시행되었지만 율법이 인간에게 주어진 것은 하나님을 섬기는 것을 가르치고, 인간의 죄를 깨닫게 하고, 복음의 필요성을 깨우쳐서 예수 그리스도께 인도하기 위함인 바, 십일조를 하나님 것으로 인정하지 않을 뿐 아니라 십의 아홉도 자신의 것으로 여기고자 하는 인간의 잘못된 소유 개념을 일깨워주고 만물의 주인 되시는 하나님께 대한 신앙을 바르게 가르치기 위해서, 또 다른 기업을 받지 못한 채 오직 하나님의 성막을 섬기는 것을 업으로 삼는 제사장, 레위인, 그리고 소득이 없으므로 굶주리고 헐벗은 가난한 자들과 고아와 과부와 나그네를 구제하기 위한 목적으로 십일조를 성문화했던 것입니다.

　율법에는 두 가지가 있는 바 제사율법과 윤리적인 율법이 있습니다. 제사율법은 예수 그리스도를 예표하고 상징했던 구약의 모든 제사(번제, 소제, 화목제, 속건제) 제도인데, 제사율법은 예수 그리스도께서 십자가에 못 박혀 피 흘려 죽으심으로 온전히 성취가 되었으므로 폐지되었습니다. 그러므로 예수님 이후의 성도들은 더 이상 구약의 제사를 드릴 필요가 없게 되었습니다.

윤리율법은 십계명을 골자로 하는 하나님과 사람을 사랑하고 섬기는 계명, 곧 인간이 인간답게 사는 삶에 대한 계명인데 이 계명은 폐지되지 않은 영속성을 가지고 있으므로 예수 그리스도께서 오신 이후로도 여전히 유효합니다. 예수 그리스도를 섬기는 사람들이 수천 년 동안 지켜왔고 앞으로 예수님께서 재림하실 때까지 지켜야 하는 것임을 누구도 부인할 수 없는 계명입니다.

그러나 신자들이 헌금이나 십일조를 드릴 때 하나님의 계명이므로 드리는 것이 아니라, 신앙고백의 의미로 드리는 것이 올바른 자세입니다. 계명이라 하면 왠지 의무감이나 억지로라도 지켜야하는 의미가 있지만 신앙고백은 하나님(예수 그리스도)께 대한 믿음과 사랑의 의미가 있기 때문입니다. 실제로 하나님께서는 율법적인 마음으로 드리는 헌금이나 십일조보다 하나님을 사랑으로 섬기고자 하는 신앙고백으로 드리는 것을 기뻐 받으십니다.

십일조 무용론

간혹 어떤 교회의 사역자들 중에 십일조를 율법의 산물이라고 비판하며 십일조 무용론을 주장하는 것을 보게 되는데 성경 어디에도 십일조 무용론을 가르치거나 십일조를 안 해도 된다고 가르치는 곳이 없으므로 하나님 말씀을 가감하는 죄를 범하는 그들의 말에 현혹되는 일이 없도록 조심해야 합니다. 신자들의 심리 중에는 가능한 한 십일조나 헌금을 하지 않고도 믿음생활을 바르게 할 수 있다는 말을 믿고 싶은 마음이 있습니다. 그것은 십일조를 합법적으로 하고 싶지 않다는 심리가 작용하고 있기 때문입니다.

그럴 때는 솔직히 "십일조 드릴 믿음이 부족합니다. 나에게 십일조를 드릴 믿음을 주소서."라고 기도하는 것이 "십일조를 안 바쳐도 되니까 바치지 않겠다"는 것보다 낫습니다. 왜냐하면 하나님의 소유권을 인정하지 않는 불신앙보다 하나님의 소유권을 인정하지만 연약함 때문에 순종하지 못한 채 자신의 죄를 슬퍼하는 것이 하나님의 긍휼을 입을 수 있기 때문입니다.

말라기 3장의 오해

어떤 이들은 말라기 3:7—10에 근거하여 십일조가 축복의 자동기계인 냥 강조하기도 합니다. 그러므로 신자들이 십일조를 신앙고백으로(감사와 하나님의 소유권을 인정하는) 드리는 것이 아니라 축복이 쏟아질 것을 계산하고 드리게 됩니다. 그러다가 기대한 대로 축복이 쏟아지지 않으면 왜 십일조를 꼬박꼬박 바쳤는데 축복이 쏟아지지 않느냐고 반항적인 마음이 되는 경우가 흔히 있습니다.

선지자 말라기 시대의 이스라엘 백성들은 십일조 생활을 불성실하게 하거나 십일조를 안 드리는 풍조가 만연하였습니다. 그것은 하나님을 멸시하는 죄였으므로 하나님께서 이스라엘에게 은혜와 축복의 문을 닫으시고 회개를 촉구하시면서, 너희들이 온전한 십일조 생활을 하게 되면 내가 다시 너희들을 향하여 은혜와 축복의 문을 열어 놓겠다는 말씀이었습니다. 하나님께서는 말라기 선지자를 통하여 그에 관한 말씀을 하시면서 "그렇게 되나 안 되나 시험해 보라"고 하셨습니다.

성경은 하나님을 시험하는 것을 죄라고 경고하고 있지만, 성경에서 유일하게 "하나님을 시험해 보라"고 허락한 곳이 말라기 3장입니다. 그것은 당시의 이스라엘 백성의 신앙이 바닥까지 떨어져서 완전히 유아적인 상태에 있었으므로 그렇게까지 해서라도 십일조 생활을 하게 하시려는 하나님의 답답한 심정이 담겨 있는 말씀임을 감안해야 합니다. 마치 부모가 말 안 듣는 어린 자녀에게 "엄마 아빠 말 잘 들으면 ○○ 해줄게" 하는 식입니다. 얼마나 답답하셨으면 하나님께서 그런 방법까지 동원하셨는지 생각할 줄 알아야 합니다.

"만군의 여호와가 이르노라… 그런즉 내게 돌아오라 그리하면 나도 너희에게로 돌아가리라… 너희가 이르기를 우리가 어떻게 하여야 돌아가리이까 하는도다 사람이 어찌 하나님의 것을 도둑질하겠느냐 그러나 너희는 나의 것을 도둑질하고도 말하기를 우리가 어떻게 주의 것을 도둑질하였나이까 하는도다 이는 곧 십일조와 봉헌물이라 너희 곧 온 나라가 나의 것을 도둑질하였으므로 너희가 저주를 받았느니라 만군의 여호와가 이르노라 너희의 온전한 십일조를 창고에 들여 나의 집에 양식이 있게 하고 그것으로 시험하여 내가 하늘 문을 열고 너희에게 복을 쌓을 곳이 없도록 붓지 아니하나 보라."(말 3:7—10)

이 말씀은 제사율법의 차원에서 하신 말씀이 아니라 하나님을 바르게 섬기는 윤리율법 차원에서, 즉 하나님의 소유권을 인정하고 감사함으로 십일조를 바치는 신앙고백적 차원의 내용이며, 이스라엘 백성이 그렇게 하지 않으므로 스스로 저주와 재앙을 초래하고 있는 어리석음을 일깨워 주기 위하여 답답하고 안타까운 마음으로 말씀하신 내용임을 알아야 그 의미를 바르게 이해할 수 있으며 십일조가 축복의 자동기계라고 생각하는 것이 얼마나 엉뚱한 발상인가를 깨달을 수 있습니다.

예수님의 십일조에 관한 교훈

"화 있을진저 외식하는 서기관들과 바리새인들이여 너희가 박하와 회향과 근채의 십일조는 드리되 율법의 더 중한 바 정의(正義)와 긍휼(矜恤)과 믿음은 버렸도다 그러나 이것도 행하고 저것도 버리지 말아야 할지니라."(마 23:23)

예수님 당시의 바리새인들과 서기관들은 율법에서 명하고 있는 십일조 규례를 확대시켜서 농산물(곡식)과 과일과 기타 소득의 십일조 외에 야채에까지 적용시켜서 십일조를 바쳤습니다. 그러면서 그들은 자신들의 율법 준수의 철저함 내지는 완벽함을 자랑하며 자긍심을 가지고 있었습니다. 그러나 그들은 십일조보다 더 중요한 율법의 기본정신을 지키지 않았습니다. 그것은 의 곧 힘없고 가난한 자들의 인권을 보호해 주며 공의를 행하는 일과 긍휼 곧 동족에 대한 사랑과 자비를 행하는 일과 믿음 곧 인간관계에 있어서의 신실함(신의)을 실천하지 않는 표리부동한 삶을 살고 있었습니다. 그것은 십일조보다 더 중요한 계명을 범하는 일이었습니다.

그럼에도 바리새인들과 서기관들은 단지 십일조를 드리는 것만으로 신앙인의 임무 수행을 바르게 하는 것으로 여기며 교만한 자세로 다른 사람을 판단했던 것입니다. 예수님께서는 바로 그 점을 지적하시며 "이것도 행하고(십일조 생활도 행하고), 저것도 버리지 말아야 할지니라(공의와 긍휼과 믿음도 버리지 말아야 한다)"고 말씀하심으로써 두 가지 다 행하라고 하셨습니다.

이것 역시 제사율법이 아니라 윤리율법이므로 구약시대에만 행하는 것이 아니라, 예수님 이후에도 영속적으로 행해야 하는 계명이므로 예수님께서 강조하신 것입니다. 그러므로 십일조가 율법에 속한 것이므로 복음시대에는 십일조로부터 자유로워졌다고 주장하는 사람들의 견해는 비성경적이고 비복음적인, 스스로 무지함을 드러내는 것입니다.

십일조는 하나님께 선하고 아름다운 제사

현대 교회가 세속주의, 물질주의, 기복주의, 상업주의로 치우치고 있음은 통탄스러운 일입니다. 그로 인한 폐단은 너무나 심각합니다. 그러나 그리스도의 교회가 복음사업을 하며 교회를 운영하는 데 신자들의 헌금과 십일조 없이는 불가능한 것도 사실입니다. 하나님 나라의 확장을 위해서, 선교와 구제를 위해서, 교회를 위해서 기도하면서 헌금과 십일조 생활을 등한히 한다면 그 신앙은 모순이 아닐 수 없습니다.

현대 사회에서의 돈은 수고와 노력의 대가로 얻는 것이므로, 신자가 땀 흘려 수고하고 노력해서 번 돈에서 하나님께 십일조를 구별하여 드리는 것은 곧 자신의 시간과 몸과 마음과 정성을 바치는 헌신이므로 하나님 앞에 선하고 아름다운 일입니다. 물론 정당히 노력해서 얻은 것의 십일조라야지 부당한 방법으로 죄를 지어가면서 번 돈에서 십일조를 드리는 것이라면 문제가 달라집니다. 그것은 선한 것도, 아름다운 것도 아닌 가증하고 추한 것입니다. 어떤 신자는 "내 남편이 피땀 흘려 번 돈을 어떻게 아깝게 십일조로 바쳐?", "내가 피땀 흘려 번 돈을 어떻게 교회에다 십일조 바쳐?" 이렇게 생각하면서 십일조를 드리지 않는 것을 보게 됩니다. 오히려 피땀 흘려 번 돈이기 때문에 하나님 앞에 값진 것이며 영광을 받으시는 것입니다. 그야말로 하나님 앞에 자신을 거룩한 산 제사로 드리는 것이 됩니다.

"그러므로 형제들아 내가 하나님의 모든 자비하심으로 너희를 권하노니 너희 몸을 하나님이 기뻐하시는 거룩한 산 제물로 드리라 이는 너희가 드릴 영적 예배니라."(롬 12:1)

예수님께서는 "네 보물(물질)이 있는 곳에 네 마음도 있느니라"(마 6:21)고 말씀하심으로 물질에 얼마큼 비중을 두며 어디에다, 무엇을 위해, 어느 정도 사용하고 얼마나 애착심을 가지느냐에 따라 그 마음을 어디에(천국과 세상) 두고 있는지를 알 수 있다고 하셨고, "한 사람이 두 주인을 섬기지 못할 것이니 혹 이를 미워하며 저를 사랑하거나 혹 이를 중히 여기며 저를 경히 여김이라 너희가 하나님과 재물을 겸하여 섬기지 못하느니라"(마 6:24)고 말씀하심으로 하나님보다 재물에 비중을 두는 것을 경계하셨습니다.

우리는 예수님의 많은 교훈이 재물과 연관되어 있음을 주의해야 합니다. 그만큼 사람이 하나님을 섬기노라, 예수님을 믿노라 하면서도 실상은 재물에 비중을 두고, 재물을 의지하며, 재물을 더 사랑하며, 재물을 섬기며, 재물 때문에 실족하게 될 가능성이 많기 때문입니다. 신자가 헌금생활에 인색하면 아무래도 바른 신앙을 가졌다고는 보기 어렵습니다. 지금까지 신실한 신앙인으로 인정받은 모든 신앙인들 중에 십일조 생활을 하지 않고, 헌금에 인색한 신자는 한 사람도 없었습니다. 그들은 힘에 넘치도록 항상 하나님께 드린 사람들이었습니다. 사실, 하나님의 은혜를 알고 나면 더 드리지 못해 죄송할 뿐이고, 없어서 못 드리는 것이 속상하고 안타깝지, 십일조를 바치기 싫다거나 헌금을 드리는 것이 아깝다는 생각은 들지 않습니다.

간혹 어떤 특정집단에서 기성교회의 헌금이나 십일조가 비성경적이라 하여 배척하면서 자기들만 복음을 알고 신앙하는 수준 높은 신앙인 행세를 하는 경우가 있는데, 그들이야말로 하나님의 계명과 예수님의 가르침을 부인하는 거짓 그리스도인들임을 알아야겠습니다. 지구상의 모든 정통 기독교 신자들은 동서고금을 막론하고 십일조와 헌금생활을 소홀히 여기지 않았습니다.

살아 계신 하나님과의 인격적 교제로서의 십일조

십일조는 하나님께 귀하고 아름다운 것입니다. 땀 흘려 가며 수고의 대가로 번 돈을 하나님께 바친다는 것은 그만큼 하나님을 경외한다는 고백이기 때문입니다. 사람은 누구나 물질이 가는 곳에 마음이 따라가기 때문에 신자가 십일조를 안 드린다든가 헌금생활에 인색하면 그가 아무리 하나님의 일에 열심을 낸다 하더라도, 아무리 입으로 믿음을 강조한다 하더라도 그 마음은 하나님보다는 물질(돈)에 치우쳐 있음을 부인하기 어렵습니다. 아무도 진실한 믿음이 없으면 묵묵히 꾸준한 십일조 생활을 하지 못합니다. 아무리 급하게 돈 쓸 일이 생기고, 생활에 쪼들리면서도, 입고 싶은 옷 제대로 못 입어 보고, 먹고 싶은 것 제대로 못 먹어 보고, 번듯한 살림살이 장만을 못해 가면서도 십일조만큼은 어떤 일이 있더라도 드리는 신앙은 하나님 앞에 귀하고 아름다운 것입니다. 하나님은 결코 그것을 소홀히 여기지 않으십니다. 십일조 생활은 말씀과 기도와 찬양과 예배와 더불어 하나님과의 인격적 관계를 견고히 맺는 일입니다. 살아계신 하나님을 모시고 그분과의 생생한 교제를 하는 사람은 십일조 생활이 부담스러운 것, 피하고 싶은 것이 아니라 즐겁고 기쁘고 감사한 일임을 한결같이 강조하는 것은 십일조가 하나님과의 인격적 교제를 견고케 해 주기 때문입니다.

십일조 드리는 법

십일조를 어떻게 드리느냐, 대충 따져서 드리느냐, 전자계산기를 두드려 가며 몇 원까지 계산해서 드리느냐에 대하여 궁금해 하는 신자들이 많습니다. 어떤 신자들은 남편의 수입이 일정하지 않으므로(개인사업 같은 경우), 혹은 믿지 않는 남편이 경제권을 가지고 살림비용만 주므로 십일조를 어떻게 해야 할지 모르겠다는 경우도 있습니다. 또한 여기저기 지출할 데가 정해져 있어 도저히 십일조 생활할 여유가 없다는 신자도 있습니다.

십일조는 정확하게 드리는 것이 원칙입니다. 그러나 몇 원까지 계산할 필요는 없습니다. 자신 혹은 남편의 수입 중에서 십분의 일을 구별해서 드리되, 요리저리 계산해서 한 푼이라도 덜 드리려는 마음보다는 한 푼이라도 더 드리려는 자세가 더 좋습니다. 예를 들어 십오만칠천오백 원이면 십육만 원으로 드리는 것이 좋습니다. 불신자 남편이 경제권을 쥐고 살림비용만 겨우 내어준다면 거기에서 십일조를 드리면 됩니다. 수입이 일정하지 않은 경우는 그때그때마다 적으면 적은 대로, 많으면 많은 대로 드리면 됩니다. 어떤 신자들은 직장봉급이나 사업상의 수입의 십일조는 드리지만 기타 수입의 십일조는 생략하기도 하는데, 십일조는 자신의 전 수입의 십분의 일을 드려야 하는 것이 원칙입니다.

   십일조는 자신을 위한 다른 지출보다 최우선으로 떼어 놓는 것이 원칙입니다. 혹 십일조를 떼어 놓으면 다른 일에 지장을 초래하거나 생활이 궁색해질지라도 십일조는 먼저 구별해 놓아야 합니다. 그런 후에 다른 지출을 해야 합니다. 그것이 하나님 앞에 바른 자세이며 십일조 생활을 지속적으로 할 수 있는 비결입니다. 다른 지출 계획부터 세워 놓고 거기에 맞추다 보면 절대로 십일조 생활을 지속적으로 하지 못하게 됩니다. 십일조를 건너뛰거나 미루는 버릇은 좋지 않습니다. 어떤 신자는 급한 일에 십일조 드릴 것을 우선 쓰고 나서는 다음 달에 드리려고 하다가 액수가 불어나 더 힘들어 하기도 합니다. 어떤 신자는 몇 달씩 거르기도 하는데 무슨 일이 있어도 십일조만큼은 건드리지 않겠다는 자세가 되어 있지 않으면 그렇게 되기 쉽습니다.

십일조와 경제적인 복

십일조는 신앙고백이요, 감사함으로 하는 것이요, 하나님의 것을 마땅히 하나님께 드리는 것일 뿐이므로 공로의식이나 물질 축복을 의식해서 드리는 것이 되어서는 안 되지만 십일조를 드리는 가정과 드리지 않는 가정이 결과적으로 경제생활에 있어 큰 차이가 나타난다는 것은 명백한 사실입니다. 그것은 지금까지 수천 년간 수많은 하나님의 자녀들이 몸소 체험해 온 일이며 누구도 부인하지 못합니다.

하나님께서는 십일조를 바른 자세로 꾸준히 드리는 가정을 경제적으로 보호해 주시며 점차적으로 든든하게 하십니다. 그렇다고 십일조를 드린다고 갑자기 장사가 곱절로 잘된다거나 봉급이 팍팍 오른다거나 복권에 당첨될 것을 기대해서는 곤란하지만 하나님께서는 십일조를 드리는 가정의 모든 범사를 복주시므로 경제적으로 쇠락하거나 위기에 처하지 않도록 산성이 되어 주십니다. 물론 십일조와 더불어 정의正義와 긍휼矜恤과 믿음을 행해야 한다고 예수님은 말씀하셨으므로 그 점을 유의해야 합니다.

그러나 십일조 생활을 하지 않는 신자는 당장 아무 일 없는 것

같고 지장 없는 것 같지만 하나님께서 결코 그 가정의 경제생활을 보호해 주신다거나 책임져 주시지 않습니다. 일정 기간 아무 일 없고 재산이 불어나다가도 어느 날 갑자기 경제적인 손실을 당하는 일이 생깁니다. 열심히 노력해서 돈을 모아도 마치 돈주머니에 구멍이 뚫린 것처럼 이 일 저 일로 새는 일이 많습니다. 결국은 십일조를 꼬박꼬박 드린 것보다 훨씬 경제적으로 마이너스가 되는 셈입니다. 오히려 십일조 생활을 성실하게 한 신자가 십일조 생활을 하지 않은 신자보다 결과적으로 경제적으로 안정된 생활을 하게 된다는 것이 수많은 신앙인들의 체험을 통해서 나타나고 있습니다.

십일조와 헌금의 용도

신자가 하나님께 드리는 십일조와 헌금을 가지고 하나님은 교회운영과 선교와 구제 등에 사용하도록 하십니다. 교회는 십일조와 헌금을 교회 운영과 선교와 구제에 균형 있게 사용하도록 해야 합니다. 대부분의 교회에서 교회 운영에 십일조와 헌금을 거의 사용하는 경우가 많은데 그것은 하나님 보시기에 올바른 헌금 사용이 되지 못합니다. 헌금의 20% 정도는 선교와 구제 용도로 사용되어야 바람직합니다. 신자가 자신의 수입 중 최우선으로 하나님께 바칠 십일조를 구별해야 하듯이, 교회는 최우선으로 선교와 구제 용도로 십일조와 헌금을 사용해야 마땅합니다. 신자는 이 일을 위해서 기도해야 하며, 그러나 자신이 바친 십일조와 헌금의 용도에 지나치게 신경 쓰면 자칫 시험에 들게 되어 기쁨으로 십일조 생활을 하지 못할 수가 있으므로 교회에 바친 것이 아니라 하나님께 바쳤다는 것을 기억해야 합니다.

기독교와 세계관 世界觀

세계관에 대하여

세계관이란 개인의 사물에 대한 인식이며 관점입니다. 그 사람의 세계관에 따라 사물에 대한 인식과 관점이 차이가 납니다. 마치 노란색 안경을 끼고 보면 모든 것이 노랗게 보이고 붉은 색 안경을 끼고 보면 붉게 보이듯, 똑같은 사물이라도 개인의 세계관에 따라 그에 대한 인식과 관점이 서로 다릅니다.

어떤 사람은 물건을 살 때 비싸고 고급스러운 것, 외제를 선호하고 어떤 사람은 싼 것만 선호합니다. 어떤 사람은 큰 집, 큰 차, 큰 교회만을 선호하지만 어떤 사람은 외형적인 큰 것에 큰 의미를 두지 않는 사람이 있습니다. 팬티 하나를 십년이 넘게 입고서도 버리기가 아까워 기워 입는 사람을 보고 검소하다고 칭찬하는 사람도 있지만, 못 말리는 궁상이라고 생각하는 사람도 있습니다. 남이 쓰다 버린 물건을 주워다가 손질해서 사용하는 사람도 있고, 죽어도 그런 것은 싫다는 사람도 있습니다. 세상을 사는 데는 돈이 최고라는 사람도 있고, 사랑이 제일이라고 생각하는 사람도 있습니다. 배우자를 고를 때 용모와 외적 조건을 따지는 사람도 있지만 사람 됨됨이를 중시하는 사람도 있습니다. 부적이나 마스코트 따위를 몸에 지니고 다니며 개업할 때 고사를 지내는 사람도 있고, 그런 것에 전혀 관심 없는 사람도 있습니다. 이러한 차이는 세계관이 다른 데서 오는 것입니다. 그 사람의 언행과 삶을 보면 그 사람의 세계관을 알게 됩니다.

　세상에는 무수한 국가와 민족이 있고, 나라마다 전통과 관습이 있고 개인마다 생각하고 보는 관점이 다르기 때문에 이 세상에는 무수히 많은 세계관이 존재한다고 할 수 있겠습니다. 그러나 크게 보면 기독교적 세계관과 비기독교적 세계관으로 나눌 수 있습니다. 세계관은 사람의 가치관을 결정해 주며 주변세계를 판단할 수 있는 기준이 됩니다. 따라서 세계관은 중요한 것과 중요치 않은 것을 분별해 냅니다. 즉 올바른 세계관을 가진 사람은 가치 있는 삶을 살 수 있으며, 옳고 그른 것을 바르게 분별할 수 있지만, 올바르지 못한 세계관을 가진 사람은 옳고 그른 것을 바르게 분별할 수 없으므로 결국 가치 없는 삶을 살게 됩니다. 기독교 신자는 물론 기독교적 세계관, 즉 성경적 세계관을 가진 사람인데, 신자라고 해서 확실한 성경적 세계관을 가지고 사는 사람은 흔치 않습니다. 특별히 현대에는 여러 가지 새로운 조류의 사상이 현대인들의 의식에 영향을 끼치고 있어서 그것에 대하여 먼저 알아두어야 올바른 성경적 세계관과 비기독교적 세계관을 구분할 수 있을 것입니다.

모더니즘과 포스트모더니즘

현대인들 사이에는 무엇을 하건 간에 범법 행위가 아니면 나름대로 가치를 인정해 주는 분위기가 조성되어 있는데, 그것은 지금까지 절대적 가치가 있다고 여겨온 것들에 대한 권위를 부정하며 생겨난 포스트모더니즘의 영향으로 말미암습니다. 한마디로 포스트모더니즘은 탈脫근대주의, 탈 현대주의를 말합니다. 근대(Modern Age)는 르네상스와 함께 시작되었는데, 그때까지 절대적이던 중세 기독교의 권위가 부패와 타락으로 말미암아 후퇴하면서, 고대 그리스 로마의 고전이 새롭게 부활되어 인본주의 문화가 화려하게 꽃을 피우고 과학 혁명이 일어나기 시작했습니다. 숱한 천재들이 나타나 학문과 과학과 예술의 근대화의 기틀을 이루었는데, 르네상스 시대 이후의 세계관의 특징을 한 마디로 요약한다면 이성理性이 신뢰받는 시대였습니다. 즉 중세 기독교의 신비주의적 세계관이 과학적 합리주의적 세계관으로 대체되어 모든 것을 인간의 이성적理性的 사고와 판단하에 두고자 하였습니다.

모든 문화예술의 주제는 인간의 이성을 부각시키는 것이었고, 인간의 힘으로 유토피아(이상적 지상낙원)를 이룰 수 있다고 믿었습니다. 그 시대의 세계관은 모든 것이 합리주의적이었고 학문이나 문화에 있어서 우연한 결과란 용납되지 못했습니다. 이러한 세계관을 모더니즘Modernism이라 했는데, 근대주의, 혹은 현대주의로 해석되며 넓은 의미로는 르네상스 시대부터 가깝게는 기계 문명과 도회적 세련된 감각으로 특징짓는 19세기와 20세기 전반의 세계관까지 포함됩니다. 이 시대 사람들은 인간의 이성을 믿었고 합리주의를 부르짖었으며 과학의 발달을 맹신하며 그런 것들로 인한 인류의 미래를 매우 낙관적으로 보았습니다. 그러나 이러한 모더니즘은 세계 1, 2차 대전을 겪으면서 의심받기 시작했습니다. 무서운 파괴와 가혹한 참상과 인간의 악마성이 드러난 전쟁을 겪으면서 과연 인간이 이성적인가 하는 의심을 받기 시작했으며, 인간의 힘으로 과연 유토피아가 가능한가 하는 것이었습니다. 냉전 체제가 무너지면서 잠시 낙관주의가 고개를 들기도 했지만, 다시 보스니아 등 민족주의자들의 호전적인 전쟁 도발과 줄줄이 폭발하는 테러리스트들의 범죄와 날로 가중되는 흉악범죄들은 다시 세계를 불안에 떨게 했습니다.

포스트모더니즘의 특징

사람들은 지금까지 세계를 지탱해 왔다고 믿었던 인간의 이성과 과학적 합리주의를 더 이상 신뢰하지 않으려 했고, 뭔가 다른 것을 찾기 시작했습니다. 그 결과 탈근대주의, 탈현대주의의 사조가 생겨났는데 그것을 포스트모더니즘Post Modernism이라고 합니다. 포스트모더니즘의 특징을 몇 가지로 살펴본다면,

첫째, 모든 것이 불확실해졌다는 것입니다. 인간의 이성을 신뢰할 수 없고, 과거에 맹신했던 기준이나 가치관이 애매해졌다는 것입니다. 그러므로 앞으로의 세계는 불확실한 논리 위에서 모든 것이 결정될 것이며 따라서 혼란은 점점 심해질 것이라는 것입니다.

둘째, 좀 전의 과학적 합리주의와 낙관주의가 사라지면서 사람들은 '과학의 발달이 무엇을 가져다주었는가?'라고 회의하기 시작했습니다. 과학의 발달은 결국 대규모 전쟁으로 인한 대량학살, 핵무기 개발로 인한 지구 파괴에 대한 불안, 환경오염, 생태계 파괴, 자연고갈, 유전자 조작으로 인한 돌연변이의 출현 등 불안감만 가져다주었다는 것입니다. 이러한 문제 제기는 모든 사람들이(크리스천들도) 공감하는 사항입니다.

셋째, 모더니즘 시대의 절대성이나 통일성의 기준이 사라지고 다원주의와 우연성들, 새로운 논리들이 대두되기 시작했습니다. 기독교에만 구원이 있다는 종래의 복음주의 신학에 도전하여 세상에 존재하는 모든 종교에는 구원이 있다는 종교다원주의가 등장했고, 천주교 등 진보적 기독교파에서는 이를 인정하는 사태까지 확산되어가고 있습니다. 그 결과 천주교와 불교가 서로 교류하게 되었고, 그 외에도 상황윤리라는 것을 만들어서 회개하지 않고 죄책감에서 벗어나게 하여 기독교신앙에 커다란 위협적 존재로 다가오게 되었습니다.

이상과 같은 특징이 있는 포스트모더니즘은 이미 전 세계 인류에 중대한 영향을 끼치기 시작했는데, 특히 정보통신과 대중매체의 발달로 인하여 안방에 가만히 앉아있어도 포스트모더니즘의 영향을 받은 TV프로그램이나 광고들을 접하기 때문입니다. 사람들은 대개 포스트모더니즘이 무엇인지를 전혀 인식하지도 못한 채, 자연스럽게 포스트모더니즘을 접하고 있습니다. 포스트모더니즘은 다양한 분야에서 가시화되고 있는데 영화, 연극, 소설, 시, 음악, 미술, 건축, 의상, 헤어스타일, 광고 등 적용되지 않은 분야가 없이 우리 생활 깊숙이 들어와 있습니다. 이런 것들을 통하여 나타나는 포스트모더니즘의 문화적 특징은 기존의 기준, 기존의 상식, 기존의 윤리, 기존의 형식을 거부하고 전복시키고 탈피합니다. 선과 악의 구분도 애매모호하고, 어떨 땐

악의 편을 들기도 하며, 절대 진리도 없고, 인과응보적 논리도 없으며, 앞뒤가 서로 안 맞고, 혼란스럽고, 잡다하며, 비상식적, 비논리적, 비교훈적입니다. 느낌이나 기분, 인상을 더 중시하여 충격적인 표현을 함으로 무슨 대단한 것이 있는 양, 위대한 예술이기라도 한 양, 수선스럽고 요란하지만 별 내용이 없는 것들이 대부분입니다.

뉴에이지 Newage

뉴에이지와 포스트모더니즘은 중복되는 점도 있지만 다릅니다. 포스트모더니즘은 하나의 시대적 사상 조류이지만 뉴에이지는 영적靈的 운동입니다. 뉴에이지는 하나의 종교입니다. 여러 종교들의 혼합체입니다. 그럼에도 뉴에이지가 종교라는 인식이 쉽게 들지 않는 것은 그것이 종교 형태가 아닌 문화 형태를 띠고 사람들에게 접근하기 때문입니다. 그것은 누구나 쉽게 접근할 수 있는 대중문화와, 명상, 기氣 같은 정신수련 및 새로운 심신 건강법의 형태와, UFO나 신과학新科學, 전생, 환생 같은 호기심을 자극하는 것들을 가지고 접근하기 때문에 사람들이 경계하지 않고 호감을 갖는다는 것이며 영화, 음악, 출판물, 인터넷 등을 통하여 쉽고도 빠르게, 그리고 강력한 흡인력을 가지고 확산되고 있습니다. 기독교는 종교적인 전도로 접근하기 때문에 거부

반응이 생기지만, 뉴에이지는 이러한 장점(?)으로 인하여 제 발로 걸어가는 사람들이 허다합니다. 뉴에이지도 포스트모더니즘처럼, '저것이 뉴에이지다'라고 의식하지 못한 채 일상생활 속에서 다양한 매체를 통하여 접촉하게 되고 자연스럽게 받아들입니다. 뉴에이지와 깊이 관계된 사람 중에는 자신이 무엇을 하고 있는지도 모르고 뉴에이지와 관계를 맺고 있는 사람도 있지만, 출판물과 영화, 음악, 신과학, UFO 신봉 등 분명한 목적의식을 가지고 운동을 펼치는 사람도 있습니다. 전자는 호기심이나 상업적 이용수단으로 삼는 사람이지만 후자는 노골적인 반기독교적 사탄 운동을 펼치는 사람입니다.

뉴에이지 세계관의 특징

뉴에이지를 논論하는 일은 너무나 방대한 일이지만, 여기서는 핵심적인 부분만 언급하고자 합니다. 뉴에이지는 한 마디로 정의하기 곤란할 정도로 동서양의 여러 종교와 사상과 밀의密議 의식이 뒤섞인 '비빔밥'으로 이루어진 세계관을 가지고 있습니다. 뉴에이지의 중요 세계관은 다음과 같습니다.

첫째, '모든 것은 하나다'라는 단일론을 주장합니다. 즉 인간과 인간, 인간과 생물은 물론이고 인간과 무생물도 하나의 동등한 관계로 보며 상호 간 의사소통이 가능하다고 믿습니다. 이러한 주장은 하나님의 창조의 질서와, 인간만이 하나님의 형상을 따라 지음 받았고, 모든 피조물을 다스리고 관리하라는 청지기로서의 신분과 정면으로 위배되는 반성경적 세계관입니다.

둘째, '우리 모두 신이다' 뉴에이저들은 이렇게 말합니다. '당신 자신에게 무릎을 꿇어라. 당신 자신의 존재를 높이고 예배하라. 신은 당신 안에 당신으로써 거하고 있다' 오늘날 많은 사람들이 스스로 신이 되려고 합니다. 초능력자가 되려 하고, 다른 사람을 지배하고 다스리고 싶어 하며 추앙을 받고 싶어 합니다. 초능력자가 될 수 있다는 것은 대단히 매력적인 일입니다. 뉴에이저들은 기氣나 단丹, 선仙 등을 통해서 자기 안에 있는 초능력을 개발하는 훈련을 쌓아 공중부양, 영혼의 유체이탈, 투시, 장풍 같은 것을 시도합니다.

셋째, '모든 것은 선하다'고 주장합니다. 일견 굉장한 도덕적 완성주의를 추구하는 것 같지만, 선악을 인정치 않으려는 의도입니다. 탈脫도덕을 표방하는 것입니다. 그들은 모든 것이 선한 세상 속에서 신으로 살아가기 위해서 의식을 개혁해야 한다고 주장합니다. 회개 없이 구원이 가능하고 심판은 더더구나 없다는 것입니다. 모든 인간은 전적으로 타락하고 부패했으며 의인은 하나도 없고, 사람은 죽은 후 반드시 심판이 있다는 것과, 구원을 얻기 위해서 죄를 회개하고 예수 그리스도를 믿어야 한다는 성경의 세계관을 정면으로 부인하는 것입니다.

넷째, 의식개혁, 초월, 합일사상을 주장합니다. 즉 인간이 기존의 지식과 낡은 사상과 경험과 가치관을 벗어나지 못하기 때문에 자신의 신성을 깨닫지 못하는데, 그런 것들을 초월해서 우주와의 합일을 경험하게 됨으로써 구원에 이를 수 있다는 것입니다. 여기에서 초월명상, 명상, 강신술 등 실행방법이 등장합니다. 그리하여 스스로의 힘으로 기존의 의식세계를 초월해 신의 경지에 이른다는 것입니다.

다섯째, 윤회, 환생을 주장합니다. 뉴에이지는 불교의 윤회, 힌두교의 환생을 수용하는데 인간은 수천 번 수만 번의 환생을 거듭하여 삶을 계속할 수 있다고 주장합니다. 그뿐만 아니라 환생을 거듭할수록 더 나은 삶을 사는 인생으로 태어난다고 합니다. 인간의 삶은 단회적이며 죽은 후 심판을 거쳐 천국 아니면 지옥에서 영원히 살게 된다는 성경의 말씀과 정면으로 배치되는 세계관입니다.

여섯째, 세속적 인본주의보다 더 적극적인 인본주의를 표방합니다. 세속적 인본주의란 인간 존재의 가치를 그 어떤 것보다 우위에 두는 개념입니다. 따라서 세속적 인본주의는 휴머니즘을 가장 숭고하다고 여깁니다. 따라서 세속적 인본주의는 창조주 하나님이나 예수 그리스도는 부인하고 인간 자신의 성공과 번영과 평화와 행복에 궁극적 목표와 가치를 둡니다. 물론 성경은 인간의 가치와 인간의 번영과 평화와 행복을 과소평가하지 않습니다. 예수님께서 사람을 존중하셨고, 섬기셨고, 인간의 행복과 평화를 위해서 관심을 쏟으셨으므로 기독교 복음이 전파되는 곳마다 평등과 박애 정신이 꽃피었습니다. 그러나 기독교 복음은 인간보다 언제나 하나님을 우위에 둡니다. 즉 인간이 하나님을 섬기며 말씀에 순종하며 하나님의 법에 의하여 통제를 받을 때 인간의 진정한 가치를 발하고 행복과 평화를 누릴 수 있다는 것입니다. 성경의 세계관은 신본주의입니다. 그러나 뉴에이저들은 하나님을 철저하게 배제시키고 인간의 자유와 행복만을 맹목적으로 주장하고 있습니다.

일곱째, 뉴에이저들의 세계관 중 하나는 이 세상에 있는 모든 것이 신이며 명상을 통하여 신과 합일을 경험하며 구원에 이른다고 주장합니다. 그것은 범신론적 세계관에서 비롯된 것인데, 그들의 범신론적 메시지는 특히 영화나 대중음악을 통해 잘 나타납니다. 비틀즈Beatles는 세속에서는 지금도 인기가 식지 않는 전설적인 그룹이지만, 음악을 통하여 뉴에이지 메시지를 전한 대표적인 뉴에이저입니다. 비틀즈의 멤버였던 조지 해리슨 George Harrison의 '나의 사랑하는 주님(My Sweet Lord)'이라는 노래는 한때 꽤 인기가 있었던 달콤한(?) 가스펠 풍의 노래였는데, 예수님을 찬양한 노래가 아니고 크리쉬나(인도의 명상가)를 주님이라고 부르며 찬양한 노래입니다.

포스트모더니즘이나 뉴에이지 세계관은 젊은이들 사이에 폭발적인 인기가 있는 대중문화, 특히 영화와 음악, 출판물 등을 통해서 대중화가 되다시피 했습니다. 또한 인터넷을 통해서 더 깊은 포스트모더니즘과 뉴에이지 세계에 빠져드는 사람들이 늘어가고 있습니다. TV만 켜도 매일같이 방송되는 드라마, 노래, 광고 등을 통해서 접하게 됩니다. 특히 젊은이들 사이에 폭발적인 인기를 끌고 있는 대중음악 그룹이나 소위 명상음악을 하는 사람들은 거의 뉴에이지 성향을 띠고 있거나 포스트모더니즘을 표방하는데, 인기를 끌기 위하여 멋도 모르고 표방하는 가수들도 있고, 신해철의 경우처럼 뉴에이지 전도사 같은 가수와, 김도향 같은 명상음악가로 전향한 가수도 있고, 황병기 같은 국악인(가야금), 홍신자 같은 무용인도 있습니다. 또한 시청률을 의식한 주말 드라마나 TV 프로그램 가운데도 약방의 감초처럼 등장하는데, 극중 연기자들의 대화나, 배경음악에 끼워 넣기도 하고 분명한 목적의식을 가지고 시청자들에게 메시지를 전달하는 경우도 있습니다. 뉴에이지나 포스트모더니즘의 세계관을 확실히 이해하고 있는 사람은 신문, 잡지, 소설 등의 인쇄물을 보든지 TV를 보든지 영화를 보거나 음악을 들으면 분별할 수 있지만, 그 개념을 모르는 사람들은 전혀 알 수 없기 때문에 자신도 모르는 사이에 정신적, 영적으로 영향을 받게 됩니다.

신과학 (New Age Science)

과학의 힘은 무한한 것처럼 여겨왔고, 실제로 그동안 과학은 놀랍게 눈부신 발전을 거듭해 오면서 인류 문명의 바벨탑을 쌓아 왔습니다. 그러나 포스트모더니즘에서 언급했듯이 사람들은 과학에 대한 회의를 갖기 시작했으며 특히 과학자들 스스로 과학으로는 도저히 해결할 수 없는 영역이 있다는 한계를 인정하기 시작했습니다. 즉 이 세계에는 과학으로 검증되지 않는 불가사의한 영역이 있다는 것을 인정하게 되었고, 그 영역의 힘들을 실험과 연구를 통해 밝혀내려는 움직임이 일어나기 시작했는데 그것이 신과학 운동입니다. 과학은 이성적이고 합리적인 영역이지만 불가사의한 일이나 영적인 일은 비이성적이고 비합리적인 초자연적인 영역입니다. 그러므로 그 앞에서 과학은 벽에 부딪치고 맙니다. 그런데 신과학 운동은 이 문제를 실험, 연구해 보겠다는 것입니다.

1994년 10월 창립, 1996년 4월 10일 과기처 산하 사단법인으로 정식 등록한 한국 정신과학 협회는 서울, 충청, 전남을 비롯 7개의 지회가 있으며 회원 수가 770명에 이르는데, 전체 회원 중 50% 이상이 석·박사 학위 소지자로 구성되어 있으며 1년에 두 차례 이상 학술대회를 여는 등 활발한 연구와 활동을 하고 있습니다. 그러나 그들의 학술대회의 내용은 전통사상, 생체 기과학, 시공간 기과학, 잠재능력, 전생요법, 기氣, 단전호흡, 공중부양,

기체조, 요가, 명상, 풍수지리, 수맥, 미래예지 등이며 실제로 시범을 보이고 그에 관한 제품들을 전시하는 것이 고작이었다는데 아연할 수밖에 없습니다. 학술대회 장소도 연세대 등 소위 명문 대학들이며, 각 대학마다 정신과학 동아리를 만들어 한국 정신과학회와 밀접한 교류를 통하여 활발하게 활동하고 있습니다.

한국 신과학 운동은 한국 정신과학회를 비롯해서 컴퓨터 통신 정보과학 동호회 회원 5천명이 활동하고 있으며, 미내사 클럽(미래를 내다보는 사람들)이 가세하고 있고, 신과학 운동에 관한 서적을 적극적으로 출판하는 범양사와 정신세계사를 중심으로 펼쳐지고 있습니다. 이들 두 출판사에서 출판한 책들은 신과학 운동의 창시자로 알려진 미국의 프리초프 카프라가 쓴 '현대 물리학과 동양사상(범양사)'과 한국 신과학 운동의 주자 방건웅 교수가 쓴 '신과학이 세상을 바꾼다(정신세계사)'를 비롯해서 수많은 책들이 있는데, 그 책들의 주요 내용은 동양의 신비사상을 담은 명상, 요가, 점성술, 전생, 윤회 등 뉴에이지의 세계관을 담은 것들입니다.

신과학 운동의 기초를 놓은 미국의 프리초프 카프라는 힌두교와 불교에 심취하다가 뉴에이저가 된 사람인데, 한마디로 신과학 운동은 과학으로 풀 수 없는 영적인 문제들을 뉴에이지의 세계관으로 해결하려는 운동입니다. 그것은 새로운 과학이 아니라 반기독교적 신비주의 운동의 과학적 검증(?)에 불과합니다. 하나님을 대항하는 또 하나의 어리석은 바벨탑일 뿐입니다. 신과학 운동은 오히려 과학의 변질과 후퇴만 가져오는 헛된 망상입니다. 과학은 오직 하나님 안에서만 참다운 기능을 발휘할 수 있습니다.

기독교적 세계관

기독교적 세계관이란 성경을 중심으로 사물에 대한 인식과 관점을 갖는 것을 말합니다. 성경은 세상에 있는 모든 것에 대한 분별과 판단과 해결할 수 있는 지혜로 가능한 하나님 말씀입니다. 이 세상에 존재하고 있는 것 중에 성경에서 다루어지지 않는 것은 아무것도 없습니다. 만약 성경에서 해결하려고 한다면 신과학이라는 기형적인 과학운동은 일어나지 않았을 것입니다.

성경을 알고 성경을 믿으면 이 세계에 존재하고 있는 모든 것에 대한 바른 분별력을 가질 수 있고, 가장 바른 판단을 하며 세상을 살아갈 수 있습니다. 모더니즘, 포스트모더니즘, 뉴에이지, 신과학 운동이 옳은지 그른지에 대한 평가는 성경에 이미 나와 있습니다. 성경의 세계관은 철저한 신본주의 세계관입니다. 성경적 세계관을 가진 사람은 이 세상이 하나님에 의해 창조된 것임을 알고 절대로 진화론 따위를 믿지 않습니다. 또한 이 세상 만물과 인류는 스스로 진화·발전하며 유지되는 것이 아니라, 하나님의 통치와 보호 유지하심을 믿습니다. 성경을 알고 있는 사람은 인간은 절대로 환생할 수 없는 존재임을 알게 되고, 내세의 존재에 대한 (부활, 천국과 지옥) 믿음을 가지고 있습니다.

성경적 세계관을 가진 사람은 모든 종교에 구원이 있다는 종교다원주의를 인정할 수 없습니다. 오직 예수 그리스도만이 구원에 이르는 길이요 진리요 생명임을 믿기 때문입니다. 만약 이러한 믿음이 없다면, 다른 종교에도 구원이 있을지 모른다고 믿는다면, 혹시 이 세계는 스스로 진화하고 있다는 생각이 든다면, 환생이나 윤회가 그럴 듯하게 여겨진다면, 명상·선·단·기·요가·피라미드의 신비한 힘, 그런 것에 대한 호기심이 생기고, 한번 접해보고 싶은 생각이 있다면 그 사람은 이미 뉴에이지 세계관에 영향을 받은 사람입니다. 포스트모더니즘이나 뉴에이지 메시지를 담고 있는 노래나 영화, 책 등에 흥미가 있다면, 그런 것에 전혀 거부반응이 생기지 않는다면 그 사람은 이미 영향을 받고 있는 사람입니다.

하나님 중심으로 사는 신본주의, 곧 하나님 말씀을 세상의 그 어떤 것보다도 진리로 믿고, 삶의 기준과 잣대로 삼고 순종하는 것보다는 내 멋대로 사는 것이 더 좋고, 그런 것에 전혀 죄의식이 느껴지지 않을 뿐 아니라, 인간 중심(인본주의)으로 사는 것이 더 좋게 여겨지고, 하나님 나라보다는 세상에서의 물질 중심의 삶에 소망을 두고 산다면, 내세보다는 현세가 더 중요하다고 여겨진다면, 그 사람은 성경적 세계관을 가지고 사는 사람이 아닙니다.

오늘날 교회는 다니면서도 확실한 성경적 세계관을 가지고 사는 사람이 많지 않습니다. 하나님 중심, 예수 그리스도 중심보다는 자기중심, 인간중심, 상황중심으로 행동하는 신자들도 많고, 성경적인 구원관, 내세관, 직업관, 사회관, 경제관, 윤리관을 분명하게 갖고 있지 못한 신자들도 많습니다. 그런 신자들에게 포스트모더니즘, 뉴에이지, 신과학 등은 위협적인 존재일 수밖에 없습니다. 성경은 마지막 때가 가까워 올수록 여러 가지 적그리스도적인 사상과 영적 운동이 신자들을 위협하게 될 것을 경고하고 있습니다(그 배후세력이 사탄이라는 것과 함께). 시대를 분별할 줄 아는 그리스도인이 되어야 합니다.

> "예수께서 대답하여 가라사대 너희가 저녁에 하늘이 붉으면 날이 좋겠다 하고 아침에 하늘이 붉고 흐리면 오늘은 날이 궂겠다 하나니 너희가 천기는 분별할 줄 알면서 시대의 표적은 분별할 수 없느냐."(마 16:2,3)

성경의 평화관 平和觀

예수님께서는 십자가에 못 박혀 죽으셨다가 부활하신 후 제자들에게 나타나셔서 "너희에게 평강(평화)이 있을지어다"(눅 24:36)라고 축복하셨습니다. 이 짤막한 말씀 속에는 예수님께서 십자가에 못 박혀 죽으셨다가 사흘 만에 부활하신 목적이 이 세상의 평화를 위한 것이었음을 담고 있습니다. 이는 예수님께서 태어나실 때에 하늘이 열리면서 천군천사가 "지극히 높은 곳에서는 하나님께 영광이요 땅에서는 기뻐하심을 입은 사람들 중에 평화로다"(눅 2:14)라고 찬양한 내용에서도 드러납니다. 즉 예수님께서는 세상에 평화를 선물해 주시기 위해서 오셨습니다.

사람은 오직 예수 그리스도를 통해서만 죽음, 슬픔, 고통, 근심,

전쟁 등 사람을 불행하게 하는 온갖 사슬에서 해방되어 참 평화를 누릴 수 있습니다. 예수님께서 이룩하신 평화는 이사야가 "여호와여 주께서 우리를 위하여 평강(평화)을 베푸시오리니"(사 26:12)라고 말한 것처럼 하나님께서 주시겠다고 약속하신 것입니다.

인류가 평화를 잃어버린 이유와 그 결과

인류가 평화를 잃어버린 이유는 아담과 하와가 하나님을 배반하였기 때문입니다. 아담 부부가 범죄한 후 세상은 죄가 지배하게 되었고, 그로 인하여 거짓, 미움, 시기, 싸움, 살인, 전쟁, 질병, 고통, 슬픔, 죽음, 이별과 같은 죄의 열매들에게 시달리지 않으면 안되었습니다(창 3:8—19). 그런 것들은 당연히 평화와는 거리가 멉니다. 그리고 죄의 대가는 사망입니다(롬 5:12). 사망은 육체적인 죽음만을 의미하는 것이 아니라 하나님으로부터 저주 받고 분리된(단절된) 상태를 말합니다. 사망은 심판과 함께 영원한 지옥형벌에 처하게 되는 무서운 결과를 가져옵니다(히 9:27; 계 21:8).

그러나 하나님께서는 아담과 하와가 잃어버린 평화를 사람들에게 다시 주시겠다고 약속하셨으며, 그 평화는 예수 그리스도(메시아) 안에서 주실 것이라고 말씀하셨고(구약), 마침내 약속하신 예수 그리스도를 보내시고, 예수님께서는 우리에게서 평화를 빼앗아 간 죄의 저주로부터 해방시키기 위하여 십자가에 못 박혀 죽으심으로 친히 죄의 대가를 지불하셨습니다. 그리고 사흘 만에 부활하신 것은 모든 것을 온전히 이루시고 승리하신 것을 의미합니다. 그러므로 평화는 예수 그리스도 안에서만 가능합니다. '예수 그리스도 안에서'란 의미는 그분을 믿고 의지하여 그분과 연합된 상태를 말합니다. 즉 그분을 통해서만 잃어버린 평화를 회복할 수 있다는 것입니다.

샬롬 Shalom

히브리어로 평화를 샬롬이라고 합니다. 샬롬은 완전함, 온전함이란 속뜻을 가지고 있고, 흠이 없다, 건강하다 등의 의미도 포함되어 있습니다. 또한 모자라지 않고 꾸밈이 없는 상태나 모양을 의미하기도 합니다. 따라서 샬롬은 인간이 인간답게 살기에 필요한 모든 조건이 완전하게, 그리고 온전히 갖추어진 삶의 형태를 말합니다. 이를테면 영적, 정신적, 육체적, 물질적으로 골고루 온전히 갖추어진 삶을 의미합니다. 그러므로 누가 다른 사람에게 샬롬을 기원한다면, 즉 평화를 기원한다면 영적, 정신적, 육체적, 물질적으로 온전히 갖추어진 삶이 되기를 기원하는 것을 의미합니다. 사람이 사람답게 살기 위해서는 이러한 요소들이 충족되어야 한다는 것입니다. 하나님은 원래 인간이 이런 상태로 살도록 지으셨고 그 조건을 충족시켜 주셨습니다. 그러나 아담과 하와가 사탄의 유혹으로 범죄하므로 스스로 샬롬을 잃어버린 것이지요.

샬롬의 특색

헬라사람은 '에이레네εἰρήνη'를 평화라는 뜻으로 사용하고, 로마 사람은 '팍스pax'로 평화라는 뜻을 나타내고, 중국 사람은 '安' 자로 평화를 표현했습니다. 그런데 이들 평화를 나타내는 말들은 히브리어의 샬롬과는 차이가 있습니다. 에이레네와 팍스는 일반적으로 평화를 뜻하지만 근본적인 의미는 무전쟁無戰爭, 종전終戰을 뜻합니다. 즉 적대감을 가지고 싸움을 하던 양쪽이 적대감을 해소하고 화해하여 더 이상 적대감이 존재하지 않는 상태를 에이레네와 팍스라고 합니다.

중국 사람이 쓰는 평화를 의미하는 '安' 자는 집에 여자만 있으면 그 상태가 평안한 상태, 즉 인간이 누려야 할 평안을 충족히 누린다고 보았습니다. 그러나 여자가 있다고 무조건 인간이 평안해지는 것은 아닙니다. 여자로 인해서 오히려 평안을 잃을 수도 있습니다. 우리나라 사람들의 평화는 '평온하고 화목한 상태, 전쟁이 없이 세상이 잘 다스려짐'이라고 국어사전에 나와 있습니다. 헬라나 로마사람의 평화관과 같습니다.

이런 평화관은 성경의 평화(Shalom)와 많은 차이가 있습니다. 이런 평화관은 샬롬이 의미하고 있는 인간이 누려야 할 충족성에 미치지 못하는, 온전하고 완벽하지 못한 부분적인 평화밖에 되지 않습니다. 헬라나 로마나 중국이나 한국 사람들의 평화관은 하나님을 모르는 평화관이기 때문에 무언가 부족하고 온전치 못한 평화관이 되고 말았습니다.

평화관의 근원되시는 하나님

평화(Shalom)는 어떤 경우든 하나님이 주셔야 한다고 성경은 말하고 있습니다. 그러므로 하나님을 샬롬의 하나님이라고 부르며(삿 6:24; 사 45:7), 하나님께서 이스라엘 백성과 다윗집 그리고 제사장 및 경건한 이스라엘을 샬롬으로 복주십니다. 따라서 지상에 평화(Shalom)가 이뤄지기 위해서, 또한 개인이 샬롬을 소유하기 위해서는 평화의 근원되시는 하나님이 사람과 함께 하셔야 한다고 성경은 말하고 있는데, 사람이 하나님과 함께하기 위해서는 예수님이 반드시 필요합니다. 즉 예수님을 믿어 그분을 힘입지 않고서는 누구든지 하나님과 평화(Shalom)의 관계가 성립할 수 없기 때문입니다. 예수님은 하나님과 인간 사이를 화목하게 해주시는 유일한 분입니다(요 4:6; 딤전 2:5; 엡 2:16,17; 요일 1:3; 2:2).

성경은 사람이 하나님과의 관계가 올바로 성립되어야만, 즉 하나님과의 관계가 회복되어 아담으로부터 비롯된 죄의 저주로부터 벗어나야만 평화를 누릴 수 있다고 말합니다. 또한 성경은 사람이 하나님을 믿고 하나님과 올바른 관계를 유지하는 사람을 의인이라고 합니다. 성경에서의 의인은 윤리적인 의인만을 뜻하는 것이 아니라 하나님과 올바른 관계에 있는 것을 뜻합니다.

성경은 믿음으로 말미암아 하나님께 의롭다고 인정받는다고 합니다(창 14:6; 합 2:4; 롬 1:17). 즉 예수 그리스도를 믿고 하나님을 믿는 믿음의 관계를 통하여 비로소 하나님께 의롭다 인정받게 되고 하나님과 정상적인 관계를 유지할 수 있으며 평화(Shalom)를 누릴 수 있습니다. 하나님과의 정상적인 관계는 믿고 순종함으로 유지됩니다. 믿음과 순종(말씀 순종, 말씀대로 행함)은 별개의 문제가 아니며 믿음의 결과는 반드시 순종으로 나타나도록 되어 있습니다. 그러므로 순종이 없는 믿음은 죽은 것이라고 성경은 말합니다(약 2:26).

따라서 사람이 평화(Shalom)를 소유하기 위해서는 먼저 믿음과 순종(행함)이 있어야 합니다. 다시 말해서 사람이 평화를 소유하고 누리기 위해서는 평화의 근원되시는 하나님을 모시고 있어야 하는데 하나님은 예수 그리스도 없이는 가까이 할 수 없는 분이고, 예수님을 통해서만 하나님을 모실 수 있습니다. 그러므로 예수님을 모신 것이 곧 하나님을 모신 것이고, 하나님을 모셔야 평화 즉 영적, 정신적, 육신적, 물질적 안녕을 온전하고 완전하게 소유하고 누리게 되는데 하나님을 믿음으로 순종할 때 가능해진다는 것입니다.

하나님의 계명과 평화의 관계

하나님께서 사람에게 순종하라고 요구하시는 것이 크게 두 가지인데 첫째는 하나님을 마음을 다하고 목숨을 다하고 뜻을 다하여 사랑하라는 것이고, 둘째는 이웃을 네 몸같이 사랑하라는 것입니다(마 22:37—40). 십계명 중에서 1~4계명은 하나님을 사랑하라는 계명이고, 5~10계명은 이웃을 네 몸처럼 사랑하라는 계명입니다. 이 계명들을 지키려는 의지와 노력이 있을 때 하나님을 믿는 사람 혹은 예수 믿는 사람이라고 할 수 있습니다.

사람들이 이 계명들을 지킬 때 하나님과의 관계뿐 아니라 사람과의 관계가 바르게 되고 개인과 사회와 국가와 인류가 평화로워집니다. 평화를 누리지 못하는 것은 이 계명들을 지키지 못하기 때문입니다. 즉 하나님께 순종하지 않기 때문입니다.

평화의 왕, Shalom의 왕이신 예수님께서 세상에 오셔서 십자가에 달려 죽으시고 부활하신 것은 평화를 누리지 못하는 죄인들이 평화를 누리게 하기 위함이었습니다. 즉 하나님과의 사랑의 관계, 이웃과의 사랑의 관계를 올바르게 해주시기 위함이었습니다. 그럼에도 지금까지 이 세상에 진정한 평화, 진정한

Shalom과 거리가 먼 죄악과 불행과 처참함이 끊임없는 것은 신자들이 믿음으로 순종함이 부족하기 때문이며, 믿지 않는 사람들은 전적으로 거부하기 때문입니다. 만약 사람들이 하나님의 계명을 올바르게 순종한다면 세상엔 평화가 충만할 것입니다.

정신적이며 영적인 평화

성경에서 Shalom으로 표현되는 평화는 사람이 살아가는데 필요한 정신적, 신체적, 물질적, 사회적인 요건이 모두 충족된 평화입니다. 그런데 이러한 평화는 예수 그리스도 안에서 하나님을 신앙하며 그분의 계명을 충실히 지키므로 온전하게 누릴 수 있습니다.

그러나 실제로 믿지 않는 사람은 말할 것도 없지만 믿는 사람들조차 하나님의 계명을 충실히 지키지 못하는 형편입니다. 그러므로 성경에서 Shalom으로 표시되는 평화는 하나의 이상적인 평화일 뿐 실제로 온전히 누릴 수 있는 평화가 될 수 없습니다. 더구나 요즘 같은 환경오염으로 인한 생태계 파괴와 기후 변화, 세계적인 경제난, 전쟁, 테러, 성적 부패 등이 만연해 가는 시대에 성경에서 말하는 평화는 점점 더 멀어지고 있는 형편입니다.

신약성경의 평화는 대개 영적인 평화로 승화된 평화에 대하여 말하고 있습니다. 예수님께서 말씀하신 평화는 정신적이며 영적인 평화였고, 사도들 또한 정신적이며 영적인 평화에 대하여 강조했습니다. 구약의 물질적인 복이 신약에서 영적인 복으로 승화되었듯이(마 5:1—12), 평화 또한 정신적이며 영적인 평화로 승화되어 가고 있습니다. 그렇다고 해서 물질적이고 육신적인 평화를 완전히 배제하는 것은 아니지만 정신적 영적인 평화가 훨씬 더 강조된 평화가 신약의 평화입니다.

사람은 마음도 편하고 육적인 모든 것이 편할 때 온전한 평화를 누릴 수 있으나, 마음에 평화가 없으면 물질적인 것이 넉넉하더라도 진정한 평화를 누릴 수 없습니다. 그러나 물질적인 것이 부족하더라도 마음에 평화가 있으면 얼마든지 평화를 누릴 수 있습니다. 구약성경에도 고기를 먹으며 싸우기보다 마른 떡 한 조각만 있어도 화목하는 편이 좋다(잠 17:1)고 말씀하고 있습니다.

사도 바울은 옥중에서도 평화를 누렸으므로 기뻐했으며 염려와 걱정과 불안과 두려움에서 벗어난 마음이 되었습니다(빌 1:18; 2:17; 4:10—12). 사도 바울은 모든 신자를 향하여 자신과 같은 평화를 누릴 것을 권면했습니다. 특별히 믿음으로 예수 그리스도 안에서 하나님께 기도하고 맡길 때 어려움 속에서도 평강(평화)을 누리게 될 것이라고 말했습니다. 물론 영적이며 정신적인 평화를 말합니다(빌 4:6—9). 나아가서 영적이며 정신적인 평화를 소유한 사람이 진정한 신앙인이며 그 사람의 육신적이며 물질적인 모든 것을 더해 주신다는 것이 예수님의 가르침입니다(마 6:25—34).

하나님을 아는 사람이 누리는 평화

그러므로 신자들이 소유하고 누리는 평화는 세상적이며 육신적인 평화에 비중을 두어서는 안 되고 영적이며 정신적인 평화에 비중을 두어야 합니다. 세상적이며 육신적인 평화는 모든 사람들이 하나님의 계명에 온전히 순종하지 않는 이상 어차피 불가능하게 되어있습니다. 신자들이 세상적이며 육신적인 평화에 비중을 두면 갈등만 생깁니다. 예수님과 사도들이 강조한 평화는 영적이며 정신적인 것입니다. 즉 신자들은 슬픈 현실 속에서도 기쁨과 평화를, 아픈 현실 속에서도 기쁨과 평화를 누리며 사는 사람들입니다. 평화에 역행하는 요소들을 신앙으로 극복하며 누리는 평화가 진정한 평화(Shalom)라는 것입니다.

어떤 불행이 와도 그것에 걸려 넘어지지 않고 신앙으로 참고 견디면 평화를 소유할 수 있는 것입니다. 예수님께서는 먹고 마시고 입는 것 때문에 걱정하고 있는 사람들에게 걱정한다고 해서 수명을 더 연장할 수 없는 일이니 걱정하지 말고 하나님을 믿는 신앙으로서 걱정·근심에서 벗어나라고 하셨습니다. 그러므로 하나님을 아는 사람만이 평화를 누릴 수 있습니다. 하나님을 안다는 것은 하나님과 인격적인 관계로서의 앎을 의미합니다. 곧 예수 그리스도 안에서 하나님과 교제하며, 그분을 믿고 의지하며, 그분과 사랑을 나누며, 그분의 자녀로서 백성으로서의 은혜를 누리며 그분의 뜻에 순종하는 삶을 말합니다.

새 하늘과 새 땅에서의 평화

온전하고 완전한 평화는 이 세상에서가 아닌 새 하늘과 새 땅에서나 누릴 수 있다고 성경은 말합니다(계 21:1—4). 그곳은 눈물이 없고, 사망이 없고, 애통이 없고, 곡함이 없고, 아픈 곳도 없는 Shalom이요 천국입니다. 이 내세에서의 온전하고 완벽한 평화는 사람이 하나님과 예수님을 모심으로써만 소유할 수 있는 것입니다.

성경에서 메시아 예수님에 관한 약속이 자주 Shalom의 선포와 동반되는 것은 그때문이며, 메시아의 모형(예표)에 대하여 언급할 때도 Shalom과 관련되어 나타나는 일은 그때문입니다. 이를테면 예수님의 모형인 멜기세덱은 살렘 왕, Shalom의 왕이라 하였고(창 14:8), 이사야는 메시아를 Shalom의 왕이라고 불렀으며(사 9:5), 그가 오시면 전 우주의 Shalom 시대가 시작된다고 하였습니다(사 2:24).

신자들은 예수 그리스도를 신앙함으로 지상에서의 삶 속에서 평화를 누리기 시작합니다. 그런데 이것은 영적, 정신적, 물질적, 육신적, 사회적으로 온전하고 완벽한 평화가 아니라 부분적인 것이며 그 가운데서도 영적이며 정신적인 면이 대부분입니다. 그러나 신자는 내세에서 완벽하고 온전한 평화를 누리게 된다는 약속을 받은 사람입니다. 신자는 믿음으로 내세에 누릴 완벽하고 온전한 평화를 소유한 사람입니다(히 11:1).

그러나 불신자는 지금은 비록 정신적, 육신적, 물질적 평화를 부분적으로 누릴 수 있지만 내세에서는 그 모든 것을 완전히 박탈당하고 영원한 고통의 형벌을 받게 될 것이며 그로 인해서 슬피 울며 이를 갈음이 있을 것입니다(마 22:13).

인간의 유약성 幼弱性과 신앙

사람이 자신의 유약성에 대한 인식을 하지 못할 때 네로나 히틀러 스탈린 김일성 같은 괴물이 됩니다. 사람은 자신이 유약한 존재라는 주제 파악을 해야 사람다운 건전하고 겸손한 삶을 살 수 있습니다.

고대 사람들이 본 인간

고대 바벨론 사람들과 애굽 사람, 그리고 헬라 사람들은 사람을 타락한 신(demigod, semigod)으로 보았습니다. 천계天界에 있던 신들이 그곳에서 잘못을 범하였기 때문에 땅으로 추방되어 사람이 되었다는 것입니다. 실제로 동·서양의 신화神話 가운데는 천계의 천사, 혹은 신들이 잘못을 범하여 땅으로 추방되어 사람이 된 이야기들이 흔합니다. 우리나라의 전설따라 삼천리만 하더라도 그런 이야기가 단골 메뉴로 등장합니다.

헬라 철학자 플라토*는 『인간구조론』이라는 그의 저서에서 사람은 천계에 있던 영과 어머니의 태로부터 생긴 육의 결합으로 이루어진다고 말했습니다. 이 플라토의 인간구조론이 페르샤를 거쳐 인도로 들어갔습니다. 이것이 불교 사상에 유입되어 영혼 윤회설이 되었습니다.

영혼 윤회설에 따르면 사람이 죽으면 영혼은 그에게서 나와서 다른 아이(태아) 속에 들어가 다시 사람으로 태어나거나 개나 돼지, 소 같은 동물에 들어가서 동물로 태어난다고 합니다. 죽은 사람이 생전에 좋은 일을 많이 했으면 그 사람의 영혼은 사람이 되어 다시 태어나고, 죄를 많이 지었으면 동물이 되어 태어난다는 것입니다. 그래서 그들은 동물에게도 영혼이 있다고 믿어 신성시하며 죽이지 않습니다.

요즘은 뉴에이지New Age 사상에 윤회설과 힌두교의 환생설이 유입되어 사람은 끊임없이 수천 번, 혹은 수만 번 거듭 환생한다고 주장합니다. 윤회설이나 환생설을 믿는 사람들은 전생에 대해서도 믿게 되는데 한국 사람들은 특히 고통스러운 일을 만나면 습관적으로 "전생에 내가 무슨 죄를 지었기에……"라는 넋두

* 플라토 : 고대 헬라 철학자 (플라토과 다른 사람)

리를 많이 하는 것을 봅니다. 이 말은 불교의 윤회설, 힌두교의 환생설, 그리고 그 원조격인 플라토의 인간구조론에 바탕을 둔 말이므로 반성경적인 말입니다. 믿는 사람들은 이런 말을 입에 담으면 안 됩니다.

사람은 흙으로 빚어진 하나님의 피조물

창세기 2:7에는 하나님께서 인간의 영과 육을 창조하셨다고 말씀합니다.

> "여호와 하나님이 흙으로 사람을 지으시고 생기를 그 코에 불어넣으시니 사람이 생령이 된지라"

창세기 1:27에 같은 말이 기록되어 있습니다.

> "하나님이 자기 형상 곧 하나님의 형상대로 사람을 창조하시되 남자와 여자를 창조하시고"

사람이 죽으면 영혼은 하나님 앞으로 가거나 지옥으로 가고(불신자), 육신은 흙으로 돌아갑니다. 그런데 우리의 영혼이 하늘나라에서 왔기 때문에 하늘나라로 다시 가는 것이 아니라 예수님의 십자가 피의 공로로 구원받았기에 하늘나라로 가는 것입니다.

많은 교인들 가운데 사람의 영혼이 하나님 앞에 가는 것을 사람의 영혼이 하늘나라에서 왔기 때문에 다시 돌아가는 것이라고 알고 있습니다. 그것은 비성경적인 개념입니다. 사람의 영혼은 하늘나라에서 온 것이 아니라 하나님께서 창조하신 것입니다.

사람에 관한 언어적 고찰

사람이라는 뜻으로 성경에서 사용하는 말은 히브리 말로 아담, 이쉬, 에노쉬, 이샤이고, 헬라말은 안드로포스입니다. 이 낱말들의 의미를 종합해 보면 성경의 인간관을 알 수 있습니다.

1. **아담**: '사람이란 땅에서 왔다가 땅으로 돌아가는 존재'라는 의미로 쓰는 말입니다.

2. **이쉬**: 남자를 지칭할 때 쓰는 말인데 '남자란 선택하는 능력을 가지고 있는 존재이다'라는 의미로 쓰는 말입니다.

3. **에노쉬**: '사람이란 가련하고 불쌍한 존재이다'라는 점을 나타낼 때 쓰는 말입니다.

4. **이샤**: 여자를 지칭하는 말입니다. 또한 '여자는 남자를 돕

는 배필이며 남자들의 보호를 받아야 하는 존재'임을 의미합니다.

5. 안드로포스: '사람이란 머리를 하늘을 향해 들고 두 발로 걸어 다니는 존재'임을 나타낼 때 쓰는 말입니다.

이상의 말뜻을 종합·요약해 보면 성경에서 말하는 사람은 하나님에 의해서 흙으로 지어진 피조물이며, 하나님의 자비하심과 긍휼하심을 받아야 살 수 있는 존재이며, 수한이 차면 죽어 흙으로 돌아가는 존재임을 보여 주고 있습니다.

사람의 유한성 有限性

사람은 불사조가 아닙니다. 한 번 태어난 인간은 언젠가는 반드시 죽습니다. 창세기에는 사람은 죽어야 한다는 사실을 이렇게 말하고 있습니다.

> "땅이 네게 가시덤불과 엉겅퀴를 낼 것이라 너의 먹을 것은 밭의 소산이라 네가 얼굴에 땀을 흘려야 식물을 먹고 필경은 흙으로 돌아가리니 그 속에서 네가 취함을 입었음으라 너는 흙이니 흙으로 돌아갈 것이니라." (창 3:18,19)

동·서양 역사를 보면 죽지 않으려고 발버둥친 사람들이 참 많이 있었습니다. 그러나 죽지 않으려고 불로초를 구해 먹었다던 진시황제도 죽었고, 영원히 권세를 누릴 것 같던 바벨론의 느부갓네살 왕도 죽었으며 애굽의 람세스도 죽었습니다. 고대 애굽 왕들은 영원히 살려는 욕망으로 죽은 후 미이라가 되기를 원했습니다.

근·현대 역사를 좌우했던 천재와 영웅들도 다 죽었습니다. 사람은 죽는다는 것은 철칙입니다.

"한 번 죽는 것은 사람에게 정하신 것이요 그 후에는 심판이 있으리니."(히 9:27)

그러나 이상한 일은 사람마다 자기 자신은 죽지 않을 것이라고 생각하고 있다는 것입니다. 날마다 사방에서 온갖 사고로 죽는 사람이 TV에 비춰지는 것을 보면서도 자신은 죽지 않을 것처럼 착각하는 존재가 사람입니다. 지혜로운 사람은 자신이 유한한 존재이며 유약한 존재임을 자각하는 사람입니다. 성경은 사람은 하루살이라고 말하고 있습니다.

"인생은 그 날이 풀과 같으며 그 영화가 들의 꽃과 같도다 그것은 바람이 지나면 없어지나니 그곳이 다시 알지 못하느니라."(시 103:15,16)

"여인에게서 난 사람은 사는 날이 적고 괴로움이 가득하며 그 발생함이 꽃과 같아서 쇠하여지고 그림자같이 신속하여서 머물지 아니하느니라."(욥 14:1,2)

"우리의 모든 날이 주의 분노 중에 지나가며 우리의 평생이 일식간에 다하였나이다 우리의 년수가 칠십이요 강건하면 팔십이라도 그 년수의 자랑은 수고와 슬픔 뿐이요 신속히 가니 우리가 날아가나이다."(시 90:9,10)

"너희 생명이 무엇이뇨 너희는 잠깐 보이다가 없어지는 안개니라."(약 4:14)

이처럼 성경은 사람의 수명을 풀의 꽃에, 바람에, 해 그림자에, 안개에 비유하고 있습니다.

성경은 사람은 유약하고 유한하기 때문에 그러한 사람을 의지하거나 자신을 의지하는 것을 가장 어리석은 죄악이라고 규정하고 있습니다.

"무릇 사람을 믿으며 혈육으로 그 권력을 삼고 마음이 여호와에게서 떠난 그 사람은 저주를 받을 것이라."(렘 17:5)

이사야는 앗수르가 유다를 공략했을 때 애굽으로 도움을 구하러 내려가는 자들을 향하여 하나님을 의지하지 않고 애굽을 의지하는 자는 화가 있을 것이라고 경고했습니다.

"도움을 구하러 애굽으로 내려가는 자들은 화 있을진저 그들은 말을 의뢰하며 병거의 많음과 마병의 심히 강함을 의지하고 이스라엘의 거룩하신 자를 앙모치 아니하며 여호와를 구하지 아니하거니와……. 애굽은 사람이요 신이 아니며 그 말들은 육체요 영이 아니라 여호와께서 그 손을 드시면 돕는 자도 넘어지며 도움을 받는 자도 엎드러져서 다 함께 멸망하리라."(사 31:1—3)

이처럼 하나님은 사람이 사람을 의지하는 것을 제일 싫어하시며 그것을 큰 죄악으로 여기시는 분입니다. 하나님이 보실 때 피조물이며 하루살이와 같은 인간들이 자신들을 의지하는 일은 너무나도 위태하고 어리석고 미련한 일로 생각되실 뿐 아니라 전능하신 하나님을 무시한 불신앙이기 때문입니다. 그럼에도 사람들은 끊임없이 사람을 의지하려 들며 자기 자신의 힘을 믿고 살려고 합니다. 심지어는 목회자들 가운데도 하나님보다는 성도를 의지하려고 들며 교회의 물량을 의지하려 듭니다. 그런 목회자일수록 성도들로 하여금 하나님만을 의지하도록 이끌어 주기보다는 목사를 의지하도록 유도합니다. 목사는 신자들로 하여금 목사를 바라보지 말고 신자 스스로 하나님을 의지하는 독립된 신앙 인격체로 성장하도록 힘써야 합니다.

하나님은 이처럼 인간을 약하고 죽을 수밖에 없는 존재로 보셨기 때문에 우리의 죄를 용서해 주시기를 원하며 하나님을 경외하므로 하나님의 은혜와 자비의 보살핌 속에서 살기를 원하십니다.

> "오직 하나님은 자비하심으로 죄악을 사하사 멸하지 아니하시고 그 진노를 여러번 돌이키시며 그분을 다 발하지 아니하셨으니 저희는 육체 뿐이라 가고 다시 오지 못하는 바람임을 기억하셨음이로다." (시 78:38,39)

우리는 무슨 일을 하든지 하나님을 의지해야 합니다. 신자는 순간순간 예수 그리스도 안에서 하나님을 의지하는 법을 배워야 하며 그것이 자연스러운 삶의 자세가 되어야 합니다. "하나님을 의지하지 않고는 못 삽니다. 도와주세요." 늘 이런 자세로 사는 사람이 크리스천입니다. 그리고 잘못을 범하였을 때는 우리의 연약함을 불쌍히 여기시는 하나님께 고백하고 용서를 구하여야 합니다.

> "할렐루야 내 영혼아 여호와를 찬양하라 나의 생전에 여호와를 찬양하며 나의 평생에 내 하나님을 찬송하리로다 방백들을 의지하지 말며 도울 힘이 없는 인생도 의지하지 말지니 그 호흡이 끊어지면 흙으로 돌아가서 당일에 그 도모가 소멸하리로다 야곱의 하나님으로 자기 도움을 삼으며 여호와 자기 하나님에게 그 소망을 두는 자는 복이 있도다." (시 146:1—5)

성령을 따르는 삶

　예수를 믿고 거듭난 사람이 신앙생활을 잘해 보려고 할 때 부딪치는 문제가 죄와의 싸움입니다. 신자 중에 일부러 죄를 짓고 잘못을 저지르고 싶은 사람은 없습니다. 죄를 싫어하고 경계하고 잘 믿어 보려고 나름대로 노력을 기울이는데도 틈만 나면 나쁜 생각을 하게 되고 나쁜 말이 튀어나오고 부끄러운 행위를 하게 되어 순간적으로 죄를 짓고 곤혹스러워 하고 죄책감에 마음이 무거워질 때가 많습니다.

　우리가 신앙생활을 하면서 죄를 짓게 되는 이유는 옛사람, 곧 예수 믿기 전의 나 자신 때문입니다. 우리가 예수님을 믿고 거듭난 사람이 되면 우리 안에는 두 사람의 '나'가 존재하게 됩니다.

곧 아담의 혈통으로 태어난 자연인이었던 '나'와 예수 믿고 거듭나 하나님의 자녀가 된 '나'가 공존하게 된다는 것입니다. 성경은 전자를 육체라고도 하고 옛 사람이라고도 하며, 후자를 새 사람 혹은 새 피조물이라고 합니다.

신자가 되면 누구나 이 두 사람의 '나'와의 싸움이 시작되는데 옛 사람이 이길 경우 죄를 짓게 됩니다. 그래서 성경은 이렇게 말씀하고 있습니다.

> "너희는 유혹의 욕심을 따라 썩어져가는 구습을 따르는 옛 사람을 벗어버리고 오직 너희의 심령이 새롭게 되어 하나님을 따라 의와 진리의 거룩함으로 지으심을 받은 새 사람을 입으라."
> (엡 4:22—24)

옛 사람, 곧 우리의 육체는 여기서 지적하고 있듯이 유혹의 욕심을 따라 썩어져 가는 구습을 좇는다고 했습니다. 그러므로 옛 사람이(육체) 이끄는 대로 생각하고 말하고 행동하게 되면 죄를 짓지 않을 수 없게 되는 것입니다. 그렇게 되지 않으려면 옛 사람을 벗어 버려야 된다고 했는데 옛사람에게 주장당하지 않고 옛사람을 제압하며 지배당하지 않는 것을 말합니다.

그런데 우리는 옛사람의 성향이 워낙 강하기 때문에, 태어날 때부터 그렇게 태어났을 뿐 아니라 옛사람에게 길들여져 있기 때문에 그것이 쉽고 간단한 문제는 아닙니다. 우리 자신의 힘으로는 옛 사람과 싸워 이길 수 없고 옛 사람을 제압할 수 없습니다.

이 문제에 대한 것을 가장 확실하게 보여 주는 이야기가 출애굽기 17:8—16에 나오는 이스라엘과 아말렉과의 싸움입니다. 애굽에서 종살이하던 이스라엘 백성이 하나님의 온갖 이적과 기적으로 구출 받아 가나안 땅을 향하여 나오자마자 이스라엘을 기다리고 있던 적이 아말렉이었습니다. 아말렉은 그때 이후로부터 이스라엘 백성과 불구대천지 원수가 되어 이스라엘을 괴롭히는 존재로 등장하게 되었고 하나님께서는 이스라엘 대대로 아말렉을 진멸할 것을 명하셨습니다. 나중에 사울 왕 시대에도 하나님은 아말렉을 진멸할 것을 명하셨는데 사울 왕이 이에 불순종하여 하나님의 진노를 사 버림받은 일이 있습니다(삼상 15:2,3,26). 도대체 아말렉이라는 존재가 무엇이길래 하나님께서 그토록 미워하시는지 궁금합니다.

아말렉은 개인적인 신앙 차원에서 볼 때 옛 사람, 곧 육체에 해당하는 존재입니다. 이는 우리가 예수 그리스도의 십자가 보혈의 공로로 구원받아 하나님의 자녀가 되자, 곧 새 사람이 되자마자 누가 가장 큰 원수로 다가오는가 하면 바로 나의 옛 사람이 원수로 등장한다는 것입니다. 이스라엘 백성이 구원받지 못하고 애굽에 그냥 머물러 있었더라면 만날 필요가 없는 원수가 아말렉이었습니다. 애굽에서 나와 구원받았기 때문에 만난 원수가 아말렉이었습니다. 애굽에서 그냥 종살이하고 있었다면 비록 비참한 운명이기는 했지만 애굽이 아말렉과 비교할 수 없이 강했기 때문에 아말렉 따위를 두려워할 필요가 없었습니다.

이를 우리의 개인적 신앙에 적용한다면 우리가 구원받지 못한 상태라면, 즉 사탄의 지배하에서 죄의 종노릇을 하고 있었다면 우리는 육체(옛사람)라는 적을 만날 필요가 없다는 것입니다. 어차피 사탄과 함께 멸망할 죄인인데 새삼스럽게 죄가 원수로 나타날 일이 무엇이겠느냐는 것입니다. 우리가 예수 믿게 된 후에 겪는 가장 심각한 어려움 중의 하나는 구원받지 못했더라면 생각지도 않고 만날 필요도 없는 고민과 갈등과 두려움이 생긴다는 것입니다. 믿지 않았을 때는 생각지도 못했던 고민과 갈등과 두려움을 겪게 되었다는 것인데 그것이 바로 옛사람이요 육체로 말미암는다는 것입니다.

예수 믿어서 경이롭고 행복한 것이 한두 가지가 아니고 감사와 감격스러운 것이 하나둘이 아니면서도 예수를 믿기 때문에 만나는 고민과 갈등과 두려움이 얼마나 많은지, 육체적으로 귀찮고 성가시고 제약을 받는 일이 얼마나 많은지 모릅니다. 예수만 믿지 않았다면 욕도 하고 싸움도 하고 때리고 싶고 분풀이도 하고, 복수도 하고 골탕도 먹이고 싶고, 종종 탈선하고픈 유혹도 느끼는데 그것이 죄라는 것을 알기 때문에 그럴 수 없어서 갈등도 생기고 고민도 생기고 답답합니다. 그뿐만 아니라 에라 모르겠다하고 옛사람이(육체) 원하는 대로 하고난 후 그것이 죄라는 것을 알기 때문에 두려움이 되고 맙니다.

　어찌되었든 예수 믿고 나면 해야 될 일과 말아야 하는 일이 무척 많아서 그걸 즐거운 마음으로 자발적으로 실행하는 수준이 되기 전까지는 성가시고 신경 쓰이고 갈등을 느끼게 되는 일이 무척 많은 것이 사실입니다. 그게 다 옛사람(육체) 때문입니다. 이 문제를 해결해 나갈 수 있어야 신자는 믿음이 성장하게 됩니다.

　이스라엘이 아말렉과의 전쟁에서 싸우는 것을 살펴보면 옛 사람(육체)과의 싸움의 비결을 깨닫게 됩니다. 그 싸움에서 여호수아가 이스라엘을 이끌고 전쟁을 하지만 전쟁의 승패는 여호수아에게 있는 것이 아니라 모세에게 있었습니다. 모세가 손을 들면 이스라엘이 이기고 모세가 손을 내리면 아말렉이 이겼습니다. 무슨 뜻일까요? 아말렉과의 싸움은 육체적인 힘의 대결이 아니었다는 것입니다.

　우리는 성경에 나오는 많은 전쟁의 공통점을 알아야 합니다. 이스라엘이 단순히 물리적인 힘으로 전쟁에 임했을 때는 아무리 병거가 많고 훈련된 군사가 많고 철저히 준비해 가지고 전쟁에 임했다 하더라도 반드시 패했습니다. 그러나 이스라엘이 하나님을 의뢰하고 순종하는 참된 믿음의 자세로 임했을 때는 적보다 적은 군사력을 가지고도 반드시 승리했습니다. 다윗과 골리앗의 싸움에서도 그 점을 극명하게 보여 주고 있습니다. 싸움의 승패가 육체의 힘에 있지 않고 하나님, 즉 영적인 힘에 있다는 것을.

육체와의 싸움, 곧 옛사람과의 싸움(죄와의 싸움)은 내가 어떤 굉장한 무기와 뛰어난 능력을 가지고 있느냐가 아니라 내가 하나님께 붙어 있느냐 아니냐, 순종하느냐 아니냐의 문제입니다. 적이 칼을 들고 나오면 나는 총을 들고 싸우는 세상적 방법의 싸움이 아니라는 것입니다. 이스라엘과 아말렉과의 싸움에서 보여준 영적 진리는 그것이었습니다. 구약성경의 모든 전쟁은 영적 전쟁의 모형이며 그림자였습니다. 영적 전쟁은 사탄의 세력과의 싸움이요, 옛사람, 곧 육체와의 싸움이라고 신약성경은 말합니다. 신자의 삶의 무대는 영적인 전쟁터임을 성경은 일깨워줍니다. 그러므로 신자는 하나님의 전신갑주를 입으라고 사도 바울은 말했습니다(엡 6:10—18).

영적인 전투에 있어서 핵심은 그것이 무엇과의 싸움이며 어떻게 해야 하는지를 아는 것입니다. 우리의 싸움은 혈과 육에 대한 것이 아니라고 했습니다. 세상 물리적인 힘과 힘의 대결, 세상 방법과 모략의 대결이 아니라는 것입니다. 그걸 동원하거나 의존할 경우 패할 수밖에 없는 것이 영적인 전쟁입니다. 영적인 전투에서 승리하기 위해서는 반드시 영적인 방법으로 임해야 합니다. 이를 갈라디아서 5:16—18에 의하면 '성령을 따라 행하라'고 진술하고 있습니다. '그러면 육체를 따르지 않는다.' 즉 육체와의 싸움, 옛사람과의 싸움, 사탄의 세력과의 싸움에서 이긴다는 것입니다.

우리가 죄를 이기려면, 우리의 최대의 원수인 아말렉을 이기려면 우리보다 강력한 하나님께 사로잡혀 하나님을 좇는 길밖에 없다는 것입니다. 우리의 옛 사람(육체)은 우리 자신의 힘으로는 절대로 이길 수 없기 때문입니다. 그것은 이스라엘이 모세 없이 여호수아의 힘으로 이기려고 하는 것과 같습니다. 결국 신앙생활에서의 승패는 무엇을 가까이 했느냐 무엇을 사랑하며 무엇에 사로잡혔으며 무엇을 좇았느냐 하는 것입니다.

하나님보다는 예수님보다는 항상 세상 물질을 가까이하고 사랑하고 그것에 사로잡혀 좇아가거나 의존하고, 명예와 권세와 정욕과 쾌락을 좇았다면 그는 아말렉과의 싸움(옛사람, 육체)에서 패하는 신자일 수밖에 없을 것이고 신앙이 성숙하지 못하고 성령의 열매 없는 신자가 될 수밖에 없으며 늘 죄를 범할 수밖에 없을 것입니다. 신자는 육체(옛사람)를 따라 사는 사람이 아니라 성령을 따라 사는 사람입니다. 하나님께서 우리를 구원하신 뜻은 더 이상 육체를 따라 살지 말고 성령을 따라 살게 하시려고 구원하셨습니다.

성경에서 육체는 몸을 의미하는 것이 아니라 죄에 젖어 있는 인간의 본성을 의미합니다. 성경은 죄를 좋아하고 죄에 끌리는 인간의 본성을 육신 혹은 육체라는 말로 표현합니다. 세상에서 제일 헛수고하는 일 중의 하나는 이 육신을 자신의 힘으로 거룩하게 하려고 애쓰는 일입니다. 모든 죄는 육신으로부터 나오기 때문입니다(마 15:18—21).

그러나 방법이 없는 것은 아닙니다. 이스라엘이 아말렉과의 싸움에서 보여 주었던 것 같은 원리를 따르는 것입니다. 그것이 성령을 따라 사는 삶입니다. 예수 믿는 신자의 마음에는 성령을 좇는 마음과 육신을 좇는 마음 두 가지가 있습니다. 불신자들은 육신을 좇는 마음밖에 없지만 신자들에게는 성령을 좇는 마음이 있습니다. 그러나 하나님께서는 우리의 육신적 본능을 그대로 두신 채 성령을 좇는 마음을 주시고 우리의 자유의지대로 행하도록 하셨습니다. 그것은 아담과 하와를 타락할 수도, 순종할 수도 있는 의지적 존재로 지으신 것과 같은 이치입니다. 하나님은 우리를 인격자로 대해 주시며 지극히 존중해 주십니다. 결코 하나님께서 일방적으로 이끌어 가시는 인격 없는 로봇이 되지 않게 하셨다는 것입니다. 그리고 우리가 의지대로 행동한 것에 대한 책임을 지도록 하셨습니다. 그러면서 우리가 육신을 따르지 않고 성령을 좇아 살기를 간절히 원하시고 그것을 기뻐하시며, 그렇게 살지 못할 때 슬퍼하시고 탄식하시며 징계하시는 분입니다.

결국 승리하는 신앙생활, 열매 맺는 신앙생활은 육신(죄, 옛사람)을 좇아가지 않고 성령님을 좇아 사는, 곧 나를 하나님께 복종시키는 일에 달려 있습니다. 이 일을 위하여 기도와 함께 내가 나의 육신을 쳐서 복종케 하는 필사적인 싸움을 해야 하는 것입니다. 기도하고 싶지 않은 나 자신, 곧 육신과 부단히 싸워가며 기도해야 하고, 성경 읽기 싫어하는 육신과 부단히 싸워 가며 성경을 읽어야 하고, 기타 영적인 일들을 하기 싫어하는 육신과 치열하게 싸워 가며 신앙생활을 해야 하는 것입니다. 우리의 육신은 한사코 영적인 일을 싫어하기 때문입니다. 신자가 되었어도 우리는 진실로 영적인 일을 즐거움으로 할 때보다는 싸워 가며 하지 않으면 안 될 때가 더 많습니다. 그만큼 우리의 옛사람은 우리의 영적 생활을 훼방합니다.

영적인 일을 싫어하는 마음과 싸우고자 하는 마음이 성령을 좇는 마음입니다. 그럴 때 우리가 어렵더라도 성령님을 좇아 순종한다면, 그뿐만 아니라 그분을 의지하고 신뢰한다면 성령님께서 우리의 옛사람을 이기게 하십니다. 성령의 열매는 그 열매를 맺기 위하여 애씀으로가 아니라 성령을 좇아 순종하는 일을 부단히 행하다 보면 저절로 맺어지는 것입니다. 신자는 정말 목숨 걸고 이 문제로 인하여 몸부림치고 씨름하는 자세로 살아야 합니다. 그렇게 해도 어느새 육신을 좇고 있는 자신을 발견하게 됩니다.

우리에게서는 저절로 선하고 감동스러운 것이 나올 수 없는 존재들입니다. 우리 속에서 나오는 것들은 끊임없이 육신의 욕망밖에 없고 성령을 거스르는 것밖에 없습니다. 우리 안에 계시는 성령님의 능력으로 말미암아 우리가 부단히 싸워 물리치며 성령을 좇아 살기를 힘쓰는 생활이 신앙생활입니다.

3장

성령 충만

성령 충만에 대한 오해

성령님은 불신자들에게 일반은총(혹은 보통은총)으로 일하시기도 하지만 신자들에게는 하나님을 섬기게 하며 생명력 있는 신앙으로 인도하시고 성화되게 하시며 열매를 맺게 하시고 성령 충만으로써 봉사와 섬김의 삶을 살게 하십니다.

그러나 대다수의 신자들이 성령 충만에 대한 그릇된 인식을 가지고 있습니다. 성령님을 여러 번 받는 생일 선물같이 생각하는 신자들이 많다는 것입니다. 신자는 진실하게 예수 그리스도를 영접했을 때 이미 성령으로 거듭났으며 성령을 받게 됩니다.

그것이 성령세례입니다. 어떤 신자는 자기가 무기력한 신앙생활을 하고 있기 때문에 성령을 받지 못했다는 생각을 하기도 합니다. 기도도 잘 못하고 믿음도 강하지 못하고 기적도 체험하지 못했고, 흔한 방언도 할 수 없으므로 자신은 성령을 체험하지 못했다는 것입니다.

그러나 우리가 알 것은 성령님은 창조주 하나님이시라는 것입니다. 그렇기 때문에 그분은 우리의 경험세계를 능가하는 분이며 초자연적으로 일하시는 분입니다. 우리의 영을 거듭나게 하실 때 우리가 아무런 자각을 느끼지 못한 상태에서 거듭나게 하시며 구원을 이루실 수 있습니다. 대부분의 신자들이 그런 식으로 중생하여 구원받았음을 알아야 합니다.

물론 어떤 신자는 성령을 받을 때(중생할 때) 불같이 뜨거운 임재를 경험할 수 있습니다. 타는 듯하고, 몸이 떨리기도 하고, 형언할 수 없는 황홀경을 체험할 수도 있습니다. 그러나 그런 경우는 누구나 겪는 일이 아닌 드문 일이며 대부분의 신자들은 무자각 상태에서 성령을 받으며 거듭나게 됩니다. 그런데 문제는 성령을 받을 때 특별한 체험을 한 사람들이 그것을 절대화하고 교리화해서 자신이 체험한 것이 바로 성령세례라든지, 성령 충만이라든지, 중생의 표적이라고 고집하는 일입니다. 은사주의자들(기독교 바로 알기 은사 참조)은 자신이 체험한 것을 성경의 진리보다 우위에 두고, 체험을 중심으로 신앙생활을 고집하고 있습니다.

그들의 주장으로는 최소한 방언 정도는 해야 성령세례 받고 거듭난 사람이며 구원받은 사람이라고 교리화하고 있는데 용납할 수 없는 비복음적인 주장입니다.

일반적으로 성령 충만은 거듭남의 순간에 동시적으로 경험하기도 하며, 중생 후 한참 지나서야 경험할 수도 있고, 매일 경험할 수도 있고, 한평생 경험하지 못할 수도 있습니다. 그것은 인격자이신 성령님과 관계를 가진 신자 개개인의 기질과 성품과 믿음의 정도와 색깔에 따라 차이가 나는 것이지 일정한 공식이 없습니다. 그런 일들을 일정한 공식의 틀을 짜놓고 거기에 맞추려고 한다면 하나님이 행하시는 구원의 놀라운 신비를 인간의 수준으로 끌어내리는 잘못을 저지르는 것입니다. 성령 충만은 바람과 같이 볼 수도 없고(요 3:7,8), 기름부음 같기도 하며(요일 2:27), 비 같이 임하기도 하고(시 72:6), 비둘기 같이 온유하기도(요 1:32) 합니다. 각각 신자에 따라 양상이 다르며 차이가 납니다. 하나님께서는 각자에게 가장 적당한 방법으로 역사하십니다.

인간의 구조와 중생

신학적으로 인간의 구조를 둘로 구분할 때 2분설二分說이라 하고, 셋으로 구분할 때 3분설三分說이라고 합니다. 보통 개신교 신학에서는 영靈과 육肉의 2분설을 취하고 있으나, 3분설을 취하는 학자와 목사들도 많습니다. 우리가 성령과 거듭남에 대해서 이해하려고 할 때 2분설보다 3분설로 이해하는 것이 이해에 도움이 됩니다. 3분설의 성경적 근거는 데살로니가전서 2:23인데, 사도 바울은 인간을 영靈과 혼魂과 육肉으로 구분하고 있습니다.

영靈은 하나님과의 관계를 갖는 존재이며, 혼魂은 자아이고, 몸은 영과 혼을 담고 있는 육체라고 이해하면 좋습니다. 성경에 의하면 자연인(불신자)의 영은 죽은 상태입니다. 그래서 하나님과의 관계가 끊어진 상태이며, 하나님에 대한 지식도, 교제도 없는 상태입니다. 중생이란 성령께서 초자연적인 능력으로 인간의 혼과 몸을 뚫고 들어가 결합하는 상태이며 그 결과 죽었던 영이 살아나 하나님과의 관계를 갖게 되는 존재로 새롭게 만들어지는 상태를 말합니다. 그래서 성경은 중생한 신자를 새 피조물이라고 합니다(고후 5:17). 그때부터 성령님은 인간의 영과 하나로 있으면서 거주하시며 떠나지 않습니다. 진정으로 예수를 영접하여 거듭난 신자는 결코 성령님과 분리될 수 없고 성령님을 잃어버릴 수도 없습니다.

과거에는 믿었는데 현재는 믿지 않는 사람도 있습니다. 그런 사람은 애초부터 거듭난 신자가 아닙니다. 한 번 중생한 사람은 어떤 일이 있더라도, 죽음까지도 성령님과 분리되지 않습니다. 그런 사람이 바로 구원받은 신자입니다.

성령 충만

성령 충만은 성령님께서 신자 속에 내주하시면서 그 신자의 전인격을 감화시켜 그의 생각과 마음과 몸을 성령님의 뜻대로 순종하게 하는 것을 말합니다. 성령 충만이란 성령님이 그 사람 속에 가득 채워진 상태가 아니라(그렇게 이해하는 신자가 많음), 그 사람의 인격이 완전히 성령님의 뜻에 일치되어 있는 상태입니다. 자신의 자아가 성령님께 복종하여 성령님의 인도하심을 전적으로 따르는 상태입니다(요 12:24,25; 고전 15:31). 많은 신자들이 오해하는 것처럼, 성령님께서 이따금 방문하여 생일 선물을 안겨 주듯 머리에서 발끝까지 충만하게 채워 준다거나 성령으로 두루마기를 입혀 주는 것이 성령 충만은 결코 아닙니다.

또한 성령 충만은 반드시 춤추고 몸을 떨고 발을 구르고 폭포수 같은 기도가 나오고 무아지경에 빠지도록 되어 있지 않습니다. 물론 그런 경우도 있기는 하지만 성령 충만은 침묵 속에서도, 길을 걸어가면서도, 예배 중에도, 봉사 중에도, 혹은 핍박받음이나 순교 중에도 일어날 수 있습니다. 목사, 크리스천 작가, 예술가들은 글을 쓰면서도, 작곡을 하면서도, 피아노를 치고 그림을 그리면서도 성령 충만을 경험할 수 있습니다.

사도 바울은 옥중에서 성령 충만한 상태에서 옥중서신(에베소서, 빌립보서, 골로새서, 빌레몬서, 디모데후서)을 기록했고, 중세의 수도사 토마스 아 켐피스는 조용한 묵상을 통하여 성령 충만함으로 유명한 「그리스도를 본받아」를 기록했고, 영국의 청교도 목사 존 번연은 옥중에서 「천로역정」을 썼으며, 헨델은 성령 충만한 상태에서 「메시아」를 작곡했고, 바하도 성령 충만한 상태에서 많은 작곡을 했고, 렘브란트도 성령 충만한 상태에서 많은 그림을 그렸습니다. 구약의 선지자들과 신약의 사도들은 성령 충만한 상태에서 순교한 사람이 많았고, 쟌 다크도 성령 충만한 상태로 화형에 처해졌습니다. 테레사 수녀는 성령 충만함으로 봉사했습니다.

그러므로 성령 충만을 어떤 특정한 경험의 틀 속에 맞춰 놓고 공식화 내지는 교리화해서 이것이 성령 충만이다 라고 하는 것은 단정코 무식한 짓이며 위험한 일입니다.

신자들은 성령 충만이 되기 위해서 힘써야 하며, 그러기 위해서는 성령 충만을 위해서 기도하는 것과 함께, 성경을 규칙적으로 읽고 묵상하며 자아를 죽이고 하나님께 순종하는 경건의 훈련을 게을리하지 말아야 합니다. 성령 충만이야말로 신자들의 가장 큰 복이며, 성령 충만한 신자들에게서 아름다운 성령의 열매가 뚜렷이 나타납니다(갈 5:22,23).

은사

은사는 예수를 믿는 사람에게 주시는 하나님의 영적 선물인데 성령의 은사라고 흔히 말합니다. 성령께서 각 믿는 사람에게 은사를 주심으로써 개인의 신앙을 유지 성장하는 데 힘이 되게 하시며 교회를 섬겨 덕을 끼치게 하고 복음의 능력을 나타내게 하여 하나님께 영광을 돌리게 하는 목적으로 주시는데 지혜의 말씀의 은사, 지식의 말씀의 은사, 믿음의 은사, 병 고치는 은사, 능력 행함의 은사, 예언의 은사, 영분별의 은사, 방언의 은사, 방언 통역의 은사 등입니다 (고전 12:8—10).

은사의 종류와 목적

여기서 성령의 은사에 대한 설명을 자세히 언급할 수는 없지만 요약하자면 다음과 같습니다.

지혜의 말씀: 인간이 예수 그리스도를 믿는 믿음으로 살아갈 때 성령께서 주시는 지혜로운 통찰력과 그에 따른 처세와 삶을 말합니다.

지식의 말씀: 성경말씀을 잘 깨달아 알게 되어 다른 성도들을 가르치는 데 유익하게 하는 은사를 말합니다.

믿음의 은사: 이 믿음은 모든 신자들이 가지고 있는 보편적인 믿음과 구별되는, 인간의 삶의 현장에 하나님의 능력을 끌어들여 역사하게 하는 특별한 믿음입니다.

능력 행함: 이 은사는 병을 고치기도 하고 여러 가지 이적을 행하는 것을 의미합니다. 특히 복음을 전하는 선교자(그중에서도 핍박이나 사탄의 훼방이 강한)에게 나타나는 일이 많습니다.

영들 분별: 이 은사는 하나님의 은사와 사탄의 거짓은사를 구별하는 은사로써, 구약시대부터 선지자들에게 주어진 은사

입니다. 사탄도 성령의 은사를 그대로 흉내 내어 신자들을 속이는 일이 흔하기 때문에 반드시 분별하는 일이 중요합니다.

신유의 은사: 병을 고치는 은사를 말하는데 무슨 병이든 고쳐주시는 능력을 주시는 것이 아니라 때와 상황에 따라 하나님의 능력으로 고쳐 주시지 않으면 안 될 때 신유의 역사가 나타납니다. 예를 들면 의술의 손길이 닿지 않는 곳, 돈이 없어 병원을 못 가는 환자, 의술로 불가능한 병일 경우 신유의 은사를 통해 치유되는 일이 있습니다.

방언의 은사: 방언은 자신이 알지 못하는 언어로 기도하는 은사를 말합니다. 방언은 때로 하나님의 비밀을 말하거나 하나님의 일을 선포하는 일로도 나타나는데 주로 개인적인 기도의 수단으로 주십니다. 방언은 혼자 은밀하게 하라고 성경은 말씀하고 있으며(고전 14:2,28), 방언은 전도의 수단이 된다거나 교육의 도구가 된다고 성경은 가르치지 않습니다.

방언 통역의 은사: 하나님의 비밀을 말하거나 하나님의 일을 선포하는 방언을 말할 때 통역을 할 수 있는 은사입니다.

예언의 은사: 이 은사는 성경에 나타난 하나님의 비밀한

계시를 깨닫고 앞일을 예고하는 은사를 말하는데, 선지자들과 사도들이 예언한 성경의 구속사적인 계시와는 차원이 다릅니다. 혹 누가 예언의 은사가 있어 예언을 한다하더라도 그것은 계시와는 다른 것이기 때문에 동등하게 여겨서도 안 되고 성경에 비추어 성경적이지 않으면 거짓예언입니다.

방언과 통역, 예언의 은사는 하나님의 계시가 아니라는 점에 주의해야 합니다. 계시는 성경을 의미하지만 은사는 개인에게 주시는 하나님의 선물입니다. 따라서 성경말씀과 은사를 동등하게 여기거나 성경말씀을 제쳐 놓고 은사를 중심으로 믿음생활을 하는 것은 잘못된 것입니다. 그것을 은사주의라고 하는데 세계적으로 많은 물의를 빚고 있는 비성경적인 신앙이므로 경계해야겠습니다. 기독교신앙은 어디까지나 성경이 중심이 되어야 하며 자신이나 다른 신자에게 나타난 은사도 반드시 성경에 비추어 성경적이냐 아니냐를 검토하는 습관을 가져야 합니다. 그렇지 않으면 사단의 거짓은사에 속는 일이 허다합니다.

성령님을 받은 자(예수를 진실로 영접한 자)는 누구나 은사를 소유한 사람입니다. 다만 자신 안에 있는 은사를 계발하고 사용하는 사람과 그렇지 못한 사람이 있는데, 은사를 사모하고 구하는 사람에게 은사가 뚜렷이 나타납니다. 그러나 자신의 어떤 이기적인 목적을 위하여 은사를 구한다든지, 과시하기 위하여 구하는 일이 없도록 조심해야 합니다. 은사는 하나님을 사랑하고 올바로 섬기기 위하여, 또한 사람을 사랑하여 섬기고 봉사하려는 뜻으로 구해야 합니다. 그런 뜻으로 자신 안에 거하시는 성령님께 은사를 주시라고 구하면 성령님께서는 어떤 은사든지 주실 것입니다.

참된 은사와 거짓은사의 구분

어떤 신자의 은사가 성령의 은사인지 아닌지를 구분하는 일은 상당히 중요합니다. 성령의 은사는 겸손하고 온유하며 평안과 유익을 끼치며 생명력이 있습니다(약 1:17—3:17). 성령의 은사를 받았다는 사람 중에 반말을 하거나 자신을 과시하고 교만한 태도를 보이며 위협적인 태도로 신자들에게 군림하려 들고 은근히 자신에게 복종하도록 강요하고 불안을 주는 사람들이 있습니다. 그들은 주로 신유, 예언, 투시(상대방의 마음을 읽는) 따위를 통해서 그러는데 이러한 태도를 보이는 사람은 대개 귀신들린 사람으로 보는 것이 좋습니다.

영적 지식에 무지한 신자들이나 목회자들 가운데는 그들을 대단한 자로 여기며 그 앞에서 머리를 조아리는데 참으로 한심하고 우스꽝스러운 일입니다. 어떤 자이든지 그가 자칭 은사를 받았다고 하면 그의 말투와 눈빛과 행동을 주시해 보는 것이 좋습니다. 또한 성경적인 신앙인지, 자신의 은사를 성경보다 앞세우는지를 보아야 합니다. 성경말씀보다는 자신이 체험한 방언, 예언, 신유, 환상, 환청 등 신비한 경험을 내세우면 일단 경계해야 합니다. 오늘날은 영적으로 혼탁하기 짝이 없어 거짓은사들이 횡행하며 신자들을 미혹하고 사이비 집단이 되는 경우도 많으며 제도권교회 안에서도 은사를 제대로 분별하지 못하여 물의와 해프닝을 빚는 일도 허다합니다.

"그런 사람들은 거짓 사도요 속이는 일꾼이니 자기를 그리스도의 사도로 가장하는 자들이니라 이것은 이상한 일이 아니니라 사탄도 자기를 광명의 천사로 가장하나니 그러므로 사탄의 일꾼들도 자기를 의의 일꾼으로 가장하는 것이 또한 대단한 일이 아니니라 그들의 마지막은 그 행위대로 되리라."(고후 11:13—15)

사이비 은사

자칭 성령의 은사라고 주장하나 성령의 은사가 아닌 마귀의 거짓은사이거나 심리적 현상으로 일어나는 은사 아닌 은사를 사이비 은사라고 하는데, 사이비 은사들도 성령의 은사와 마찬가지로 다양한 현상으로 나타납니다. 문제는 성령의 은사와 사이비 은사를 구별하지 못하여 한국 교회 안에서 일어나는 물의와 해프닝이 심각할 정도이며 건전한 기독교신앙을 해치는 원인을 제공한다는 점에서 신자들은 사이비 은사를 구별할 줄 알아야할 것입니다. 한국 교회에서 문제가 되고 있는 사이비 은사 중에 가장 피해를 주는 것만 몇 가지 살펴보겠습니다.

진동은사

소위 진동은사란 기도할 때나 성령 충만할 때 손과 몸을 떠는 상태를 말하는데, 성령 충만한 징표로 생각하여 본인으로 하여금 커다란 만족감과 은사를 받았다는 자부심마저 갖게 합니다. 성령이 충만하면 혹 떨릴 수도 있고 뜨거울 수도 있고 온몸이 흔들릴 수도 있다는 것을 부인해서는 안 되겠지만(이런 일이 간혹 있기 때문), 문제는 기도할 때마다 손을 떨고 몸을 흔들어 야단법석을 떠는 것을 특허 낸 것처럼 습관적인 증세를 보이는 사람이 있는데 그들은 그렇게 하지 않고는 기도하지 못하는 줄 알고 그렇게 하지 않는 기도는 기도가 아니라고 여깁니다. 거기다가 방언까지 하고 머리를 흔들어 대면(머리가 흐트러진 채) 그 모습은 괴기해 보이기까지 합니다.

이런 사람들은 거의 한결같이 귀신에 의해 속임을 당하고 있으며 그들의 방언은 귀신의 방언일 경우가 많습니다. 성경에는 진동은사라는 것이 없습니다. 억지로 진동에 대한 성경적 근거를 찾아본다면 사람이 진동했다는 것이 아니라 장소(사람들이 있던)가 진동했다는 구절이 46회 있습니다(땅, 산 등). 땅이나 집이나 산이 진동한 이유는 하나님의 권능이 임했기 때문이었습니다. 사람이 진동했다는 구절은 성경 어디에도 없는 바 굳이 몸을 떨며 흔드는 것을 은사라고 고집한다면 진동이 아니라 경련은사라고 해야 적합할 것입니다. 진동은 땅에서만 일어나는 현상이지 결코 사람에게서 일어나는 현상이 아닙니다. 사람에게 경련이 일어나는 현상은 성령님에 의해서가 아니라 귀신에 의해서 일어났다는 것이 복음서에서 수 없이 발견됩니다. 곧 귀신들린 사람들이 예수님을 만나면 귀신에 의해서 경련을 일으켰습니다. 그러므로 기도할 때마다 몸을 떨고 흔들어 대는 현상은 성령의 은사가 아니고 귀신들림 현상이라고 보는 것이 옳을 것입니다.

안찰

한국 교회의 샤머니즘 가운데 안찰, 또는 안수기도라는 것이 있습니다. 이 문제는 너무도 심각하여 신자들의 영혼을 병들게 하고 기독교의 윤리마저 위협하며 교회에 대한 부정적인 인상을 끼치는 악습입니다. 이 거짓은사는 영적으로 무지하고 신앙이 약한 신자들을 우롱하고 실족시키고 있는데 개인 제단으로 알려진 음성적인 집회처와 기도원이나 수도원 등에서 행하여지는 사이비 행위들로써 마땅히 제거되어야 할 통탄스러운 일입니다.

안찰사들은 대개 여자이며 은사를 받았다는 이 여자들은 자신의 손에 신령한 치료의 능력이 있는 줄 믿어 환자를 손으로 때림으로써 병을 낫게 하고 죄를 드러나게 한다고 합니다. 그러나 이 때리는 행위로 하여 온몸에 멍이 들고, 붓고, 환자가 아프다고 저항하거나 소리를 치면 마귀 혹은 귀신이 반항하는 것이라며 더욱 사정없이 때려(혼자 때리기가 역부족이면 몇 명이 달려들어 때림) 생명을 위협하기조차 하여, 자칫하면 심장마비나 내장 파열로 죽는 사람도 있어 TV와 일간지에 보도되어 기독교 전체의 이미지를 손상시키고 있습니다.

이러한 사이비 은사자나 그들에게 병 고침을 받겠다고 몸을 맡기는 환자와 환자의 가족 모두 영적 무지에 처해 있는 자들이며 기독교신앙을 샤머니즘으로 이해하는 자들입니다. 그들이 안찰 혹은 안수의 성경적 근거로 내세우는 구절은 열왕기하 13:16과 잠언 20:30인데 그것은 성경을 잘못 이해하고 인용하는 것입니다.

> "또 이스라엘 왕에게 이르되 왕의 손으로 활을 잡으소서 곧 손으로 잡으매 엘리사가 자기 손으로 왕의 손을 안찰하고."(왕하 13:16) (개역성경)

> "상하게 때리는 것이 악을 없이하나니 매는 사람 속에 깊이 들어가느니라."(잠 20:30)

전자는 히브리 성경에 의하면 단지 손을 놓다 혹은 손을 대었다는 뜻입니다(Elisha put his hands upon the king`s hands), (Elisha yadaw al—yede hamelek). 그리고 잠언 20:30의 뜻은 가정교육상 자녀를

적절히 때려서 가르치면 교육 효과가 크다는 뜻이므로 병 고치는 일하고는 전혀 상관이 없는 구절입니다. 두 성경 구절에서 안찰하여 병을 고치거나 죄를 드러나게 한다는 의미는 1%도 찾아볼 수 없습니다. 예수님은 질병을 고치시거나 귀신을 내어 쫓으실 때 말씀으로(마 8:16) 하셨지 손으로 안찰하시지 않았습니다. 혹 안수(손을 얹으심)하여 고치신 적은 있거니와(막 6:5; 8:25; 눅 13:1) 때려서 무슨 치료의 기적을 보이거나 귀신을 쫓으신 일은 한 번도 없었습니다. 그 점은 사도들도 마찬가지였습니다. 성경 어디에도 환자를 손바닥으로 사정없이 때려서 병을 고치거나 귀신을 쫓은 일은 찾아볼 수가 없습니다.

안수는 성직(목회자)에 공적으로 임명된 자들이 신자들에게 축복과 성령 충만과 또는 치료를 위해서, 그리고 새로이 성직에 임명되는 사명자를 위해서 했습니다. 그러나 아무에게나 경솔히 안수하지 말라고 했습니다(딤전 5:22). 안수는 필요하다고 여길 때 받을 수는 있지만 반드시 믿을 만한 성직자에게나 신실한 신자에게 받아야 하며, 안수 자체를 지나치게 신뢰하거나 하나님 말씀을 의지하는 것보다 비중을 두는 것은 샤머니즘적인 신앙입니다. 한국 교회 신자들 가운데는 안수기도를 너무 좋아하는 이상한 풍조가 있어서 여러 가지 웃지 못할 일들이 많이 일어나고 있습니다.

그렇다고 건전한 안수기도를 무조건 거부하는 것도 바른 자세는 아닐 것입니다. 성령님께서는 참된 믿음으로 하는 안수기도를 통하여도 치료의 능력을 나타내시기 때문입니다. 그러나 안찰의 경우에는 주무르거나 몸에 자극을 주어서 고칠 수 있는 병이나 안마나 물리치료의 차원에서 혹 두드리고 주물러 주고 가볍게 때리는 경우가 아닌 외에는 용납될 수 없는 사이비 종교 행위임을 명심해야 하겠습니다.

점치는 예언

한국 사람들은 점치는 것을 유난히도 좋아합니다. 아마도 한국처럼 점쟁이가 많은 나라도 드물 것입니다. 점쟁이들은 불황을 모릅니다. 오히려 경기가 침체하고 사회가 불안할수록 점이 성행하게 되는데 점을 좋아하는 샤머니즘적 속성이 기독교적으로 옷을 바꿔 입은 것이 한국 교회의 점치는 예언입니다. 이 점치는 예언도 한국 교회의 성숙을 저해하는 주요 요인이므로 크리스천들은 점치는 예언에 대한 성경적 이해를 확실히 해 두어야 할 것입니다.

성경의 예언은 豫言이라 하지 않고 預言이라 하는 것이 더 성경적인 의미를 지닌다고 하겠습니다. 성경의 예언자는 하나님 말씀의 대언자였지 그들 마음대로 사람의 미래를 점치는 것이 아니었기 때문입니다. 성경의 예언자는 사람의 신수를 봐주거나 개인의 운명을 미리 말해 주는 것이 아니었습니다. 더군다나 헌금을 받거나 유도하면서 그런 일을 한 예언자는 없었고, 오히려 거짓예언자들이 그런 짓을 했습니다. 간혹 예언자들이 어느 특정인에 대한 미래의 운명을 예고한 적은 있으나 그런 경우에는 이스라엘 민족에 대하여나 타민족에 대하여 하나님의 섭리가 결부되어 있을 때였습니다. 예언자는 하나님의 입장과 계획을 선포하고 그 명령을 전달하는 자세였습니다. 또한 구약에서는 선지자(혹은 선견자)들이 하나님 말씀을 귀로 듣거나 환상을 보는 경우가 종종 있었는데 그것은 이스라엘 또는 인류의 미래에 대한 하나님의 구속사적인 섭리에 대하여 계시로 보여 주신 것이지 결코 어느 개인의 점을 쳐준 것이 아니었습니다. 그 점은 예수님과 사도들도 마찬가지였습니다.

그렇다면 신약성경의 예언의 은사라는 것은 무엇이며 오늘날 예언의 은사는 없다는 것인가? 반문할 수 있겠습니다만 물론 오늘날에도 예언의 은사는 주어집니다(고전 12:10). 하나님은 필요에 따라 어떤 신자에게 예언의 은사를 주시므로 어떤 신자가 중대한 문제에 부딪쳐 있거나 어떤 기로에 서 있을 때 응답해 주실 수 있고 깨우쳐 주실 수도 있습니다. 신약성경은 예언의 은사에 대해서 언급하면서 예언의 은사는 사람들에게 덕을 세우며 전도하며 안위하는 목적으로 사용하라고 했습니다(고전 14:3). 때로는 마음이 강퍅하고 고집스럽고 무식한 자들이 예언의 말씀을 듣고 책망과 판단을 받고 그 마음에 숨은 일이 드러나 모두 엎드려 하나님께 경배한다고 했습니다(고전 14:24,25). 또한 둘이나 셋이 예언을 하고 다른 이들은 분별하라고 했습니다. 왜냐하면 그 예언이 하나님으로부터 비롯된 것인지 마귀로부터 비롯된 것인지 반드시 알아야하기 때문입니다. 예언의 은사가 조심스럽지 않다면 무조건 믿을 만한 것이라면 분별할 필요가 없을 것입니다.

그런데 오늘날 소위 예언의 은사가 있다고 하는 자들은 다른 사람들로부터 자기의 예언을 분별당하는 것을 지극히 불쾌히 여기며 무조건 하나님으로부터 받은 예언(?)이라고 우겨댑니다. 예언의 은사를 통하여 교회에 덕을 끼치라는 성경의 말씀과는 정반대로 예언의 은사가 있다는 사람은 그때부터 자신이 무슨 대단한 사람이나 된 냥 특별히 알아주기를 원하며 교인들 위에 군림하려들고 함부로 다른 사람의 사생활을 간섭하려 들며 비밀을 폭로하고 교회를 판단하고 우습게 여기기도 합니다. 그러다가 대개는 교회를 이탈하여 따로 개인제단(?)을 차려 놓고 점치는 행위를 하기 시작합니다.

예언의 은사를 받았다는 자들은 대개 금식기도 등 기도를 많이(?) 하는 여자들인데(겔 14:17—23) 하나님은 자신의 기도에 즉시 응답해 주시는 냥 과장스럽게 과시해서 금품(현금)을 유도하며 상대를 압도하려 들고, 항상 책망 일변도로 반말을 하고 있습니다. 그것은 마치 무당이 점을 치러 찾아간 사람에게 하는 행위와 같습니다. 그들을 찾아다니는 신자들은 단지 신령하게 알아맞히는 것에만 반쯤 넋이 나가서 그들의 입에서 떨어지는 말은 무조건 '아멘, 아멘' 하며 머리를 조아리고 그들에게 안수기도를 받는데 무인가 신학교에서 신학을 공부하고 아예 목사가 된 여자들도 종종 있습니다. 그들이 내리는 처방은 대개 작정헌금을 얼마 하라, 며칠간 금식기도를 하라, 작정기도를 하라는 등의 지시를 내립니다. 신자들은 그들이 지시한 것은 무슨 일이 있더라도 지키는데 성경말씀을 그렇게 믿고 지킨다면 좋으련만 성경말씀은 뒷전으로 밀어 두고 예언점만을 결사적으로 지키는 신앙생활을 합니다. 예언점에 한 번 매료되기 시작하면 더 신령한 예언점을 치는 곳을 찾아 헤매게 되는데 마치 불신자들이 용하다는 점쟁이를 찾아다니는 것과 같습니다. 그것은 이미 정상적인 기독교신앙에서 이탈된 병든 모습입니다.

　귀신은 이러한 사이비 예언은사를 이용하여 한국 교회를 병들게 하고 있는데 사람으로 태어나 살아가는 사람은 불신자건 신자건 문제없는 사람이 없습니다. 다 나름대로 문제를 안고 사는데 이러한 문제들은 정상적인 신앙생활을 통하여 성경의 원리대로 살면서 하루하루를 주님의 뜻을 구하며 살되 자신의 결단과 선택으로 책임지며 사는 자세가 될 때 어려움을 극복해 나가면서 성화되고 신앙의 열매를 맺어가는 것입니다. 신자는 자기가 기도하고, 자기가 성경말씀을 기준삼아 하나님이 기뻐하실 방향이 무엇인지를 정하고(선택하고), 그 결과는 자기가 책임지는 삶을 살아야 합니다. 그래서 하나님은 인간에게 자유의지를 주시고 선악과를 따먹거나 먹지 않을 수 있는, 즉 순종하거나 불순종할 수 있는 인격적 존재로 창조하신 것입니다. 만약 예언기도하는 자들의 지시대로만 살아야 한다면 무엇 때문에 자유의지를 주셨겠습니까? 적당히 액땜이나 하고 요령껏 불운을 피하며 만사형통만을 추구하는 인생을 살라고 예수님은 우리를 위하여 십자가에 못 박혀 죽지 않으셨습니다.

　이러한 사이비 예언은사에 길들여진 신자들이 목사보다 예언은사가 있다는 사람을 더 신뢰하고 추종하는 것 때문에 목사들 가운데는 자기도 예언의 은사가 있는 것처럼 허풍으로 목회하는 풍조도 생겨났습니다. 그리하여 목사들 중에는 신비한 체 하느라고 기도원을 드나들고 예언을 하거나 환상을 보고 하나님의 음성을 듣는 것처럼 자신을 과대포장하며, 심지어는 설교 중에도 그런 사실이 있는 냥 경험담을 늘어놓는 목사도 있습니다. 이렇게 하는 목사가 영적으로 신령하다고 믿고 추종하는 사람들이 많아지는 것을 보면 한국 교회의 샤머니즘이 얼마나 심각한지 실감하지 않을 수 없습니다. 이러한 거짓은사를 한국 교회에서 몰아내는 것이 한국 교회의 바른 영적 성장을 위해서 시급한 문제일 것입니다.

입신

종종 은사주의자들 가운데 기도 중에 입신入神하여 천국 혹은 지옥에 다녀왔다든지, 영계靈界를 두루 경험하고 왔다든지, 자신의 영혼이 구름을 벗어나 우주를 두루 여행하고 왔다는 황당한 얘기를 떠들어 대는 자들이 많습니다. 그들은 기도 중에 갑자기 혼수상태로 드러누워서(그것을 그들은 입신했다고 함) 주기철 목사나 손양원 목사를 만나 대화를 나누기도 하고 심지어는 예수님과 만나 대화를 나누며, 사도 베드로나 바울을 만나 그분들이 전하는 메시지를 받아왔다고 하며 무슨 대단한 계시를 받은 것처럼 떠들며 녹음테이프에 담아서 신자들에게 판매하여 이익금까지 챙기는데 그 내용이 너무 황당하고 유치해서 만화 같지만 신비스러운 것을 좋아하는 대부분의 신자들은 실제로 받아들이고 믿는다는데 문제가 심각합니다.

심지어 성경말씀보다도 그런 간증 테이프를 절대 맹신하는 신자들도 많습니다. 1998년 10월 28일 예수 재림한다고 떠들어 사회를 소란케 했던 다미선교회 소동도 그래서 시작된 일입니다. 소위 입신자들은 자기들은 영적으로 특별한 계층의 사람이라고 스스로 구별하여 정상적인 신자들을 유치한 단계의 신앙이라고 깔보고 반말을 하고 고자세를 보이지만 그들이야말로 귀신의 종노릇을 하고 있는 사이비 신자입니다. 통탄스러운 것은 부흥사들 가운데 혹자들이 입신을 가장하여 계시를 받았다고 조작하면서 신비한 체 하기도 하고, 자기 손가락에서 성령이 나간다고 헛소리를 하는가 하면, 입던 옷을 벗어던지며 "성령 받아라" 하고 소리쳐서 우매한 신자들이 성령을 받으려고 서로 옷을 만지려고 아우성을 치게 하고, "쉬— 성령 나가신다 문 닫아라" 하는 황당한 해프닝까지 벌이기도 합니다. 어디서 목사가 되었는지 알 수 없는 자들이 각종 은사집회를 열어 축복성회니 방언 받는 방법이니 신유집회니 예언기도니 하며 말도 안 되는 짓을 하면서 야단들입니다. 입신현상은 대부분 그런 집회장소에서 일어나는데 은사집회를 많이 여는 산상기도원은 이러한 사이비 귀신은사가 난무하는 곳입니다. 그렇다고 모든 기도원이 다 그렇다는 것은 아닙니다(건전하게 운영하는 기도원도 있음). 신비주의로 전락한 기도원들이 많은 것은 사실입니다.

입신이란 무속종교에서 신(귀신)들리는 상태를 의미하는 것이며, 사실 입신이란 표현이 기독교 안에서 사용되고 더구나 성령님의 은사라고 하는 것은 너무나 어처구니없는 일입니다. 정말 성경을 믿는 신자라면 입신이란 말 자체가 얼마나 비성경적인지를 알아야 합니다. 입신자들이 즐겨 인용하는 성경구절은 고린도후서 13:1—4인데, 사도 바울이 일생에 단 한 번 경험했던 일을 회상하면서 당시의 사이비 신비주의자들이 바울의 사도직을 공격한 것을 변론하기 위하여 자신도 누구 못지않게 신비한 경험을 한 사람이지만 그런 것을 떠벌리는 것이 신자들에게 하등의 덕이 되지 못하므로 침묵하고 있었노라는 내용입니다.

> "무익하나마 내가 부득불 자랑하노니 주의 환상과 계시를 말하리라 내가 그리스도 안에 있는 한 사람을 아노니 그는 십사 년 전에 셋째 하늘에 이끌려 간 자라(그가 몸 안에 있었는지 몸 밖에 있었는지 나는 모르거니와 하나님은 아시느니라) 내가 이런 사람을 아노니 (그가 몸 안에 있었는지 몸 밖에 있었는지 나는 모르거니와 하나님은 아시느니라) 그가 낙원으로 이끌려 가서 말로 표현할 수 없는 말을 들었으니 사람이 가히 이르지 못할 말이로다 내가 이런 사람을 위하여 자랑하겠으나 나를 위하여는 약한 것들 외에 자랑하지 아니하리라."(고후 12:1—5)

사도 바울은 자신이 경험했던(하나님에 의하여) 특별한 체험을 그 누구한테도 말한 일이 없었다는데 이유는 무익하기 때문이라고 합니다. 그럼에도 이제 새삼스레 얘기하는 것은 사이비 은사자들이 자신들만 특허 낸 냥 신비한 체험을 떠들며 사도 바울을 사도로 인정하지 않으려 했기 때문에 부득불 얘기한다는 것입니다. 그러면서 자신이라고 밝히지 않고 '어떤 사람'이라고만 밝힙니다.

하나님에 의하여 진짜로 낙원을 본 사도 바울도 그것을 말하는 것이 너무나도 조심스러운 일이며 무익한 일이기에 일생 동안 입 다물고 지내왔는데 걸핏하면 입신했다고 떠드는 자들은 자신이 사도 바울보다 훌륭한 사람이란 것인지 이해가 잘 안 갑니다. 한 마디로 입신은 문자 그대로 귀신들림 현상입니다.

천국은 육신이 부활하여 예수님처럼 부활체가 되어야 가든지, 육신이 죽으면 영혼이 가는 곳입니다(눅 23:43). 간혹 에녹이나 엘리야처럼 죽음을 겪지 않고 부활체가 되어 천국에 가는 사람도 있고, 사도 요한이나 바울 같이 성령의 감동으로 천국에 대한 환상을 보거나 그 이상의 어떤 신비한 체험을 할 수 있거니와 그것은 성경시대에 하나님의 특별한 목적으로 특별한 사람에게만 허락된 일이지 아무한테나 허락되는 일이 아닙니다.

종종 죽었다가 산 사람 가운데 천국이나 지옥을 보고 왔다고 하는 이들도 있는데 그들이 실제로 천국과 지옥을 다녀온 것이 아니라 환상이나 황홀경, 혹은 비몽사몽간에 본 체험인 것이지 실제상황이 아닙니다. 사람은 실제로 죽기 전에는 천국이나 지옥에 갈 수 없습니다. 진동은사, 안찰, 예언기도, 입신 등은 성경적인 건전한 신앙을 훼방하는 독버섯 같은 요소이므로 사람의 마음을 신비스럽게 하고 뭔가 있을 것 같은 그런 독극물에 미혹되는 일이 없도록 경계해야 할 뿐 아니라 그러한 사이비 은사자들이 행세하지 못하도록 모든 신자들이 합심하여 뿌리를 뽑아야 합니다.

기독교와 이단 異端

　기독교의 행세를 하면서 실상은 기독교가 아닌 것이 이단입니다. 이단이란 표면적으로 기독교와 같아 보이지만 결정적인 부분에서는 기독교와 전혀 다른 것이 이단입니다. 현재 우리 교계에 잘 알려진 이단은 통일교, 여호와증인, 몰몬교를 비롯하여 제7안식교, 구원파(기쁜소리선교회), 베뢰아, 형제교회, 엘리야제단, 노량진 대성교회, 장막성전, 전도관(신앙촌), 새예루살렘교회, 다미선교회, 재림예수파, 신천지 등 헤아릴 수 없이 많이 있습니다. 이들에 대하여 다 거론할 수는 없고 그중에서 가장 안정되고 왕성한 활동을 펼치고 있는 통일교, 여호와증인, 몰몬교, 안식교, 신천지 등을 살펴보는 것이 좋을 듯싶습니다. 이단은 기독교신앙의 암적 존재일 뿐 아니라 세상에 물의를 빚는 일이 많기 때문에 성경에서도 수없이 많이 경계할 것을 강조하는 바, 신자들은 이단에 대한 기초적인 지식이 있어야 그들의 유혹을 물리칠 수 있습니다.

통일교 統一敎

통일교는 리틀엔젤스와 일화인삼, 맥콜, 세계일보 등으로 더 유명한데, 몰몬교가 몰몬 태버나클합창단으로 유명한 것과 비슷합니다. 통일교의 교주는 너무나도 유명한 문선명이며 그의 본명은 용명龍明이었습니다. 그는 1921년 평안도에서 출생했으며, 처음에는 영등포의 이용도파(한국 교회 초기의 유명한 신비주의자)에서 활동하다가 해방 후에 스스로 신비파교회를 설립하고 일본에서 전기공학을 공부하다 중퇴한 사람으로, 여인들에게 금식시키고 전기로 실신시켜 성폭행했으며, 6·25 당시 「신앙생활」이란 잡지에 광고를 내어 문선명에게 오면 남한으로 가는 길을 안내해 준다하여 모인 여자들에게 하나님 나라의 신비를 가르쳐준다며 혼음을 가르쳤고, 그 후에도 여성편력을 일삼다가 여고2년생이던 한학자와 결혼하여 현재에 이르고 있으며, 1957년에는 질서교란과 간음죄로 재판까지 받은 바 있는 문란한 사람입니다(신사훈 박사의 증언).

통일교는 일명 세계기독교통일신령집회라고 하며 그들이 성경이라고 하는 「원리강론」(547쪽)에 의하면 모든 종교는 기독교로, 모든 기독교는 통일교로 귀일된다고 해괴한 주장을 하고 있고, 더구나 57쪽에 의하면 세계와 인간을 하나님이 간접적으로 주관한다고 주장하고, 하나님은 음양이성상의 중화적 존재로서 남성적 주체이며(269쪽), 삼위일체는 성부, 성자, 성령이 아니라 하나님, 아담, 이브이며(22~26쪽), 아버지와 아들은 동등이 아니라고 합니다. 그들은 성경을 자기 마음대로 왜곡하고 있을 뿐 성경적인 하나님을 믿지도 않는 집단입니다. 그들은 창세기 3:7 인간의 타락을 성적性的 타락으로 해석하여 하와가 사탄과 간음했다고 주장합니다. 그래서 사탄의 피로 더럽혀진 하와가 아담과 동침해서 사탄의 혈통이 후손들에게 이어졌으므로 통일교에 의하여 피가름을 해야 구원을 얻게 된다는 괴기한 해석을 하고 있습니다(77~80쪽).

통일교의 원리강론은 수많은 망언으로 가득 찼는데 성경은 낡은 시대의 교훈집에 불과하다고 했으며(13쪽), 예수님이 한국으로 재림할 것이라는 어처구니없는 소리도 하고 있고(539쪽), 문선명은 예수, 공자, 석가의 스승이라 하고(1976.3.15 말씀 182호, 29쪽), 예수는 사생아요 우리와 같은 피조물이라는 망언을 늘어놓고 있습니다.

이 집단은 신도들을 끌어 모아 장사를 시켜 엄청난 돈을 모았는데 우리나라뿐 아니라 세계적인 재벌에 속한다고 볼 수 있습니다. 그들은 세계 각처에서 신도들에게 껌팔이나 구걸을 시켜 모은 돈으로 제약회사, 식품회사, 출판사, 신문사, 대학 등을 운영하고 있는데 일반기독교 신자들을 미혹하기 위하여 기독교잡지로 위장한 초교파, 광장, 주간종교와 세계일보를 통하여 포교활동에 힘쓰고 있습니다. 통일교는 수천 쌍의 합동결혼식을 국제적으로 치르는 것으로도 유명하며, 통일교에 한 번 발을 들여놓으면 다시는 빠져나오기가 불가능할 만큼 조직적인 신도관리, 감시, 공갈, 협박, 폭력을 행사할 뿐 아니라 통일교의 비리를 폭로하는 신도들이나 일반 교회를 향하여 보복행위를 하는 것으로도 유명합니다.

통일교는 정부 인사들과도 끊임없이 접촉하여 돈으로 물량 공세를 펴기도 하며 한때는 반공운동에 앞장서는 듯하다가 정부에 인정받지 못하자 반정부운동을 하기도 하는 등 카멜레온처럼 그때그때마다 색깔을 변화시키며 자신들의 목적을 위하는데 능수능란합니다(탁명환씨 증언).

통일교의 최종목표는 정치, 경제, 사상, 문화, 종교를 통일하고 자신들의 세력이 세계를 손에 넣고 지배하려는 무서운 야망을 가진 이단입니다. 그들은 자신의 세력을 세계적으로 확장시키기 위하여 부단히 힘쓰고 있는데 대만, 싱가포르, 서독, 프랑스 등지에서는 포교를 금지하고 입국을 거절하는데도 계속 일터를 찾고 포교를 시도하고 있습니다. 대한민국 곳곳에도 원리연구소가 있는 통일교는 하나님을 실패자로 낙인찍으며, 예수님은 문선명의 부하이고, 통일교에 입교하여 피가름을 해야 구원받는다고 망언을 하는 사탄의 집단입니다.

여호와의 증인(Jehouah`s Withensses)

여호와의 증인은 1892년에 창설되었으며 럿셀C. T. Russel이라는 안식교인이 시작했습니다. 그 운동이 본격화 된 것은 워치타워협회에서 성서책자를 발간한 1884년부터였습니다. 「깨어라」, 「파수대」 등의 책자들이 그것인데 그들은 자기들이 번역했다는 「신세계역 성경」이 진짜 성경이라고 우기며 기존 성경을 거부합니다. 그 성경은 여기저기 영적 독약이 들어있는 오역투성이입니다.

여호와의 증인은 주로 예수 그리스도를 피조물로 격하시키는데 주력하며 십자가는 괴롭게 하는 몽둥이로, 하나님은 천편일률적으로 여호와라는 단어로 사용하고 있고, 자신들의 교회는 왕국회관이라고 부릅니다. 그들은 기독교 신자들이 예수의 증인이란 말을 사용하는 것에 반발하여 자신들을 여호와의 증인이라고 합니다.

그들은 또 요한계시록 7:4에 나오는 하나님의 인印맞은 백성

십사만 사천 명에 들어가려고 공적주의 구원론(예수 그리스도의 복음을 믿음으로서가 아닌, 공로를 쌓아야 구원 받는다는 구원론)을 주장하며, 예수님은 서른 살까지 인간에 불과했으며 그러다가 예수는 죽고 (인간 예수는 아주 죽어 없어지고), 영적 피조물인 미가엘이 예수의 존재를 취하여 존귀한 자리에 높임을 받게 되었다고 말도 안 되는 망언을 하고 있습니다.

여호와의 증인은 지옥을 부인하고 사람은 영혼이 없다고 하며, 또한 삼위일체 하나님을 부인하고(오직 여호와만을 인정함), 예수 그리스도의 부활 사실도 거부합니다. 다만 예수의 모습을 하고 있던 미가엘 천사가 다시 영으로 부활했다고 합니다.

럿셀은 예언하기를 예수는 1834년 지상에 재림하여 1914년 모든 성도가 부활한다고 했으며, 요즘도 여호와의 증인은 예수의 모습을 취한 미가엘 천사가 영적으로 재림해 있다고 주장합니다. 더구나 그들은 성령님을 하나님으로 인정하지 않고 강력한 감화력이라고 합니다. 성경적으로 볼 때 그들은 통일교와 마찬가지로 기독교신앙하고는 상관없는 사이비 종교집단에 불과하므로 여호와란 말을 입에 올리는 것도 망령된 일이 아닐 수 없는 적그리스도의 단체입니다.

여호와의 증인들은 둘씩 다니며 전도하는데 반드시 불신자가 아닌 기독교 신자들을 목표로 찾아다닌다는 데 문제가 있습니다. 더 큰 문제는 이들의 전도에 넘어가 여호와의 증인으로 개종하는 기독교 신자들이 있다는 것입니다. 지금의 여호와의 증인 신도들은 대부분 기독교에서 개종한 사람들입니다. 물론 예수 그리스도의 복음을 확실히 믿고 거듭난 사람은 어떤 일이 있어도 거짓종교로 개종하는 일이 없습니다. 그러나 복음을 확실히 믿지 않은 신자들(명목상의 기독교인)은 거짓종교에 미혹되어 기독교를 떠날 가능성이 언제든 있습니다.

하나님은 진리를 믿기 싫어하고 귀가 가려워서 거짓진리를 듣기 좋아하고 불의를 좋아하는, 마음이 부패한 사람에게 거짓 영에게 속는 것을 내버려 두십니다(살후 2:11,12). 진리도 모르면서 인간적인 자만심만 있는 신자처럼 위험한 것은 없습니다.

여호와의 증인들은 또 수혈을 거부합니다(당연히 헌혈도 거부함). 그들은 군대 징집도 거부합니다. 그러므로 반성경적, 반사회적, 반국가적 세계관을 가진 사람들입니다. 여호와의 증인의 교주인 럿셀은 목사가 아니면서 목사라고 사칭하여 사기 친 사기꾼이었고, 여자 관계가 문란하였으며 헬라어의 알파벳도 쓰지 못하고 신학의 근처도 가보지 않은 협잡꾼임이 밝혀졌습니다.

몰몬교(Mormonism)

몰몬교의 정확한 이름은 말일성도 예수 그리스도의 교회(The Church Of Jesus Christ Later Day Saints)입니다. 미국 유타 주 솔트레이크 시市에 본거지를 두고 있으며, 가장 빨리 성장한 사이비기독교 중의 하나입니다. 이들 신도들은 평생 1, 2년간을 무보수로 해외에까지 나가서 전도하도록 되어 있으며 한국에도 상당수가 나와 전도 활동을 펼치고 있습니다. 몰몬교의 3대 특징 중의 하나는 일부다처제(현재는 그렇게 강조하지 않음)와 「몰몬경」을 비롯한 교리집인 「교리와 언약」, 「고가의 진주(The Peal Of Great Price)」, 그리고 몰몬 태버나클 합창단(Mormon Tabernacle Choir)입니다. 몰몬교의 창설자는 요셉 스미스이며 그는 약 50명의 처를 거느렸습니다. 그 후임자는 브릭함 영(Briham Young)으로 27명의 처와 56명의 자녀가 있었고, 이렇게 하여 영적 자녀를 출생시킴으로서 구원받게 한다는 것입니다.

예수 그리스도는 부활한 하나님인 아담과 마리아가 실제 부부 관계를 맺어서 출생했다고 하며, 예수도 3명의 아내가 있었다고 주장합니다. 즉 나사로의 누이동생인 마리아와 막달라 마리아와 예수의 발을 눈물로 씻긴 죄 많은 여인이 예수의 아내들이라는 것입니다. 그리고 요한복음 2장의 가나 혼인 잔치는 예수 자신의 혼인 잔치였다고 합니다.

모든 이단이 그렇듯 그들의 주장은 억지의 극치이며 무엇보다도 그들은 「몰몬경」이라는 이상한 출처의 성경을 가지고 있는데 이런 것이 사이비종교의 특징입니다. 즉 통일교는 「원리강론」을 가지고 있고, 여호와의 증인은 「신세계성경」을 가지고 있듯이 몰몬교는 「몰몬경」을 가지고 있습니다.

그뿐 아니라 미국의 이단 크리스천 사이언스Christian Science는 「과학과 건강」이 있고, 마호메트교(이슬람교)는 「코란」이 있으며, 강신술자들은 저들의 집회에서 「타계로부터의 계시」를 받았다고 주장합니다. 우리나라의 용문산파라는 이단도 「기독교 도리학」이라는 자기들만의 책이 있으며 기타 다른 이단들도 자기들에게 내린 신의 계시(?)라고 주장하는 책들을 가지고 있습니다.

　「몰몬경」은 시드니 릭든S. Rigdon이 요셉 스미스와 합작으로 일대 속임수를 써서 만든 책인데 1823년 9월 23일 천사 모로나이Moronai가 요셉 스미스에게 나타나서 고대 아메리카 역사가 기록된 황금문자판이 묻혀 있는 곳을 가르쳐 주었는데 그 판에는 개역된 이집트 문자가 적혀 있었다고 합니다. 그것을 3개월에 걸쳐서 요셉 스미스가 번역하여 1830년에 영어로 출판하였다는 것입니다. 그러나 그것은 이집트 문자도 아니었고 계시는 더더구나 아니었습니다. 콜롬비아 대학의 안튼Anton 교수는 그 글자를 감정한 후 가짜요 속임수라고 선언하였습니다.

　「몰몬경」은 성경에서 얼마, 그리고 솔로몬 스폴딩의 소설 「발견된 사본(The Manuscript Found)」이라는 책에서 마구 표절하는 등 여기저기서 끌어 모아 잡탕을 만든 거짓계시인 것이 드러났습니다. 도대체 성경이 아닌 것에 계시라는 말을 사용하는 것 자체가 언어도단이요 사기꾼인 것입니다. 누구든지, 혹 유명한 기독교 목사라 할지라도 성경이 아닌 자신의 개인적 신비체험 중에 받은 말씀을 계시라고 해서는 안 됩니다. 계시는 오직 성경말씀 외에는 존재하지 않습니다.

요셉 스미스는 58가지 예언을 했는데 하나도 맞은 것이 없고 그들은 삼위일체 하나님을 믿지도 않고 하나님은 한 분인지 여러 분인지 분명히 드러날 때가 온다는 등 횡설수설하며 그들의 교리책 「고가의 진주」 41쪽에서는 성부와 성자는 사람처럼 살과 뼈가 있는 존재라고 하여 영이신 하나님의 존재조차 부인합니다.

그럼에도 몰몬교가 확장되는 이유는 무보수 선교사들의 열렬한 전도와 신자들이 재능과 재물을 아낌없이 헌납하고 자기들끼리의 단합과 결속과 협조가 너무나도 강하고 끈끈하기 때문인 것으로 드러났습니다. 그들은 수많은 공동재산을 가지고 있으며 신자 중에 도움이 필요한 사람에게는 아낌없이 도와주는 형제애도 특별하기 때문에 한 번 몰몬교에 들어가면 절대로 나오는 일이 없다고 합니다. 그 점은 모든 사이비종교나 이단들의 공통적인 특징이기도 한데, 그 점에 대해서 우리 정통적인 기독교는 너무 뒤떨어진다고 볼 수 있습니다. 그들의 열심과 뜨거움 앞에서 우리는 많은 부끄러움을 느끼고 도전을 받아야 할 것 같습니다.

안식교 (Seventh—day Adventism)

안식교는 제7일 예수 재림, 곧 안식일에 예수 재림하심을 믿는 교파인데 예수 그리스도 십자가 구속의 희생을 거부하지 않으므로 통일교나 여호와의 증인, 몰몬교 같은 적그리스도적인 이단은 아니지만 건전한 복음적 기독교가 아닌 것만은 확실합니다.

이 교파가 이단인 것은 천주교와 같이 죄인이 구원받기 위해서는 예수 그리스도의 구속의 사역을 믿는 것 외에 행위를 강조하기 때문이며, 성경 외에 또 다른 권위를 두고서 신봉하기 때문입니다. 그것은 엘렌 화이트E. G. White 부인의 저술인데 이 여선지자(?)는 소위 예언의 은사를 받았다는 사람으로 크리스천 사이언스의 메리 베이커 에디, 몰몬교의 요셉 스미스에 해당하는 인물입니다. 그녀는 「간증」 또는 「그리스도께 향하는 단계」 등의 책을 통해서 말세에 대하여 예언하는 유일한 하나님의 예언자로 행세했습니다.

안식교는 예수 그리스도가 타락한 인간의 성품을 그대로 소유했다고 주장합니다. 즉 우리 같은 죄인으로 태어났다는 것입니다. 그것은 예수님의 참된 성육신을 부인하는 망언입니다. 또한 예수님은 사람의 영혼을 갖지 않았다고 하는데 앞뒤가 안 맞는 말입니다. 안식교의 중요한 오류 중의 하나는 불신자의 영혼은 죽게 되면 멸절한다고 주장하는 것입니다(지옥형벌이 아니라 소멸되어 없어진다는). 이 점은 여호와의 증인과 동일한데 중간기 교리에서(신자가 죽은 후 부활되기 전까지의 상태에 대한 이론) 영혼 수면설(영혼이 잠만 잔다는)을 주장하는 것도 동일합니다.

안식교는 엉뚱하게도 천주교가 교황권을 가지고 신도들이 예배드리는 날을 토요일에서 일요일로 바꿨다고 주장하며 토요일 예배를 고집합니다. 그리고 개신교는 일요일에 예배하므로 종교 개혁을 충분히 완성하지 못했다고 종교개혁자들을 성토합니다. 그들은 제4계명을 어긴 자들(토요일 안식일을 일요일 주일로 지키는 자들), 곧 개신교 신자들과 천주교 신자들은 심판받을 것이라고 주장합니다.

그들은 특히 토요일 안식일 경배와 예수 그리스도의 십자가 구속과 구약의 율법을 지킴으로써 구원을 받는다고 주장합니다. 따라서 그들의 교리는 유대교의 교리와도 비슷합니다(예수 그리스도의 십자가 구속을 믿는 것은 제외). 그것은 완전히 비성경적이며 비복음적인 교리로써 하나님의 구속사를 전혀 모르는 무지를 그대로 드러내는 것입니다(기독교 바로 알기 주일성수 참조).

신자에게 있어서 율법의 참의미는 구원받기 위해서 지켜야하는 것이 아니라 구원받은(예수 그리스도를 믿음으로) 신자들의 선한 삶을 위한 기준이요, 더 잘 믿는데 대한 지침이 될 수 있는 이상의 의미가 없다는 것은 신약성경(특히 바울서신, 로마서, 갈라디아서)을 조금만 볼 줄 안다면 너무도 분명히 깨닫게 됨에도 불구하고 그들은 율법의 멍에를 다시 메고자 하는 것입니다.

신천지

최근 몇 년간 한국 교회를 위협하고 뒤흔드는 이단은 단연 신천지일 것입니다. 신천지 예수교 장막성전이라는 긴 이름을 줄여 통상 신천지라고 하는데, 이 사이비 기독교 집단의 특징은 다른 이단종파와 달리 정통교회의 기독교 신자로 위장해서 교회에 침입하여 교인들을 미혹해 가고 교회를 무너뜨린다는, 수단 방법을 가리지 않는 사악한 공격성이 있다는 것입니다.

신천지를 만든 사람은 이만희(최근엔 이희재로 바꿈)라는 자인데 이만희의 뿌리는 박태선이라는 자입니다. 박태선은 자유당시절(50년대) 당시 유명목사가 인도하는 심령대부흥회에서 소위 성령체험을 하고 신유은사를 받았는데, 그때부터 얼마동안 대단한 치유능력이 나타나 사람들이 몰려들어 그에게 병 고침을 받았습니다. 그러다가 교만해져서 한국을 대표하는 목사들이 주최한 집회에서 자기가 하나님이라고 떠들어 대고 엄청난 헌금을 거두어 자기 마음대로 가지고 간 후 소위 신앙촌이라는 마을을 세웠고, 그들이 모이는 집회장소인 전도관을 통하여 많은 기성교인들을 신앙촌으로 들어오도록 유인했습니다. 그들은 신앙촌에 들어오는 사람만 계시록 14장의 십사만 사천 명에 포함된다는 거짓말로 어리석고 무지한 기성교회 신자들을 미혹했습니다.

박태선은 신앙촌에 들어오는 자들에게 재산(집과 전토)을 출자

하도록 하여 그 돈으로 시온그룹이라는 회사를 세워 자유당 말기와 공화당 초기 때 대단한 위세를 떨쳤습니다. 그때의 시온그룹은 지금의 현대, 삼성그룹 같은 재벌그룹에 속했는데, 박태선의 여러 아들 중 박동명이라는 희대의 플레이보이가 인기 연예인들과 스캔들을 뿌리면서 흥청망청 시온그룹의 돈을 쓰고 다니면서 신앙촌 사람들에게 실망을 안겨 주었고, 신앙촌 사람들이 대거 사회로 복귀하는 일이 생겼습니다. 그로부터 박태선의 전도관은 급속도로 쇠락의 길을 걷게 됩니다.

이러한 과정에서 박태선에게 불만을 갖고 있던 전도관 지도자들이 전도관을 벤치마킹해서 새로운 이단을 조성했는데, 마장동의 에덴성회, 승리제단, 과천의 어린종이라는 유재열 등이 있었고, 어린종 계열 출신이 바로 이만희입니다. 이만희는 교주가 되어 박태선이 주장했던 십사만 사천 명의 구원받은 성도들을 모으기 위해 '신천지'라는 간판을 걸고 계시록에 예언된 천년왕국 새 하늘과 새 땅을 신천지라고 하면서 시한부종말론과 말세론으로 어리석은 기성교인들을 미혹하여 자기들 무리(십사만 사천 명의 구원받은 무리) 안에 들어와야만 구원이 있다고 주장합니다.

모든 이단들의 공통점 중의 하나는 시한부종말론과 말세론을 들고 나와 자기들 집단 안에만 구원이 있다고 떠들면서 성경에 무지한 성도들에게 성경을 가르쳐 주겠다며 미혹합니다. 신천지는 다른 이단들처럼 자기 이름으로 접근하기보다는 위장 전술에

능해서 '원로장로협의회'니, '원로목사 교수협의회'니 그럴듯한 기관명을 사용하여 사람들을 감쪽같이 속이는데 '요한계시록 완전해설' 등 여러 가지 계시록에 관련된 내용을 가르치면서 결론은 신천지 교주 이만희를 신격화하고 있습니다.

신천지의 무료성경신학원이 기성교단으로부터 이단으로 규정되자 시온기독교신학원으로 그 명칭을 바꾸고 이만희는 이희재로 이름을 바꿔 활동하는데, 그들은 필요에 따라 변화무쌍하게 위장술과 둔갑술을 능란하게 펼쳐가며 전국뿐 아니라 해외까지 지부를 두고 포교에 수단 방법을 가리지 않고 있어 한국 교회에 커다란 위협이 되고 있고, 신천지 때문에 무너지는 교회들이 속출할 정도입니다.

크리스천들은 정체 모르는 자들에게 이끌려 성경을 배우는 일이 없도록 경계해야 합니다. 다음은 전국에 퍼져 있는 신천지 포교학원입니다.

무료성경신학원, 시온기독신학원, 평신도신학교육원, 기독교성경신학교육원, 기독교청년학생신학교육관, 기독청년학생신학교육관, 열린성경교실, 열린성경문서통신선교회, 삼위신학교육원, 시온크리스천칼리지, 성경정보시대, 한국성경신학원, 세계복음화선교연합회, 대한예수교교육자선교협의회, 은평기독신학원 등.

이름만 보면 얼핏 정통기독교교육기관처럼 여겨지는 이 신학교육원들은 곳곳마다 기독교인들을 사냥하기 위해 설치해 놓은 신천지의 덫입니다.

이단들의 공통점

첫째, 이단은 성경 이외에 다른 계시, 또는 다른 권위를 가지고 있으며 성경보다 그것을 우위에 두고 성경을 자기들의 계시에 맞추어 개조 변경합니다.

둘째, 특정한 중보자 역할을 하는 어떤 인간을 내세워 그를 신격화하거나 그의 말을 성경보다 절대시합니다.

셋째, 예수 그리스도의 십자가 구속의 공로로 말미암아 구원얻는다는 복음을 부인하거나 복음 외에 다른 것을 첨가시켜 복음을 약화시키고 변질시킵니다.

넷째, 기독론(예수 그리스도에 대한 교리)과 삼위일체론(삼위일체에 관한 교리)과 교회론(교회에 대한 교리)에 반드시 문제가 있습니다. 그들은 예수 그리스도를 사람으로만 보든지, 혹은 신이라고만 보든지, 혹은 천사 같은 존재라고 주장하여 기독론을 왜곡하고, 성령님을 인격자 하나님이 아닌 기운, 힘, 감화력 등으로 보거나, 예수님보다 성령님에게 더 비중을 두거나 하여 지나친 신비주의에 기울어지기도 하며, 삼위일체 하나님을 부인합니다. 그 밖에 사탄론(사탄에 대한 교리), 귀신론(귀신에 대한 교리)도 성경적이 아닌 이교적이며 민간신앙적으로 왜곡하여 주장합니다.

다섯째, 이단들은 자기들만이 구원받은 특별한 집단이며 하나님이 인정하시는 가장 바른 신앙을 지닌 것으로 주장하며 기성교회를 인정하기를 거부합니다.

그러나 이상과 같은 분명한 이단 외에 장로교나 감리교, 성결교, 침례교 등 기존 개신교 교파에 속해 있는 교회들 중에도 이단적인 요소들이 다소 들어 있는 경우가 있는 바, 주로 신비주의(은사주의), 율법주의(행위구원 강조), 기복주의(샤머니즘), 권위주의, 물량주의 등으로 치우쳐 복음의 순수성이 많이 희석되어 있는 경우를 말합니다. 이러한 경우는 이단이라고는 할 수 없으나 성경적인 건전한 신앙이라고 할 수 없는 비복음적인 신앙임에 틀림없습니다. 신약성경은 사이비 신앙에 대해서 우리가 경계하는 이상으로 경계하며 경고하고 있습니다.

> "그리스도의 은혜로 너희를 부르신 이를 이같이 속히 떠나 다른 복음 좇는 것을 내가 이상히 여기노라 다른 복음은 없나니 다만 어떤 사람들이 너희를 요란케 하여 그리스도의 복음을 변하려 함이라 그러나 우리나 혹 하늘로부터 온 천사라도 우리가 너희에게 전한 복음 외에 다른 복음을 전하면 저주를 받을지어다." (갈 1:6—8)

> "그러나 성령이 밝히 말씀하시기를 후일에 어떤 사람들이 믿음에서 떠나 미혹하는 영과 귀신의 가르침을 따르리라 하셨으니." (딤전 4:1)

"……무식한 자들과 굳세지 못한 자들이 다른 성경과 같이 그것도 억지로 풀다가 스스로 멸망에 이르느니라."(벧후 3:16)

"내가 이 두루마리의 예언의 말씀을 듣는 모든 사람에게 증언하노니 만일 누구든지 이것들 외에 더하면 하나님이 이 두루마리에 기록된 재앙들을 그에게 더하실 것이요 만일 누구든지 이 두루마리의 예언의 말씀에서 제하여 버리면 하나님이 이 두루마리에 기록된 생명나무와 및 거룩한 성에 참여함을 제하여 버리시리라."(계 22:18,19)

천주교와 개신교

　기독교는 원래 구교(천주교)와 신교(개신교)의 구분이 없이 하나였습니다. 그러다가 약 500년 전 종교개혁 이후 둘로 나눠졌습니다. 뿌리가 같으므로 천주교와 개신교는 같은 종교라고 생각될 수 있겠지만 실은 너무나도 이질적인 종교입니다. 아마도 천주교와 개신교는 무슨 일이 있어도 화합할 수 없을 것입니다. 지금도 천주교에서는 개신교보다 오히려 불교와 더 가깝게 지내고 있습니다.

　천주교(로마 가톨릭)와 개신교의 진정한 화해와 연합은 아마도 예수님 재림 때까지는 일어나지 않을 것입니다. 그것은 세상 종말 때까지 천주교와 개신교는 나뉠 수밖에 없을 것이라는 의미입니다. 그것은 일개 평신부였던 마틴 루터와 로마 가톨릭 교황청이 서로 적그리스도(마귀)라고 공격하며 싸우기 시작한 때부터 한 치의 양보도 없이 지금까지 계속되고 있는 현실입니다. 물론 신학적인 견해를 떠나서 천주교의 신부와 수녀들 가운데 훌륭한 사람이 있다는 것을 인정하는 것과는 별개의 문제입니다. 개신교 목사들도 때로는 일생을 하느님(천주교에서는 하나님을 하느님이라 부름)께 헌신하고 희생하며 박애정신으로 사는 신부나 수녀를 보면서 천주교에 구원이 있다 없다를 떠나서 존경심을 갖기도 합니다. 고故 테레사 수녀는 천주교나 개신교뿐 아니라 모든 사람이 존경했던 사람입니다.

또한 솔직히 말하자면 개신교 목사보다 천주교 신부 가운데 학문적으로나 인격적으로 수준이 높은 사람이 많이 있습니다. 그것은 천주교 신부가 되는 과정이 개신교 목사가 되는 과정보다 학문과 인격수련 면에 있어서 더 많은 것을 요구하기 때문이기도 하지만 그들은 독신이므로 목사들보다 온전히 헌신하기가 쉬운 점도 있기 때문입니다.

그렇다고 개신교 목사가 모두 천주교 신부보다 학문적으로나 인격적으로 뒤처진다는 뜻은 아닙니다. 단지 개신교 목사 가운데 너무 쉽게 신학의 과정을 마치거나 인격적 결함이 있음에도 목사가 되어 물의를 빚는 사람이 있는데 비하여 천주교 신부는 천주교의 제도상 엉터리 과정을 밟을 수가 없다는 것입니다. 그것은 천주교와 개신교의 제도적, 정치적, 구조적 차이 때문이기도 한데 개신교는 무인가 신학교가 있고, 교단들이 난립하여 교단에 따라 목사가 되는 코스가 엄격한 교단이 있는 반면 너무 쉽게 목사가 되는 교단이 있으나, 천주교는 그런 일이 불가능합니다.

그러나 중요한 문제는 자질문제나 거대한 조직이나 전통보다는 하나님 앞에서 각자의 신앙입니다. 천주교 신자이건 개신교 신자이건 예수 그리스도를 영접하여 구원을 얻어야 합니다(이러한 원칙은 개신교적인 표현이지만). 우리가 천주교 안에는 구원이 없다거나 개신교만이 구원을 보장해 준다고 말할 수 없는 것은 그 때문입니다. 천주교 안에서도 예수 그리스도의 복음을 확실히 믿는 사람은 구원을 얻을 것이요 개신교 안에서도 예수 그리스도의 복음을 확실히 믿지 않는 사람은 구원을 얻지 못할 것입니다. 기억해야 할 것은 루터도 천주교 신부였으며 다수의 종교개혁자들이 천주교 출신이었다는 점입니다.

중세 타락한 교회(천주교) 안에서도 말할 수 없이 훌륭한 수도사들이 많이 있었는데 이를테면 「그리스도를 본받아」를 쓴 수도사 토마스 아 캠피스 같은 사람은 개신교신학으로 볼 때도 흠 없는 신앙인이었음을 알 수 있습니다. 그의 책을 보면 마리아 숭배나 성인 숭배, 연옥, 선덕구원, 교황무오설 같은 것은 한 구절도 나오지 않았습니다. 지금도 천주교 안에 드물기는 하지만 확실한 복음을 믿는 사람들이 있다는 것을 우리는 부인해서는 안 됩니다.

다만 성경적으로 볼 때, 구원의 길(복음)을 바르고 정확하게 전해 주는 쪽이 개신교의 신학인 것만은 틀림없는 사실이며 천주교는 오류가 너무 많다는 점입니다. 천주교에서 한 치의 양보도 하지 않고 절대적 확신을 가지고 지키고 있는 마리아 숭배, 연옥교리, 고해성사, 선덕구원(예수 그리스도의 복음+선행), 교황무오설, 외경(성경에 들어가지 못한 성경사본) 신봉, 신부와 수녀의 결혼불가는 성경적으로 볼 때 전혀 근거 없는 것이므로 개신교에서는 잘못되었다고 지적하고, 천주교에서는 너희가 잘못되었다고 고집하고 있으므로(500년 동안), 어느 한쪽이 양보하지 않는 한 둘은 절대로 하나가 될 수 없습니다. 만약 개신교에서 천주교가 잘못이 없다고 시인한다면 성경을 부인하는 것이 되므로 신앙을 포기하지 않는 한 그런 일은 일어나지 않을 것이고, 천주교가 자신들의 오류를 시인한다면 지금의 천주교의 모든 교리와 교회제도를 개신교처럼 바꿔야 하므로 그들 또한 절대로 그런 일은 하지 않을 것입니다.

개신교 입장(성경적 입장)에서 보면 천주교는 너무도 몰상식한 이단인 반면에 천주교 쪽에서 볼 때는 개신교가 가증한 이단입니다. 그들은 천주교야말로 정통적이고 거룩하고 공변된 참 하나뿐인 교회라고 합니다. 그런 정통교회에 대하여 개신교가 감히 잘못되었다고 적대하고 반항하고 있으니 어처구니가 없을 것입니다.

그러나 개신교는 주장하기를 천주교에 반항하고 있는 것이 아니라 천주교의 잘못을 그대로 따르지 않고 본래의 성경적 교회(초대교회)로 돌아갔을 뿐이라고 합니다. 이처럼 천주교와 개신교는 신학의 원리에서 엄청난 차이가 나며 서로 절대로 양보하거나 타협할 수가 없는 지경에 이르렀습니다. 천주교는 개신교에서 공격하는 교리에 대해서 합리적인 해답을 마련해 놓고 있어서 논쟁으로는 해결할 수가 없습니다. 어떤 천주교 신자든지 신부로부터 천주교의 교리를 배우면 시인하고 믿지 않을 수 없게 되어있습니다.

그러나 만약 천주교 신자들이 천주교의 교리와 의식에 관하여 객관적이고 자유로운 마음으로 개신교에 대한 부정적 선입관을 떠나서 성경을 자세히 통독하기만 한다면 천주교의 교리가 얼마나 비성경적인지 시인하지 않을 수 없을 것입니다. 사실 신약성경 어디에도 지금의 천주교와 같은 형태의 교회는 없습니다. 천주교는 정치적, 행정적으로는 완벽한 하나의 국가이고, 그 국가의 왕이 교황이며 교리와 의식에서는 기독교와 로마의 이교가 혼합된 혼합종교입니다.

천주교의 중요한 교리는 성경에 근거한 것이 아니라 외경과 성자들의 기록에 근거한 것이므로 한 마디로 천주교는 성경의 기독교라 할 수 없습니다. 아브라함 카이퍼 교수에 의하면 천주교는 유대교의 제사주의+예수 그리스도의 십자가+로마제국의 정치조직 및 이교 숭배라는 3단계를 거쳐 이룩된 것이며 긴 역사와 전통으로 말미암은 권위와 독선을 드러내어 예수는 오직 천주교만을 세우셨고, 천주교만을 인정하신다고 주장하며 초대교황으로 베드로를 세우셨다고 합니다. 그것은 마태복음 16:17—19에 근거한 것으로 사실은 베드로의 교황권을 말씀하신 것이 아니라 베드로의 신앙고백의 터 위에 교회를 세우실 것을 말씀하신 것입니다. 아마도 사도 베드로가 천주교에 의해서 자기가 초대교황이 된 것을 천국에서 안다면 기가 막힐 것입니다.

교회역사가 증명하는 바에 의하면 천주교는 히브리어와 헬라어 성경보다도 번역상 한 단계 더 거친 라틴어 성경을 존중했었고, 더구나 평신도는 읽을 자격이 없었으며 직접 기도하거나 구원의 확신을 가지는 일 등은 꿈도 꾸지 못해 왔습니다. 현실적으로도 가톨릭 신자들은 살아 계신 하나님께 적극적으로 기도하지 못할 것입니다. 그들은 하나님의 은혜를 일정한 의식 속에서 중개자를 통하여 받을 수 있는 것으로만 알고 있고, 신자 스스로 성령을 모신 지성소가 되어 적극적으로 하나님과 교통하는 성경적 신앙에 도달하기가 불가능할 것입니다. 죽은 자를 위한 기도, 공덕축적개념, 마리아의 중보, 묵주기도, 성상숭배 등 성경적으로 볼 때 그들의 몰상식은 일일이 언급할 수 없을 만큼 많습니다.

가톨릭은 처음부터 성경적인 교회가 아니었습니다. 오랜 세월이 흐른 후에 천주교 안에서 성경을 제대로 볼 줄 아는 사제들이 그 사실을 절감하고 성경의 교회(초대교회)로 돌아가고자 운동을 펼친 끝에 시작된 교회가 개신교입니다. 그것을 가톨릭이 인정하지 않아서 지금의 개신교와 천주교가 된 것입니다. 그러나 우리가 잊지 말아야 할 것은 루터처럼 천주교 안에도 성경을 바로 보고 믿는 사람이 지금도 있을 것이라는 점이며 존경할 만한 사람들이 있을 것이라는 점입니다. 그뿐만 아니라 이 시대의 개신교 안에도 성경적인 신앙이 아니라 종교개혁 이전의 가톨릭의 타락과 오류와 부패 못지않은 변질된 교회가 있다는 것입니다. 중요한 것은 성경의 복음을 믿는 것이며, 개신교 신자라고 해서 무조건 구원이 보장되는 것은 아닙니다.

기독교와 제사祭祀 문제

　한국인의 조상숭배 사상은 한국 교회의 질적 양적 성장의 저해를 가져오는 어려운 문제 중의 하나이며 걸림돌입니다. 한국인의 조상숭배 사상은 한국의 오랜 역사만큼이나 뿌리 깊은 것으로, 한국인 심성 깊은 곳에 자리 잡고 있어서 누구든지 기독교신앙인이 되었거나 기독교신앙을 가져보려는 사람은 제사 문제에 부딪치게 되고, 가족들과 친척들과도 제사 문제로 충돌하게 됩니다. 구한말 기독교가 조선에 처음 들어왔을 때 조상숭배를 거역하는 서양의 악덕종교라 하여 대원군 치하에서 극심한 박해가 있었던 것은 유명한 일입니다.

제사는 예배인가, 공경인가

제사는 신령神靈한 존재에게 제물을 바쳐가며 정성껏 경배하는 것을 말합니다. 그러므로 제사란 예배행위이므로 종교적인 것이지 윤리적인 것이 아닙니다. 단순히 공경하는 대상에게는 제사를 드리지 않습니다. 조상에 대한 공경의 차원이라면 제사를 드릴 필요가 없으며, 그렇게 되면 윤리적 차원에 머물게 될 것입니다.

하나님은 인간의 예배대상(제사대상)은 하나님 외에 그 어떤 것도 용납하지 않으신다고 십계명 중 1, 2계명에서 분명히 규정해 놓으셨습니다. 더군다나 죽은 자가 예배(제사)의 대상이 될 수는 없습니다. 한국인의 죽은 조상을 대상으로 하는 제사행위는 어떤 것으로도 변명할 수 없는 우상숭배이며 하나님을 거역하는 행위입니다.

인간의 죽은 영혼이 처해 있는 상태

죽은 영혼에게 제사를 드리는 가장 큰 이유는 죽은 조상의 영혼이 제사 드리는 것을 좋아하며 제삿날 찾아와서 복을 주고, 제사를 안 드리거나 성의 없이 드리면 화를 내려서 복을 감하게 한다는 미신에 사로잡혀 있기 때문입니다.

사람들은 인간이 죽으면 영혼이 귀신이 되어 떠돌아다닌다고 믿기도 하며, 하늘나라에 갔다가도 (기독교적 개념의 하늘나라가 아닌) 필요하면 (제삿날 같은 때) 나와서 돌아다니며 볼일을 보는 것으로 믿고 있습니다. 그것은 근거 없는 미신에 불과하며 성경에 의하면 사람은 죽은 후 영과 육이 분리되어 육체는 티끌로 돌아가서 썩어버리고 (한줌 흙으로 돌아가고), 영혼은 즉시 하나님께로 돌아가든지 지옥으로 가게 되어 있습니다. 즉 예수 그리스도를 신앙했던 사람은 육신의 죽음과 함께 그 영혼이 천국으로 가게 되고, 천국에 한 번 가면 다시 나올 수 없는 곳으로 성경은 말씀하고 있습니다 (눅 16:26—31).

누가복음 23:43 등에 의하면 신자의 영혼은 죽음과 함께 즉시 낙원에 들어가서 빛과 영광 가운데서 하나님을 찬미하며 그들의 육신이 완전히 구속 (부활) 되기를 기다립니다 (히 12:23; 고후 5:1—6,8; 빌 1:23; 행 3:21; 엡 4:10).

그러나 불신자의 영혼은 지옥에 던져져서 고통과 어두움 가운데서 심판의 날을 기다리게 됩니다 (눅 16:23,24; 행 1:25; 유 6,7; 벧전 3:19). 성경은 육신이 죽은 후에 영혼이 가게 될 곳으로 위의 두 가지 (천국과 지옥) 외에는 아무것도 가르쳐 주지 않습니다. 성경은 이 두 가지 외에 천주교처럼 '연옥'이라는 곳을 결코 말한 적이 없습니다.

천주교의 오류

그 다음, 사람이 죽은 후에도 영혼이 구원받을 수 있는 기회가 주어진다고 천주교는 주장합니다. 그것은 베드로전서 3:18—20을 근거로 하는데

"그리스도께서도 단번에 죄를 위하여 죽으사 의인으로서 불의한 자를 대신하셨으니 이는 우리를 하나님 앞으로 인도하려 하심이라 육체로는 죽임을 당하시고 영으로는 살리심을 받으셨으니 그가 또한 영으로 가서 옥에 있는 영들에게 선포하시니라 그들은 전에 노아의 날 방주를 준비할 동안 하나님이 오래 참고 기다리실 때에 복종하지 아니하던 자들이라 방주에서 물로 말미암아 구원을 받은 자가 몇 명뿐이니 겨우 여덟 명이라"라고 기록되어 있습니다.

예수님께서 십자가에서 죽으신 시간부터 부활하실 때까지 사흘 동안(무덤에 장사 지낸 동안) 예수님의 영혼이 노아가 방주를 예비할 동안에 노아의 전도를 듣지 않고 하나님께 대항하던 사람들이 떨어져 있는 옥(지옥)에 있는 영들에게 전도하러 내려가셨다는 것으로 천주교는 이 구절을 근거로 연옥설 및 믿지 않고 죽은 자에게도 구원의 기회가 주어진다고 황당한 주장을 하고 있습니다.

예수님께서 십자가에 못 박혀 돌아가시고 부활하기 직전까지

3일 동안 가 계신 곳(영혼이)은 낙원, 곧 천국이었습니다. 예수님께서는 같이 십자가에 못 박혀 죽어 가면서 회개한 강도에게 이렇게 말씀하셨습니다.

"내가 진실로 네게 이르노니 오늘 네가 나와 함께 낙원에 있으리라."(눅 23:43)

그렇다면 천주교에서 주장하는 베드로전서 3:18—20의 내용은 무엇을 의미합니까. 노아 때에 이미 예수님의 영, 곧 성령님은 이미 노아의 입을 통하여 그 시대 사람들에게 전도하셨습니다. 전도하러 예수님이 지옥까지 가셨다는 얘기는 신구약 성경 어디에도 없습니다. 베드로전서 3:18—20의 의미는 예수님은 산 자와 죽은 자의 주가 되시므로 죽은 자의 영, 곧 지옥에 있는 영혼도 예수님의 주권 아래 있다는 것으로, 하늘과 땅의 주권자이신 예수님께서 구태여 지옥에 가지 않으셔도 지옥에 있는 영혼들에게 심판을 선포하신 것은 너무나도 당연한 일입니다.

일견, 예수님께서 지옥에 있는 영들에게 전도하러 가셨다는 것은 죽은 자에게도 다시 한 번 구원의 기회가 주어진다는 점에서 소망스러울 수도 있습니다. 그러나 한편 죽은 자에게도 전도할 수 있고 구원의 기회가 주어진다면 구태여 살아있을 때 반드시 예수를 믿어야 할 절대적 이유가 없지 않겠느냐는 딜레마에 빠지게 됩니다. 천주교는 여기에 그치지 않고 죽어서 연옥에 가 있는 자를 위하여 지상의 가족 및 친지들이 기도하고 공덕을 쌓으면 그들이 구원받아 천국에 갈 수 있으므로 죽은 자를 위한 기도 및 선행을 강조하는, 지극히 몰상식하고 비성경적인 교리를 만들어 놓고 무지한 신자들을 오도하고 있습니다.

그런 교리 때문에 천주교에서는 일찍이 조상을 위한 제사를 허용하고, 믿지 않고 죽은 조상을 위하여 기도하고, 선행을 하며 공덕을 쌓으면 죽은 조상의 구원도 가능하다고 가르치고 있습니다. 성경은 살아 있을 때 예수를 믿지 않으면 죽은 후에는 절대로 구원 받을 수 없음을 처음부터 끝까지 강조하고 있습니다. 난해하고 확실치 않으며 성경의 통일적 가르침과 일치되지 않는 한두 구절을 근거로 교리를 만드는 것처럼 위험한 것은 없습니다. 성경은 그런 자들에 대하여 멸망을 선포하고 있습니다(벧후 3:16,17; 계 22:18,19).

성경의 경고

조상에 대해서 조상의 영혼을 믿는 감정이나 두려워하는 감정이나 혹은 찬양하는 감정이나 조상에 제사를 지내거나 또한 그렇게 한다는 인상을 다른 기독교인에게나 주위 사람들에게 주는 것은 성경의 가르침에 어긋나는 명백한 죄입니다.

"그러므로 우상의 제물을 먹는 일에 대하여는 우리가 우상은 세상에 아무 것도 아니며 또한 하나님은 한 분밖에 없는 줄 아노라 비록 하늘에나 땅에나 신이라 불리는 자가 있어 많은 신과 많은 주가 있으나 그러나 우리에게는 한 하나님 곧 아버지가 계시니 만물이 그에게서 났고 우리도 그를 위하여 있고 또한 한 주 예수 그리스도께서 계시니 만물이 그로 말미암고 우리도 그로 말미암아 있느니라."(고전 8:4—6)

종종 제사에 참여하는 기독교 신자들이 하는 말은 조상의 영혼이 있다고 믿지도 않고, 공경하지도 않고, 찬양하는 감정이 전혀 없지만 주위의 압력 때문에, 혹은 부모 형제와 친인척 간에 불화 없이 살기 위해서 겉으로만 제사를 드리는 척하는 것이므로 실제적인 조상에 대한 예배(제사)행위가 아니라고 말하는 것을 봅니다. 또한 그것은 일견 지혜로운 방법 같기도 합니다. 그러나 성경은 그것조차 허용하지 않습니다. 왜냐하면 그런 모습을 보고 믿음이 약한 성도들로 하여금 '조상에게 제사를 드려도 되는구나' 하는 인식을 갖게 하고 그대로 따를 수 있는 위험을 초래하기 때문입니다. 그것은 "그리스도께서 위하여 죽으신 형제를 멸망길로 인도하는 것"이라고 사도 바울은 강력하게 경고했습니다 (고전 8:10—13).

한국의 기독교인들은 제사에 대해서 긍정적이든 부정적이든 많은 관심을 가지고 있고, 제사를 지내고 있는 기독교인들도 있고, 과거에 제사를 지내 본 사람도 있고, 제사 때문에 제삿날이나 명절 때마다 많은 갈등을 겪는 사람도 있고, 부모 형제와 친인척 간에 불화를 겪는 사람도 있습니다. 대개 한국인의 심성에 깊이 자리 잡은 제사에 대한 개념은 전통적 미풍양속입니다. 그래서 제사를 지내지 않으면 '짐승 같은 놈', '조상도 모르는 놈'이라는 소리를 듣게 됩니다. 마치 제사를 지내야만 효도를 하고 인간의 도리를 하게 되고, 그렇지 않으면 인간답지 못하다는 사고방식을 가지고 있습니다. 그런 사고방식은 생전의 부모에게 효도를 소홀히 하던 자녀들이 죽은 부모의 제사만큼은 정성껏 지내게 하는 '야릇한 미풍양속'을 만들어냈습니다.

역사로 본 제사

제사는 어디서부터 유래되었는지를 아는 것은 제사에 대한 올바른 태도를 갖게 하는 데 도움이 될 것입니다. 세계 여러 민족 가운데 제사를 지내는 민족이 우리 민족 외에 몇 군데 있습니다. 그런데 그중 가장 제사를 성대하게 지내는 민족이 원시적인 아프리카 민족입니다. 아프리카에서는 대개 사람이 죽으면 멀리 묻지 않고 집 가까운 곳에 묻습니다. 또 인도네시아에서는 일 년 동안이나 방구석에 모셔 두었다가 그 시체가 다 썩은 뒤에야 장례를 지내고 제사를 지내는 풍속이 있습니다. 그런 일은 고대 중국에서도 마찬가지였습니다. 공자 이전에 중국에서는 하夏나라 때와 상商나라 때 정식으로 제사를 지냈다는 기록이 있습니다.

그러나 그 당시에는 부모에게 제사를 지낸 것이 아니고, 뛰어난 황제에게 제사를 지냈습니다. 자기 할아버지가 위대한 황제이기 때문에 제사를 지낸 것이 아니라 어떤 황제가 위대했기 때문에 제사를 지냈다는 것입니다. 그것은 일종의 황제숭배였습니다.

그 후 세습제가 시작되고부터 훌륭한 임금들에게만 제사 지내던 것을 이제 자기 아버지가 훌륭하다는 것을 내세우기 위해서 제사를 지내야 한다고 생각하게 되었습니다. 그래서 그때부터 너도 나도 자기 조상들에게 제사를 지내기 시작했습니다. 그것은 자신이 명문의 자손이라는 것을 과시하기 위한 것으로, 정말 조상을 위한 제사가 아니라 자신의 위치를 든든히 하고 인정받기 위한 방편으로 제사를 지냈던 것입니다. 초기에는 왕실에서 황제들만 제사를 지내다가 그 후에는 제후(황제 밑에 조그만 소국가의 영주)들도 제사를 지내게 되었고, 그 다음에는 재상들(국가의 높은 관료들)도 제사를 지내고 춘추전국시대에 이르러 모든 질서가 무너지면서 평민들까지 "왕들의 조상만 훌륭하냐? 우리 조상도 훌륭하다"라고 주장하면서 왕의 허락 없이 평민도 제사를 지내기 시작했습니다.

제사를 지낼 때는 소위 명당이라는 곳에서 지냈는데 이것은 제사의 권위나 왕실의 권위를 세우기 위한 것이었습니다. 그 후 중국에서 이론적인 뒷받침으로 제사를 강조하게 된 것은 훨씬 후대인 송나라 때부터입니다. 송나라 때 유교학자인 주희(혹은 주자라고 함. 주후 1130년~1200년 유교와 불교, 도교의 영향을 받은 유교철학을 만들어 낸 사람. 그래서 그의 철학을 우리나라에서는 성리학이라 하고 서양 사람들은 대개 Neo—confuianism, 즉 신유교라 함)가 처음으로 조상에게 반드시 제사를 드려야 한다고 강조하고 그것이 하나의 철학과 윤리로 발전하게 되었습니다.

고려시대의 제사

우리나라에서도 신라와 고구려 때에 모든 왕이 아니고 특수한 왕에게만 제사를 지냈다는 기록이 있습니다. 그러다가 삼국, 고려시대에는 불교가 성행하여 조상에게 제사를 지낸 일이 없습니다. 오늘날도 불교 국가에서는 조상에게 제사를 지내지 않습니다. 우리나라의 경우 절에 가서 조상 혹은 죽은 가족들을 위한 제사를 지내는 것은 불교가 무속화되면서 생겨난 현상이고 본래 불교국에서는 제사에 관심이 없습니다(태국 등). 우리나라에서도 불교가 성행할 때에는(현대불교 같은 무속불교가 아닌) 제사 문제가 없다가 고려 말에 중국에서 성리학을 받아들이면서 조금씩 제사에 관심을 갖기 시작했습니다. 성리학이 우리나라에 들어오기 전에 이미 유교가 있었지만 그때의 유교는 성리학의 유교와는 다른 것이었습니다.

성리학은 고려 말(13세기)에 우리나라에 들어왔고 대표적 학자는 정몽주, 이색 등이며 이런 사람들이 주자의 성리학을 우리나라에 도입하면서 사당을 짓기 시작했습니다. 이 사당이라는 곳을 제사 드리는 곳으로 그때도 역시 조상에게가 아니라 뛰어난 인물들을 위해서만 사당을 짓고 그들에게 제사를 지냈습니다. 대개 자손들이 자기의 조상이 뛰어난 인물이라고 생각했을 때 사당을 지었습니다. 고려 말에 후손들에 의해서 사당이 지어진 인물들은 이인실, 조인규, 방신우, 정인, 박공 등이 있었다고 합니다.

조선시대의 제사

이성계(이태조)는 나라의 종교를 고려의 불교로부터 성리학으로 바꿨습니다. 이성계는 고려와 새 왕조와의 근본적인 차이를 강조하기 위해서 고려의 불교를 거부하고 성리학性理學을 도입한 새로운 형태의 유교를 조선의 종교로 받아들였습니다. 그때부터 이성계는 주자(주희)가 강조한 조상의 제사를 본격적으로 장려하기 시작했는데, 세종 때에는 제사가 상당히 퍼져 서민들에 이르기까지 집집마다 가묘가 있었다는 기록이 있습니다. 또 집 안에 사당이 있었고 방 앞에 신주를 모시고 거기에다 절을 했다는 기록도 있습니다.

그러나 조정에서 그토록 제사를 장려한 것에 반하여 실제 평민들 사이에서는 제사에 별로 관심이 없었다고 합니다. 그래서 성종 때 이르러 김호라는 사람이 임금께 다음과 같은 상례문을 올렸습니다.

「사람들이 사당을 세우지 않고 신주를 도처에 두며 신주를 어두컴컴한 곳에 두며 신주를 만들지 아니하며 혹 형제 불화하여 사족 불목한 자도 있으니 모두 규찰하시기를 청하나이다.」

즉 집집마다 신주를 만들기는 하나 한쪽 구석에 처박아버려 쓸모없게 만들어 버리니 모두 조사하는 것이 마땅하다는 것입니다. 이 점으로 보아 일반 백성들은 제사에 별 관심이 없는데 조정에서 제사를 강조했고 적극 장려했던 것으로 보입니다. 제사를 장려한 이유 중의 하나가 교육적 목적 때문이었습니다. 제사를 지내야 덕이 길러진다는 것인데 그때 덕이 있는 사람들(훌륭한 사람들)에게 제사를 지냈으므로 너희들도 덕이 있는 사람이 되어서 나중에 제사를 받도록 노력하라는 의도가 있었던 것입니다.

이처럼 처음에 왕가에서 의도적으로 장려했던 제사가 그 후 점점 성행하게 되어 나중에는 제사를 어떻게 지내야 하느냐는 것이 심각한 문제로 대두되었습니다. 선비들 사이에서는 제사 문제로 큰 쟁론이 일어나 사화士禍라고 하는 역사적으로 비참한 흔적을 남겼습니다. 국모가 죽었을 때 복服을 1년 입어야 하느냐, 3년 입어야 하느냐로 대립하여 사람을 죽이는 비극적인 일이 생긴 것입니다. 그 후에는 서원 문제가 크게 대두되었는데 당시 서원이라는 곳은 글을 가르치는 교육의 행위와 위대한 선비들에게 제사 지내는 일이 동시에 행해졌습니다. 사화가 심할 때는 서원을 중심으로 많은 싸움이 일어났기 때문에 대원군은 서원 때문에 나라가 망한다 하여 몇몇 유명한 서원만 제외하고는 모두 불태워버리기까지 했습니다. 이처럼 제사 문제는 조선시대에 사화士禍를 가져올 정도로 폐단이 많았습니다.

조선 말기에 많은 학자들 가운데 선각자들이 기독교로 개종했던 것은 유교나 성리학이 우리나라의 고유 풍속이 아니라는 것을 절실히 깨달았기 때문입니다. 만약에 유교가 한국에서 시작되었다면 아마 조선 말기에 이승훈, 안창호, 서재필, 이승만, 남궁억 등 훌륭한 선각자들이 기독교인이 되지 못했을 것입니다. 그들이 제사와 관련되어 있는 유교와 성리학의 폐단이 우리나라에 전혀 도움이 안 될 뿐 아니라 나라를 약화시킨다는 것을 깨달은 것입니다. 그래서 이 유교의 사고방식과 풍속에서 벗어나지 아니하면 우리나라가 도저히 식민지 상태에서 벗어날 수 없다는 것을 그들은 깊이 깨달았고 특히 도산 안창호는 그 점을 매우 강조했습니다.

제사는 한국의 전통적 풍습이 아니라 중국의 풍습입니다. 13세기 이후에 그것도 억지로 조정朝廷에서 제사를 지내라는 강요에 의해 생겨난 풍습이며, 제사는 인간 본성에 근거한 것도, 본래 한국 사람이 해 오던 것도 아닌 중국의 유교로부터 비롯된 풍속이 우리나라에 들어와 조상숭배라는 옷으로 갈아입고 정착한 것입니다.

알고 보면 불교나 유교도 한국적인 것이 아닌 외래적인 것임에도 불구하고 너무나 많은 사람들이 불교적인 것과 유교적인 것은 한국적인 것이고 기독교적인 것은 외래적이라고 생각하는 것은 너무나 우스꽝스러운 일입니다. 사람들은 또 기독교를 서양 종교니 서양 귀신이니 하는데 그것도 기독교의 발상지를 모르는 무지에서 비롯된 말입니다. 기독교는 중동이 발상지이고 지리적으로 동양입니다. 그러나 기독교가 아시아 쪽보다 유럽 쪽으로 먼저 전래되었다가 극동 쪽으로 왔기 때문에 동양 쪽에서 볼 때 서양 종교로 느껴지는 것뿐입니다. 기독교가 한국적인 것이 아니면 불교도 유교도 한국적인 것이 아닙니다. 불교와 유교만 한국적이고 기독교는 외래적이며 서양 종교라는 개념은 대단히 잘못된 개념입니다.

결론적으로 제사는 한국적인 것이 아니라 외래적인 것이요, 유교의 영향을 받은 조선왕조의 사대주의로 말미암은 교육정책에서 비롯된 것이었습니다.

한국 교회의 제사 문제에 대한 입장

유교적 조상숭배 사상이 뿌리 깊은 우리나라에서 새로 예수를 믿으려고 하는 사람들에게 가장 큰 걸림돌이 되는 것은 제사 문제입니다. 조상에게 제사를 지내야 복을 받는다는 전통적인 샤머니즘에서 자유롭지 못한 사람도 있고, 자식의 도리로서 부모가 돌아가시기까지나 부모의 상을 치르기까지 몇 년 동안 교회를 나가지 못하겠다고 하는 사람들도 적지 않습니다.

이상과 같은 경우 목회자는 제사 문제에 대하여 상담하고 그 형편에 따라 지도해야 합니다. 목회자의 입장은 한 영혼이라도 구원해야 하기 때문에 할 수만 있으면 제사 문제로 고민하는 사람을 잘 설득해서 믿음을 포기하지 않도록 해야 합니다. 그러다 보면 때론 성경에 어긋난 방법으로 사람을 설득하게 될 유혹에 빠지게 됩니다.

이에 대하여 한국교계의 신뢰받는 신학자들(정성구, 정진경, 김명혁, 이종윤, 최해일, 최훈, 정경연 등)은 다음과 같은 견해를 밝혔습니다.

"산 부모는 인격체이기 때문에 예의를 표하는 것이다. 그러나 죽은 부모는 인격체라고 볼 수 없기 때문에 음식을 차려 놓고 절한다는 것은 계명에 어긋나는 행위이다. 다시 말해서 산 부모는 인격체이나 죽은 부모는 인격체가 아니기 때문에 음식을 차려 놓고 절한다는 것 자체가 토속문화와 혼합적인 것이다."(정성구)

"이 문제와 관련해서 산 부모와 죽은 부모를 동일시할 수 없다. 기독교가 중요시하는 것은 인격체이기에 우리는 하나님을 인격의 신으로 믿고 교제하며 섬긴다. 그런데 죽은 부모는 인격이 아니다. 살아 있을 때는 인격으로 존중하고 공경을 표해야 하지만 죽은 다음에는 기억에 불과하다. 절을 하는 것도 인격의 대상에게 하는 것이기 때문에 죽은 부모에게 절하는 것은 옳지 않다. 죽은 부모에게 절을 하지 않는 것은 효심이 없어서가 아니라 인격이 아니기 때문이다."(정진경)

"사도 바울은 이방인이 제사하는 것은 귀신에게 제사하는 것이요 하나님께 제사하는 것이 아니니 나는 너희가 귀신과 교제하는 자 되기를 원치 아니하노라고 말씀하셨다."(이종윤)

"제사가 민족 고유의 전통의식이라고 하더라도 우상성이 내포된 것은 묵과할 수 없다. 성경에 절하지 말고 섬기지 말라는 내용은 죽은 조상에게 절하는 것을 금한 것이기 때문에 죽은 자에게 절하는 것은 합당치 않다."(김명혁)

"옛날 사람들이 하던 방식대로 제사상을 차려 놓고 절을 한다면 비록 지방을 써 놓지 않았다 하더라도 그것은 명백한 우상숭배가 된다. 예수님이 세상에 오신 후에는 하나님께 드리던 제사까지도 폐하여지고 예배와 기도로 대신하게 되었고, 이후 기독교에서는 절대로 제사 형식을 금하게 되었다. 우리의 신앙의 선배들은 조상숭배 문제로 고난을 받으며 순교까지 하면서 신앙을 지켜왔는데, 부모에게 제사를 지내는 것은 많은 신앙의 선배들을 욕되게 하는 것이다. 지방 대신 십자가를 세워 놓는다는 것은 기독교의 토착화가 아니라 제사를 지내기 위한 '눈 가리고 아웅' 하는 식이다."(정경연)

"기독교신앙에서 절이라는 것은 반드시 인격적인 상대를 향하여 하는 것이다. 만일 제삿날 제사상을 차려 놓고 절을 해도 무방하다고 말하는 목회자가 있다면 그는 신학적인 근거가 희박한 목회자이다."(최해일)

"음식을 차려 놓고 절하는 것은 기본 신학 바탕에서 위배되는 것이다. 기독교 백 년 역사에 조상에게 제사 드리는 문제로 오늘까지 우리 신앙의 선배들은 많은 박해를 받아왔다. 절대로 성경을 주관대로 해석해서는 안 된다."(최훈)

이 외에도 다수의 목회자들이 한국 교회의 입장을 밝힌 바 있습니다. 최근 세계 교회와 제3세계 각국에서 민족주의와 전통문화에 대한 긍정적 평가가 대단한 기세로 일어나고 있습니다. 이에 편승하여 진보적 교파의 모임인 WCC(세계교회협의회)는 인디언의 종교적 영성이 성경적 영성과 모순되지 않는다는 입장을 나타냈는데 WCC 안에는 아시아, 아프리카, 남미 등 각 지역의 종교적 문화적 전통을 존중하는 운동이 일어나고 있으며, WCC에 가입한 천주교의 요한 바오로 2세는 바티칸 성당에 세계의 모든 종교 대표를 초청하여 각자의 섬기는 신에게 그들의 예배 방법으로 예배하는 이벤트를 벌이기도 했습니다. 그러나 그것은 십계명의 1, 2, 3계명을 범한 명백한 반기독교 범죄 행위입니다.

효도 孝道

제사는 효도와 연관되어 있습니다. 유교의 영향을 강하게 받은 한국인들의 심성 속에는 부모에 대한 효도는 살아계실 때 뿐 아니라 세상을 떠난 후에도 계속해야 된다는 개념이 있습니다.

효도는 기독교적인 입장에서 보면 십계명 중 제5계명으로부터 출발합니다. "네 부모를 공손히 섬기라"는 것입니다. 부모를 공손히 섬긴다는 것은 부모에 대한 사랑, 순종, 책임감으로 요약할 수 있습니다(기독교 바로 알기 십계명 참조). 그런데 성경에서의 부모 공경은 살아계신 부모에 대한 것이지 죽은 부모에 대한 공경은 성경 어디에도 없다는 것입니다. 성경은 부모든 남편이든 아내든 일단 죽은 후에는 살아 있을 때와 같은 공경이나 사랑, 정절에 대한 책임에서 놓여남을 가르칩니다. 남편이 죽은 후 아내는 재혼해도 죄가 되지 않으며 아내가 죽은 후 남편이 재혼해도 죄가 되지 않습니다(고전 7:39; 롬 7:2,3). 그것은 죽은 자와는 인격적인 관계에서 끊어졌기 때문입니다. 마찬가지로 죽은 부모에게는 효도의 책임으로부터 놓여나게 됩니다.

효도와 제사

성경에서는 살아계신 부모님에 대한 공경만을 강조하고 사후에 대해서는 언급하고 있지 않습니다. 그런 것은 암시조차 없습니다. 그러나 유교 영향을 받은 동양 문화권에서는 돌아가신 부모에게 제사를 지내는 것까지 효도라고 합니다. 다시 말해서 제사는 효의 연장인 것이고, 더욱 심화되고 확장된 효의 표시인 것이지요. 원래 제사는 선비들만 지냈기 때문에 선비만 할 수 있는 효의 표시였습니다. 그래서 다 양반이 되고 선비가 되려고 제사를 지내게 되어 제사가 보편화되었고, 제사를 지내지 않는 사람은 상놈 소리까지 듣게 되었던 것입니다.

제사에 관련하여 논쟁거리가 되는 것은 제사를 어떤 마음으로 지내야 하는 것인가 입니다. 여기에 대하여 효경 孝經에는 숭배하는 마음으로 즉 돌아가신 부모님을 하늘과 같이 생각하고 하늘에 제사하는 마음으로 하라는 것입니다. 그러므로 제사는 엄숙해야 하고, 반드시 죽은 뒤에 지내도록 했습니다.

또 하나는 조상들의 신주에 관한 것입니다. 신주를 3년이 지나면 묘로 옮긴다는 것은 조상을 귀신으로 본다는 것이며, 부모가 돌아가시면 부모님을 귀신의 예로 모시는 것을 효의 표현으로 나타내고 있습니다. 우리나라에서는 오래 전부터 제사가 내려오면서 조상의 혼백에게 제사를 지내는 것이 단순한 효의 개념을 넘어선 신앙에 가까운 상태로 나타나게 되었습니다. 그래서 제사를 잘 지내면 재앙이 임하지 않고 제사를 소홀히 하면 재앙이 임한다는 생각들을 하게 되었는데 그것은 제사가 효도가 아닌 신앙적 개념임을 잘 나타내 주고 있습니다.

우리나라의 관혼상제에 대한 책을 보면 제사 지내는 특별한 이유는 없고, 제사 지내는 일이 동방예의지국 미풍양속이라는 말만 쓰여 있습니다. 그러나 효경에는 제사에 대해서 훨씬 강력하게 강조하고 있습니다. 효경의 제사론을 요약해보면 첫째로, 제사는 숭배 형식으로 나타나 있고, 효도 차원이 아닌 신앙 차원으로 말하고 있습니다. 둘째는, 조상을 귀신으로 여겼다는 것이고, 셋째는, 재액이나 재난을 면하는 수단으로 말하고 있습니다. 그러므로 효경의 제사는 윤리적 측면이 아닌 신앙적 측면의 개념입니다.

성경에서 볼 때 조상의 귀신은 존재하지 않을 뿐 아니라(조상의 영혼은 천국 아니면 지옥에 가 있으므로), 귀신은 악한 영으로 마귀의 졸개들입니다. 그것들은 원래 타락한 천사들인데 하늘에서 쫓겨나(계 12:3—9) 세상에 내려와 공중권세 잡은 자가 되어 불신자들의 마음을 사로잡고(때로는 신자들까지도) 온갖 죄악을 행하게 하는 존재들입니다(엡 2:2,3,6,12). 그것들은 제사를 지내는 곳마다 찾아다니며 제사를 지내는 사람들의 조상 노릇을 하며 제사를 받습니다. 제사 지내는 사람들의 조상숭배의 신앙심을 이용하여 어떤 일을 해결해 주거나 재앙을 줄 수도 있습니다. 실제로 제사를 열심히 지내는 사람들은 그와 같은 일을 겪게 되는데 그들은 자신들의 부모, 혹은 조상이라고 믿지만 부모나 조상으로 위장한 악령들입니다. 결국 귀신들(악령들)은 제사를 지내는 가문을 농락하다가 불행한 지경에 빠뜨리는 예가 적지 않은 사례로 나타나고 있습니다.

그러므로 성경을 믿는 기독교에서는 귀신을 섬기는 제사를 절대로 용납할 수 없다는 입장을 취하고 있습니다. 제사는 효도가 아니라 미신 행위에 불과합니다. 부모님께서 우리에게 베풀어 주신 사랑을 감사하고 부모를 기리고 추억하는 의미에서 추도예배는 드릴 수 있습니다. 추도예배는 하나님께 드리는 것이고 조상에게 드리는 것이 아니므로 제사적 분위기가 되어서는 안 될 것입니다.

별세한 부모(가족)에 대한 의례

부모가 별세하면 장례를 치러야 하는데 한국의 장례 의식은 유교 의식에 따라 치르는 것이 보통입니다. 가족 모두가 불신자인 경우에는 별 이견 없이 유교 의식에 따라 장례를 치르게 되지만, 가족 중에 장례를 주관하는 사람이 기독교인이고 나머지 가족들이나 친족들이 비기독교인일 경우에는 장례 문제를 놓고 설왕설래하면서 상당한 충돌을 겪게 됩니다.

부모 혹은 가족 중 누가 임종을 하면 보통 입관하고 장례식을 하고 삼일 만에 삼오제를 지내고 연중에 성묘를 가고, 기일을 기억하여 안 믿는 사람은 제사를 지내고, 믿는 사람은 추도예배를 드립니다. 그런데 한국 교회에서는 지금까지 이런 의식들을 규정화한 절대적인 어떤 의례 원칙이 없습니다. 개교회마다 나름대로의 의례 절차를 만들어 시행해 오고 있을 뿐입니다. 그 이유는 아직 장례 문화에 한하여 유교 풍습의 영향이 지배적인데다 성경에 별세한 사람에 대하여 교훈하는 말씀이 직접적으로나 간접적으로 나타나 있지 않다는 것입니다. 즉 장례는 이렇게 하라는 명령이 성경에 없습니다. 단지 성경에 나타나 있는 기독교진리의 원칙에 벗어나지 않게 장례를 치를 수 있는 융통성에 따라 장례의식을 치러 왔습니다. 이를테면 가족이 세상을 떠나서 발인할 때 관 앞에서 유가족들과 조객들이 모여서 예배를 드리고 운구하는 것이 일반적인데, 어떤 사람들은 특별히 관을 둘러싸고 복잡한 의식을 치르면서 관위에 꽃 한 송이씩을 차례로 얹는 헌화 같은 것을 매우 중시하기도 하고, 어떤 사람들은 그것을 중시하지 않기도 합니다.

이런 일들은 각자의 생각에 따라 생기는 차이이므로 아무도 왜 그렇게 하느냐고 따질 수 없습니다. 그러나 장례식의 절차나 방법에 있어서 이교적인 것은 일단 배제해야 합니다. 즉 다른 종교(유교, 불교)에서 유래되었거나 샤머니즘(무속)적인 것은 배제해야 합니다. 이를테면 곡을 한다거나 빈소에 음식을 차려 놓고 절을 한다거나 분향을 한다거나, 굴건제복을 입는 것과 하관식 때 방향을 따진다거나 하는 것, 혹은 묘지를 정할 때 풍수지리설에 따라 선택하는 것은 기독교적인 것과 관계없는 유교적이며 샤머니즘적인 색채가 짙으므로 배제해야 합니다. 그럼에도 오늘날 기독교인의 장례 절차를 보면 예배를 제외하고는 이교적인 요소가 다분히 내포되어 있음을 보게 됩니다.

그 다음에 삼오제 문제인데 믿지 않는 사람들이 장례를 치른 뒤 3일 만에 묘지를 간다고 해서 신자들도 반드시 3일 만에 묘지에 갈 필요는 없습니다. 5일이나 6일 혹은 7일 후에 가 본다고 해서 큰 문제가 될 것은 없습니다. 기독교인들도 삼오제를 꼭 3일이라는 날짜에 얽매인다면 그것은 유교의 원칙에 얽매인 것입니다.

조객弔客들에 관한 문제

그 다음 장례를 치르는 동안 친족과 조객들에 대한 문제입니다. 안 믿는 친족이나 친구들이 찾아온다든지, 세상 떠난 분의 친지들이 와서 기독교식으로 장례를 치르는 것을 보면 생경하고 세상 떠난 분이나 조객들을 푸대접한다는 느낌이 들기 쉽습니다. 믿지 않는 사람들은 장례를 치를 때 잔치를 치르는 집 같고, 술을 대접하고 심지어 밤을 새우는 조객들에게 화투판을 마련해 주기도 합니다. 믿지 않는 사람들은 그래야 장례식다운 장례식이라고 만족해 하고, 그렇지 않고 기독교식으로 치르면 술, 담배, 화투판도 없고 썰렁하기 짝이 없다고 불만을 드러냅니다. "이게 어디 세상 떠난 분에 대한 예의냐", "이게 무슨 초상집이냐, 조문객들에게 이게 뭐냐" 이런 소리들이 나오기 쉽습니다.

물론 성경에 장례식 때 술을 사용하면 안 되고, 초상집에서 담배를 피우게 하면 안 되고, 화투판을 벌이면 안 된다는 내용은 구체적으로 없습니다. 그러나 성경적인 가르침으로 볼 때 죽은 자의 장례식은 경건한 예배의식과 같으므로 술, 담배, 화투판 같은 것은 지양해야 마땅합니다. 친족 친지들의 불만과 장례 치른 후의 불화를 염려해서 그런 것들을 사용한다면 장례 후 그 일로 인해서 죄책감이 들게 될 뿐 아니라 다른 신자들을 실족케 하는 죄를 범하게 됩니다. 마음이 연약한 신자들은 그런 장례식을 보고서 자신도 따라하게 됩니다. 사도 바울은 믿음이 깊은 신자들이 자신의 믿음만 생각하고 사려 깊지 못한 행동을 보여서 믿음이 약한 사람들을 실족케 하는 일을 크게 경계했습니다(고전 8:9—13). 신자들은 모든 일에 사려 깊어야 하지만 장례 때에도 사려 깊은 결정을 해야 합니다.

그러나 술, 담배, 화투 같은 것만 빼고 조객들에 대한 예우를 소홀히 했다는 느낌을 주지 않도록 해야 할 것입니다. 혹은 지나치게 호화 장례를 치르는 것도 기독교인으로서 좋은 인상을 주지 못합니다. 검소하면서도 경건하고 불신자들의 장례보다 인상적인 느낌을 주도록 해야 합니다. 그리고 믿지 않는 친족이나 기타 조객들에게 미리 기독교 장례에 대한 간략한 설명과 함께 정중하게 양해를 구하는 것이 그들의 불만을 막는 데 도움이 될 것입니다.

예언자와 기독교신앙

구약 예언서는 성경에서 많은 비중을 차지하고 있습니다. 신자들이 기독교신앙을 바르게 이해하고 삶에 적용하기 위해서는 예언서를 이해하여야 함에도 많은 신자들이 예언서의 중요성을 인식하지 못할 뿐 아니라 그 내용의 방대함과 난해성 때문에 쉽게 접근하지 못하는 실정입니다. 그러나 알고 보면 예언서의 내용은 그렇게 난해하지 않고 핵심이 분명합니다.

예언서의 특징

예언서는 개인과 국가와 종교에 대한 준엄한 비난과 정죄의 말로 가득 차 있는 것을 어느 예언서를 보더라도 예외 없이 발견하게 됩니다. 예언자들은 마치 책망과 비난만을 일삼는 사람처럼 보입니다. 그러나 예언자들의 말은 준엄하기는 하지만 하나님께서 죄인의 죽는 것(심판 받는 것)을 기뻐하지 않으시고 죄인이 악한 길에서 떠나 사는 것을 기뻐하신다고 말하고 있는 것처럼 (겔 18:23), 준엄한 책망의 배후에는 사람을 사랑하시는 하나님의 사랑과 불쌍히 여기시는 긍휼하심이 힘차게 역사하고 있습니다.

예언자들은 자신을 하나님 말씀의 대언자로 말하고 있으며 하나님께서는 그들의 말(설교)과 행동을 통해서 하나님의 뜻을 전하셨는데, 예언자들은 불의한 일과 죄악을 보고 비난과 심판의 말만을 한 것이 아니라 하나님의 위로의 말씀과 구원해 주시고 복을 주시겠다고 하신 약속의 말씀으로 희망과 용기를 주는 것을 잊지 않았습니다. 즉 예언자들의 메시지는 죄에 대한 책망과 심판으로 시작되고 위로와 희망으로 끝을 맺은 희망의 메시지였습니다. 한마디로 예언자들은 하나님의 심정을 그대로 전달하는 메신저들이었습니다.

예언자들의 인간관 人間觀

예언자들의 메시지에는 사람들의 삶에 지극한 관심을 가지고, 고아와 과부를 살피시며 부패한 법관과 상인들의 거짓 저울추와 됫박으로 남의 소유를 속여 빼앗는 사기꾼들을 미워하시는 하나님의 심정이 그대로 드러나고 있습니다(암 8:4,6). 또한 인간들이 하나님을 반역하며 범죄할 때 슬퍼하시고 하나님의 긍휼이 필요한 인간과 자비와 도움을 구하려고 하나님께 돌아오는 인간을 가장 귀하게 여기시는 하나님의 심정을 드러내고 있습니다. 예언자들의 메시지에는 인간의 죄는 미워하시지만 인간은 귀히 여기시고 사랑하시는 하나님의 마음이 담겨있습니다.

예언자들에게 있어서 사람이란 하나님의 관심 밖에 있는 존재가 아니라 항상 하나님의 관심 안에 있는 존재입니다. 따라서 그들은 세상 사람들이 관심을 두지 않고 지나치는 일까지 중요하게 여기고, 심지어 부자들의 고급스러운 상아 침상과 걸상의 비단방석에 눈길을 돌렸고(암 3:12), 침상에서 기지개 켜는 일과(암 6:4), 대접으로 포도주를 마시며 귀한 기름을 몸에 바르면서 비파에 맞춰 헛된 노래를 부르는 일을 못마땅하게 여기며 이맛살을 찌푸렸으며(암 6:5,6), 한가하게 술이나 들이키며 가난한 자들을 학대한 유한부인들을 보고 암소(암 4:1)라고 책망하면서 가난한 사람들이 부자에게 노예로 팔려가는 것을 불쌍히 여기며 통탄했습니다.

예언자들은 하나님의 심정으로 세상을 보았기 때문에 무력하고 보잘것없는 사람을 한없이 가엾게 여겼으며, 사람들이 그냥 지나치기 쉬운 무가치하고 하찮은 일을 중요시하였고, 신의와 자비를 강조하며 하나님 앞에서 인간은 누구나 동등하다고 역설하였습니다. 그런가 하면 예언자들은 힘 있는 자들의 압제와 폭력과 불의와 착취와 위선과 방종과 사치에 대해서는 가차 없이 하나님의 진노의 메시지를 퍼부었습니다.

하나님께서는 어느 민족이든 신의와 자비를 버리면 용서치 않으신다고 하는 아모스서의 기록에 암시되어 있듯이, 예언자 아모스는 인간이 범죄할 때는 이스라엘 백성(신자)이든 이방인(불신자)이든 차별 없이 멸하신다고 선포했습니다. 즉 예언자들은 불의와 죄악을 지적할 때는 편벽되게 어느 한 민족이나 사람을 지적하지 않고 모든 인간을 누구나 공평하게 여기며 지적했습니다. 왜냐하면 예언자들은 죄란 그 당사자의 심판에만 국한되는 것이 아니라 우주와 인류와 국가의 존망存亡이 달린 문제라고 보았기 때문입니다.

예언자들은 죄를 지적하고 책망할 때는 자기 동족(이스라엘)이나 이방인이나 차별을 두지 않고 준엄하게 책망했지만, 억압당하고 착취당하는 힘없는 사람들을 대할 때는 동족이나 이방인을 구별하지 않고 한없이 불쌍히 여기며 그들 편에 서서 그들을 체휼하는 자가 되었습니다. 한 마디로 예언자들의 인간관은 사람은 누구나 하나님 앞에서 평등하다는 인도주의였습니다.

예언자들의 죄관 罪觀

힘없는 사람을 학대하는 행위와 시장에서 저울추와 됫박을 속여 착취하는 행위와 신앙생활과 범죄행위를 겸하고 있는 위선행위는 세계 도처에서 오늘도 자행되고 있는 일반화된 일이지만 예언자들에게는 범죄와 위선은 우주와 민족들과 인류의 흥망에 관계되는 두려운 일이었습니다. 그러므로 예언자 아모스는 이스라엘 백성들이 범한 죄 때문에 온 땅이 하수가 넘쳐 솟아오르는 것처럼 혼란하게 될 것이라고 말했습니다(암 8:7,8). 또한 선지자(예언자) 예레미야는 이스라엘 백성이 하나님을 배반한 죄 때문에 하늘이 놀라며 떤다고 했습니다(렘 2:12,13).

세상 사람들은 세상에서 날마다 일어나고 있는 불법과 악행, 간음과 도적질과 살인과 폭행과 탐욕과 모함 같은 온갖 죄악들을 보고 듣고 살면서도 그런 일 때문에 슬픔을 느끼기보다는 세상에서 으레 일어나는 일들로 가볍게 넘기지만, 예언자들은 그러한 일들이 인류의 존재를 위태롭게 하는 치명적인 사건으로 보았고, 우주의 질서를 파괴하고 국가를 망하게 하는 재앙이라고 여겼습니다(미 1:3-5; 3:12).

힘없고 보잘것없는 가난한 사람에게 행한 힘 있는 자들의 불의와 횡포 때문에 화려한 예루살렘이 파괴되고 온 국민이 외국 땅으로 포로가 되어 잡혀간다고 예언자들은 말했으며, 예언자들은 죄에 대한 감각이 아주 예민하고 통찰력이 뛰어나 범죄행위 자체에 대하여 민감했을 뿐 아니라 아름다움과 화려한 것의 배후에 도사리고 있는 죄악도 꿰뚫어 보았습니다. 예언자들은 아름답고 화려하게 건축된 예루살렘 성과 사마리아 성을 보며 아름다움을 느끼기보다는 오히려 슬픔을 느끼고 겉으로 드러난 화려한 아름다움의 이면에 숨어 있는 권력에 희생된 힘없는 백성들의 울부짖는 소리를 들었습니다.

예언자 하박국은 바벨론의 화려한 도시가 사람들의 범죄로 말미암아 담에서 돌이 부르짖고 집에서 들보가 응답한다고 말하였고, 피로 읍을 건설하며 불의로 성을 건축하는 자들에게 화가 있으리라고 했습니다(합 2:6—12). 선지자 아모스는 사마리아에 이르러 사마리아의 화려한 궁전과 건물들과 신전을 보고 감탄하는 대신 그 속의 힘없는 백성을 압제하는 힘과 음탕과 범죄가 활개치고 있는 것을 보고 분노하며, 하나님께서 야곱의 영광을 싫어하며 그의 궁궐들을 미워하며 사마리아와 거기 있는 가증한 것을 대적에게 붙일 것이라고 통탄했습니다(암 6:8). 선지자(예언자)들은 미美를 느낄 수 있는 감각이 없어서가 아니라 표면적인 미보다 의로움을 더 귀중히 여기며 도시의 웅장함이나 아름다움에 탄복 대신 탄식을 했던 것입니다.

그 점은 헤롯이 지은 예루살렘 성전을 보고 그 웅장함과 아름다움을 보고 탄복한 제자들과는 달리 '돌 하나도 돌 위에 남지 않고 무너뜨리우리라'(눅 21:5,6)고 말씀하시며 화려한 예루살렘을 보시고 우시던 예수님의 심정과 동일한 것입니다. 선지자들은 예수님의 영, 곧 성령님에 감동된 사람들이었으므로 예수님의 심정으로 모든 것을 대했던 것입니다. 예수님께서 권세자와 부자와 종교인들의 위선과 탐욕과 횡포를 신랄하게 비판하시며 책망하시면서도 힘없고 소외된 자, 병들고 고통당하는 가난한 민중들에게는 자비와 긍휼로 대하시며 위로하신 것과 동일한 자세로 사람들을 대했습니다.

예언자들은 지혜와 부귀와 권세를 보고서 마음이 들뜨거나 탐내는 것은 어리석은 것이며 우상을 숭배하는 행위와 같다고 생각하였습니다. 선지자 이사야는 앗수르 왕이 자신의 지혜와 권세를 자랑한 것 때문에 하나님께서 벌하실 것이라고 말하였고(사 10:13,14), 선지자 호세아는 부자라고 자랑하는 에브라임을 하나님께서 "그 피로 그 위에 머물게 하시며 저의 수치를 저에게 돌리신다"고 말하였으며 그 군대의 많음을 의지한 것으로 에브라임을 멸하실 것이라고 말했습니다(호 10:12—14; 12:28).

이처럼 하나님께서는 지혜자가 자기 지혜를 자랑하고, 용사가 자기 힘을 자랑하고, 부자가 자기의 재물을 자랑하는 행위를 기뻐하지 않으시며 다만 하나님을 아는 일과 하나님은 인애와 공평과 정직을 땅 위에 행하는 분이심을 깨닫는 것을 기뻐하신다고 선지자 예레미야는 역설하였습니다(렘 9:23,24).

예언자들은 투철한 신앙심과 남들이 지나치기 쉬운 죄와 악을 민감하게 느끼는 정의의 사람이었으며, 죄와 타협하지 않는 강직한 사람들이었습니다. 기독교신앙은 예언자적인 면과 제사장적인 면이 있어야 합니다. 즉 사람들의 죄를 깨닫게 해 주어 예수님께로 인도하여 회개케 하고 죄 사함을 얻도록 해야 하는 것이 교회의 사명입니다. 기독교신앙은 이 두 가지 요소 중 어느 하나가 빠지면 그 기능을 상실하게 됩니다. 그런데 오늘날의 기독교에서는 제사장적인 면만 두드러지고 예언자적인 면은 심히 약화되었습니다. 그래서 교회가 부패하고 타락하고 있는 것입니다. 교회가 예언자적인 목소리를 내지 않으면 힘을 잃고 타락하게 되어 있습니다. 기독교 신자들은 세상을 살아가면서 예언자적이며 제사장적인 자세로 사는 사람들입니다. 그래야 세상을 정화시키며 바꿔 놓을 수 있는 저력을 발휘할 수 있습니다.

위선적 종교인에 대한 질책

예언자들은 열심히 종교 규범을 지켜 가며 신앙생활을 하는 한편, 절도와 살인, 간음과 거짓 맹세, 착취와 억압을 일삼거나 이방신에게 복을 달라고 분향하는 추악한 범죄행위를 하면서도 '하나님은 우리 편이시다'라고 생각하는 사람을 가리켜 추악한 위선자라고 질책하였습니다 (렘 7:9,10; 암 5:18—20; 8:4,5). 이러한 행위는 하나님의 집을 도적의 소굴로 만드는 신성모독 행위라고 규정하였고, 겉으로는 경건의 모습을 하고 뒤에서는 범죄행위를 하는 사람들이 바치는 번제와 희생(제물)은 하나님께서 받지 않으시며 거절하신다고 했습니다(렘 6:20, 암 5:21—23; 호 6:6; 사 1:11—17).

예언자들이 주장한 참된 신앙이란 하나님의 말씀에 순종하며 명하신 대로 공법과 정의를 실천하는 것이었습니다(암 5:24). 예언자들은 겉으로 행하는 종교적 행위와 열심보다는 진실한 하나님 사랑과 이웃 사랑에서 참된 신앙의 의미를 찾았습니다. 그것은 예수님의 가르침과 동일한 것이었습니다. 예수님의 가르침이 유대 종교인들에게는 하나님을 모독하는 일로 여겨졌듯이 예언자들의 메시지도 당시의 모든 사람들에게 하나님을 모독하는 일로 생각되었습니다.

당시의 종교적 관습은 참된 신앙이란 규정에 따라 성소에 출입하는 일과 제물을 드리고 분향하는 일, 곧 성전과 제사제도와 분향에만 충실하면 어떻게 살든지 상관없이 훌륭한 신앙생활을 하는 것이라고 여겼습니다. 이러한 신앙인들은 예수님 당시의 유대 종교인들도 마찬가지였고, 초대교회 시대에도 있었습니다. 예수님은 그러한 신앙인들의 잘못을 지적하며 신랄하게 비판하셨고, 사도 바울도 "경건의 모양은 있으나 경건의 능력은 부인하는 자들에게서 네가 돌아서라"(딤후 3:5)고 경고했습니다. 그러한 신자들은 어느 시대에도 있는 바, 그러한 신자들이 많을수록 기독교는 부패하고 사회 속에서 빛을 잃고 힘을 잃어 갑니다. 오늘날 이 땅의 기독교 신자들 중에도 그러한 신앙을 가진 자들이 도처에 넘치고 있음을 부인할 수 없습니다.

예언자들은 이러한 신앙의 모순을 예리하게 지적하여 회개할 것을 담대하게 촉구했습니다. 만약 잘못을 고치지 않으면 이방 신을 신봉하는 이방 국가나 그 왕을 하나님께서 종과 막대기로 삼으셔서 징계와 심판을 하시겠다고 경고했습니다. 이러한 경고는 예언서에 수도 없이 되풀이됩니다. 예언자들은 한결같이 참된 신앙은 형식과 의식이 아니라 순종과 실천에 있다고 역설하였습니다(렘 7:21—23).

당시의 이스라엘과 유다 사람들은 하나님은 무조건 자기들 편이라고 생각했습니다. 그래서 어떤 일이 있더라도 하나님은 자기들을 버리지 아니하시며 이방 나라들로부터 지켜 주실 것이라고 굳게 믿었습니다. 그들은 생각하기를 이방나라와 그 왕들은 하나님의 원수이므로 하나님의 심판을 받아 마땅하고, 자기들은 하나님이 유일하게 선택하신 민족이므로 원수로부터 해를 당하는 일은 추호도 없을 것이라고 굳게 믿었습니다.

그러나 예언자들은 하나님은 이스라엘과 유다 사람들이 하나님을 거역하고 잘못을 고치지 않을 경우에 이방나라 왕의 군대들을 하나님의 징계의 막대기로 사용하시겠다고 하셨고, 종으로 사용하시겠다고 하였습니다. 선지자 예레미야는 바벨론의 악명 높은 느부갓네살 왕을 하나님의 종이라고까지 말했습니다(렘 25:9; 27:6; 43:10).

이러한 예언자들의 신앙관은 당시 사람들에게 혼란과 분노를 일으키기에 충분했습니다. 그때문에 어떤 예언자들도 백성과 지도자들에게 미움을 당하고 거부당하고 핍박을 당하지 않은 사람이 없었습니다. 예레미야는 모두가 매국노로 여겼습니다. 유다의 죄 때문에 바벨론에 의해서 파멸될 것이라고 예언했기 때문입니다. 파멸당하지 않으려면 바벨론에 항복하고 그들을 섬기라는 예레미야의 말을 듣고 분개하지 않은 사람이 없었습니다.

거짓예언과 참예언의 차이

그러나 거짓 선지자들은 오히려 반대의 메시지를 전하며 백성들을 위로하고 안심시켰습니다. 하나님은 우리 편이시니 우리를 보호하시므로 절대로 이방 오랑캐에게 나라가 망하는 일이 없으니 안심하라는 평화의 메시지만 전했습니다(렘 9:3—8; 겔 13:1—23). 에스겔 선지자는 그러한 거짓선지자들을 가리켜 황무지의 여우(겔 13:4)라고 했습니다.

백성들이 듣기에는 평화의 메시지가 훨씬 좋았던 것입니다. 그러나 듣기에 위로가 되고 힘이 된다고 모두 하나님의 말씀은 아닌 것입니다. 하나님과의 올바른 관계없는 평화는 없습니다. 예언자들은 백성들에게 죄를 회개하고 하나님과 올바른 관계를 가지면 평화가 있으나 그렇지 않으면 심판이 있을 것이라고 전했고, 거짓예언자들은 무조건 하나님은 우리 편이시니 평화가 있을 것이라고 전했습니다. 그것은 하나님의 뜻과 상관없는 거짓 메시지였습니다. 이러한 원리는 그때나 지금이나 변함이 없습니다. 거짓예언자들은 하나님은 절대로 이방 민족에 의해서 이스라엘이 짓밟히도록 하실 분이 아니라고 주장했고, 참예언자들은 하나님의 백성의 잘못을 바로잡기 위해서는 이방인들을 사용하셔서 징계하실 것이라고 말했습니다.

제사장들에 대한 비난

당시의 제사장 직분은 신성불가침이었습니다. 제사장들에 대한 비난은 상상도 할 수 없었습니다. 그들이 하는 일이라면 팥으로 메주를 쑨다 해도 순순히 믿어야 할 정도로 제사장들에 대한 신뢰는 절대적이었습니다. 그러나 예언자들은 그러한 제사장들에 대해서도 예외 없이 비난하며 잘못을 정죄했습니다.

제사장들은 백성들이 하나님 앞에 제물을 가지고 올 때 그들의 죄(거짓됨, 악함, 우상숭배, 음란, 불순종 등)를 알고 있으면서도 죄를 지적하여 잘못을 고치도록 요구하지 않고 그들의 제물에만 관심을 둔다고 폭로하며 그것은 거짓 증거에 해당하는 죄악이라고 규정하면서 비난을 퍼부었습니다. 이처럼 예언자들은 여호와 종교에서 생명처럼 여기며 신성시하는 제사직의 부패를 책망하며 회개를 촉구하면서, "하나님은 언제나 우리 편이다"라고 믿어온 맹신을 영적 무지와 안일에서 생긴 망상이라고 규탄했습니다. 이런 점들은 오늘날의 교회가 저지르기 쉬운 폐단인데 교회가 신자들의 죄를 깨닫게 해 주고 회개로 유도할 생각보다는 헌금을 강조하며 기복신앙 쪽으로 유도할 경우 신자들은 세상에서 불법을 행하며 하나님 말씀대로 살지 않으면서도 헌금만 꼬박꼬박 잘 내면 하나님이 기뻐하시고 복 주신다는 잘못된 신앙 개념을 갖게 되고, 그렇게 되면 기독교신앙은 급속도로 부패하게 됩니다. 오히려 교회가 이러한 잘못을 지적하고 회개를 촉구하며 올바른 신앙 자세를 끊임없이 역설해야만 교회가 예언자적인 사명을 수행하게 되고 부패를 막을 수 있습니다. 물론 헌금이 중요하지 않다는 의미는 아닙니다. 참된 신앙 안에서 드리는 헌금을 하나님이 기뻐하신다는 것입니다.

용서와 희망의 메시지

예언자들의 메시지가 비난과 책망 일변도는 아니었습니다. 예언자들은 언제나 백성들이 회개하면 하나님께서 자비와 긍휼로 용서를 베푸시고 복을 주시겠다는 사랑과 희망의 메시지를 전달했습니다. 하나님은 죄인이 멸망당하는 것을 기뻐하시는 분이 아니라 슬퍼하시는 분이라고 예언자들은 말했습니다(겔 18:23). 예언자들은 하나님은 죄악을 용서하시며 인애를 기뻐하시며 노를 항상 품지 않으시는 분임을 역설했습니다(미 7:18—20). 하나님이 자기 백성에게 화를 내시고 징계하시는 것은 그들이 미워서가 아니라 사랑하시기 때문이라는 것입니다. 그러므로 하나님은 하나님의 백성들에게 징계의 매를 드셨다가도 그들을 불쌍히 여기시며 사랑하시므로 싸매시고 위로하시는 분이라고 예언자들은 역설했습니다(호 6:1—3).

이스라엘의 역사서(사무엘상→에스더)와 예언서(이사야→말라기)를 읽어 보면 하나님과 이스라엘 백성 사이에 죄로 말미암아 불편해지고 긴장 상태가 조성되었을 때, 그리하여 하나님의 진노가 커졌을 때에 하나님께서는 반드시 예언자들을 보내셔서 화해자(중보자)의 역할을 하게 하시어 예언자들로 하여금 이스라엘의 죄를 일깨우고 회개를 촉구하도록 하셨습니다. 그래서 이스라엘이 회개하면 진노를 돌이키셨지만 회개치 않으면 어쩔 수 없이 징계의 매를 드셨고, 그때마다 얼마나 가슴 아파하셨는지 모릅니다. 징계의 매를 맞고 비로소 이스라엘이 회개하면 용서하시고 위로하시고 싸매 주시고 회복시켜 주시는 것을 보게 됩니다.

예언자들은 하나님 편에 서서 하나님의 심정을 가지고 백성들에게 전했는가 하면, 백성들 편에 서서 백성들의 고통과 아픔을 하나님께 말씀드리며 용서해 주실 것을 탄원하였습니다. 이는 예수님도 마찬가지였는데 예언자들은 예수님의 예언자적 직분의 예표였습니다(예수님의 3직 : 예언자, 제사장, 왕). 그러나 이스라엘의 역사를 보면 불행하게도 그들은 예언자들의 메시지에 귀를 기울이지 않았습니다. 오히려 거짓예언자들의 말에 귀를 기울이며 참예언자들을 핍박하고 죽이기까지 했습니다.

예언자들의 성격과 신앙

예언자들은 하나님의 말씀을 무조건 순종했던 신앙의 사람이며, 다른 사람(사회와 국가와 인류)의 잘못을 지적할 뿐 아니라 자신의 잘못을 바로 볼 줄 아는 성격의 소유자였습니다. 그러므로 그들은 불의와 불법과 타협할 줄 몰랐으며 경계와 미움의 대상이 되기도 했고, 종종 목숨을 잃는 경우도 있었습니다. 예언자들은 죄를 민감히 느끼는 예민한 감각의 소유자였고, 그와 같은 감각을 가지고 죄라는 것은 개인과 인류와 국가의 흥망성쇠에 관계된 것으로 보았습니다.

그러한 감각으로 죄인들에게는 준엄한 비난의 말을 퍼붓고, 죄의 피해자들에게는 연민과 자비를 느꼈습니다. 예언자는 늘 사람들의 죄 때문에 슬픔을 느꼈는데, 특히 예레미야는 눈물의 선지자라는 별명이 붙을 정도로 유다의 죄 때문에 눈물을 흘리며 슬퍼했습니다. 예언자 개인적인 인생으로 볼 때 예언자들은 참 힘들고 고달픈 인생을 살았습니다. 개인의 행복하고는 거리가 먼 사람들이었습니다. 그 점은 예수님도 마찬가지였습니다. 따라서 오늘날의 예언자 역할은 교회가 해야 하며 넓은 의미로 모든 신자는 예언자적인 삶을 살아야 할 사람입니다. 그러할 때 기독교 신자들이 세상을 정화시킬 수 있으며 영적 윤리적 파수꾼이 될 수 있습니다. 그럼에도 오늘날의 기독교가 예언자적인 기능을 잃어 가고 있는 것은 교회는 물론이고 세상에 불행한 일이 아닐 수 없습니다.

계시에 대한 이해와 반응

성경을 읽다보면 계시啓示라는 용어가 많이 나옵니다. 성경의 맨 마지막 책은 요한계시록(Revelation To John)입니다. 또한 구약의 다니엘서를 계시문학啓示文學이라고도 합니다. 그뿐만 아니라 성경 전체를 가리켜 하나님의 특별계시라고 합니다.

계시의 의미

계시라는 말은 덮은 것을 벗긴다, 뚜껑을 연다, 보자기를 벗긴다는 뜻입니다. 성경이 계시라는 표현을 쓰는 이유는 우리 인간들이 알 수 있는 것인데 우리가 그에 관한 내용을 못 들었거나 누가 가르쳐 주지 않아서 모르는 것이 아니라 우리 인간들이 힘을 다하고 노력하고 연구하고 또 연구하고 모든 수단과 방법을 다 동원해도, 과학이나 학문이 아무리 발달하여 우주를 자유자재로 여행할 수 있는 공상과학 영화의 내용이 실제 상황이 된다 하더라도 전혀 알 수 없는 영역의 것이라는 것을 설명하기 위해서입니다.

사람들은 공부를 많이 하면 지식이 쌓여서 아는 것이 많아집니다. 또 요즘은 하루가 멀다 하고 새롭고 놀라운 발명품들이 쏟아져 나올 정도로 과학이 발달되어 있고, 가만히 앉아서 컴퓨터를 통해서 지구촌 구석구석에서 무슨 일이 일어나고 있는지 훤히 알 수 있고, 지구 대기권에 떠다니는 골프공만한 물체까지도 식별해 낼 수 있습니다. 그러나 그런 차원의 지식이나 소식이나 비밀이나 정보를 알려 주는 것을 계시라고 하지 않습니다.

성경에서 말하고 있는 계시란 인간이 노력해서 알아낼 수 있는 것이거나 인간이 상상할 수 있고 깨달을 수 있는 범주의 것들이 아닌, 이 세상 차원을 뛰어넘는, 다른 세계, 다른 영역에 대하여 덮은 것을 벗겨 보이고 뚜껑을 열어 보이고 보자기를 벗긴다는 뜻입니다. 그 세계, 그 영역의 비밀을 가르쳐 주는 것을 계시라고 합니다.

계시의 목적

하나님께서 자신의 뜻을 성경에 계시하셨다는 것은 성경을 통해서 자신의 뜻을 우리에게 가르쳐 주시고 설명하고 납득시켜서 믿고 순종하도록 하기 위함이라는 것입니다. 우리가 성경을 읽고 묵상하고 성경공부를 하는 이유가 바로 여기에 있습니다.

그런데 하나님께서 자신의 비밀을 인간에게 계시하셨을 때 하나님의 말씀을 인간의 의지와 지성과 감성과 상관없이 기계적으로 받아들이게 하려는 것이 아니라 인간으로 하여금 하나님의 계시에 대하여 깨닫고 납득하고 감동하고 의지적으로 결단하여 받아들이도록 하시겠다는 것입니다. 즉 하나님의 계시에 대한 우리의 반응과 책임을 요구하신다는 것입니다.

인간의 반응과 하나님의 설득

하나님의 계시는 인간의 반응을 매우 중요하게 여깁니다. 만약 인간의 반응을 중요하게 여기지 않는다면 하나님께서 계시를 주시지도 않았을 것입니다. 그렇다고 해서 인간의 반응에 따라 하나님께서 자신의 뜻을 이루시는 데 제한을 받으신다는 것은 아닙니다. 전능하신 하나님은 그 어떤 존재에게도 제한받으시는 분이 아닙니다. 단지 하나님은 우리가 하나님의 계시에 납득하고 이해하고 믿고 받아들이기까지 참고 기다리시며 설득하시고 유도하시고 간섭하셔서 마침내 반응하도록 하신다는 것입니다.

하나님께서 우리에게 성경을 통하여 계시를 보여 주시는 가장 중요한 골자는 "너는 죄인이며 그대로 있으면 죗값으로 멸망할 것이니 내 아들 예수 그리스도로 말미암아 너를 구원하여 천국으로 데려가겠다. 너에게 영생을 주겠으니 믿고 받아들여라"입니다. 그런데 우리 쪽에서 이 사실을 쉽게 이해하지 못하고 납득하지 못하고 믿지 못합니다. 그럴지라도 하나님께서는 자발적으로 하나님의 제안을 받아들일 때까지 계속 설득하시고 종용하시고 기다리신다는 것입니다. 하나님께서는 얼마든지 강압적으로 우리를 복종케 하실 수도 있지만 절대로 그러한 방법은 사용하지 않으십니다. 그것은 우리를 하나님과 동등한 인격으로 대우하실 만큼 사랑하시고 존중해 주시기 때문입니다.

　하나님께서 우리에게 지속적으로 하나님의 계시, 곧 구원의 계획에 대해서, 하나님의 뜻에 대해서 말씀하시고 설득하시고 이해시키고 받아들이기를 종용하시는 것은 우리를 이미 구원하시고 자녀로 삼으셨기 때문이지, 구원받고 싶으냐 싫으냐를 따지는 것이 아닙니다.

　"예, 하나님 감사합니다. 하나님께서 절 그토록 사랑하시는 줄 정말 몰랐습니다. 제가 이토록 완악하고 고집 세고 교만한 죄인인줄 몰랐습니다. 예수님이 저의 죄를 대신해서 십자가에 못 박혀 죽으신 줄 몰랐습니다. 이제 믿겠습니다. 절 구원해 주시니 감사합니다. 이제 하나님께 순종하며 살겠습니다."

이렇게 되기 위한 설득과 인도하심과 인내하심과 간섭하심입니다. 하나님은 한 번 작정하신 것을 절대로 물러서거나 실패하시는 분이 아닙니다. 성경에서 우리의 구원을 태초부터, 영원 전부터 작정하셨다고 거듭 밝히는 이유는 하나님께서 한 번 작정하신 일은 반드시 이루시고 실패하지 않으신다는 것을 강조하기 위함입니다(엡 1:3—14).

하나님께서 신자를 항복시키는 것을 보면 죄를 안 짓도록 간섭하시는 것이 아니라 오히려 죄를 짓게 내버려 두시면서 언젠가 그것이 잘못된 것임을 철저하고 뼈아프게 깨닫도록 하는 방법을 쓰십니다. 그래서 우리가 "내가 죄인입니다. 하나님을 신앙하고 순종하는 것이 가장 큰 복입니다"라고 고백하도록 하십니다. 그때까지 기다리시며 여러 가지 방법으로 가르치시고 설득하시고 간섭하십니다. 그러나 우리는 자신이 어떻게 하는 것이 옳은 줄을 이해하고 납득하면서도 선뜻 하나님께 항복하지 못할 수도 있습니다. 불신앙의 자리에서 스스로 박차고 일어날 수 없을 만큼 죄와 정욕에 단단히 붙잡혀 있기 때문입니다.

그럴 때 하나님은 비상조치를 취해서라도 신자가 죄악의 자리에서 박차고 일어날 수 있도록 하십니다. 건강하던 사람이 갑자기 건강을 잃는다든가, 부유하던 사람이 뜻밖의 일로 재물을 잃는다든가, 평화롭고 안정된 삶에 시련이 닥친다든가 하는 일이 그것입니다. 그렇게 되면 깜짝 놀라서 정신을 차리고 죄악의 자리에서 벌떡 일어나 하나님께 두 손 들고 무릎을 꿇게 됩니다. 그렇게 해서 하나님을 따르도록 하십니다.

하나님은 신자가 영적으로 우둔하여 하나님의 계시에 신속하게 반응하지 못하고 불신앙 가운데 주저앉아 있을 때 스스로 일어서서 그 자리에서 걸어오도록 깨닫게 하시고 분발케 하시는 분이지 우리를 강제로 끌어안고 나오시는 분이 아닙니다. 즉 우리에게 반응을 요구하시는 분이지 반응도 안하는 상태에서 우리를 로봇처럼 강제로 움직이게 하는 분이 아니라는 것입니다. 하나님께서는 그만큼 우리를 사랑하시고 인격적으로 존중해 주십니다(하나님과 대등한 인격으로).

하나님께서는 우리를 죄로 멸망할 세계에서 전혀 다른 영역의 세계, 곧 감추었던 하나님 나라의 영광스러운 영역으로 옮겨 주시고 자녀 되게 하시고 영원한 생명과 복락을 약속하시고 우리로 하여금 그것을 기꺼이 믿고 따르도록, 순종하도록 설득하시는 데 있어서 우리는 무척 많은 반항을 하며 하나님의 속을 썩여 드립니다. 그 과정에서 하나님은 놀라우리만큼 엄청난 인내를 보여 주시며, 우리 쪽에서는 인생의 여러 가지 크고 작은 일을 겪으면서 하나님께 반응하는 쪽으로 기울어집니다.

아이들이 제일 싫어하고 힘들어 하는 일은 공부하는 일과 부모의 간섭입니다. 그러나 공부는 꼭 해야 하고, 씻어라, 옷 갈아 입어라, 예절을 지켜라, 질서를 지켜라, 규모 있게 살아라, TV 너무 많이 보지 말라는 부모의 간섭을 받아야 합니다. 그런 간섭의 중요성을 실감할 때쯤 되면 벌써 어른이 되어 자기 자녀들에게 똑같은 간섭을 하는 사람이 되어 있습니다.

　신앙도 마찬가지입니다. 이스라엘이 출애굽하여 하나님의 백성이 배워야 하고 행해야 할 중요사항들을 겨우 납득하는 수준이 되기까지 꼬박 40년이 걸렸습니다(출 8:2,3). 구원은 우리 쪽의 공로 없이, 아무 조건 없이 하나님의 은혜로 얻게 되지만 구원받은 신자가 도달해야 하는 최소한의 신앙을 갖추기까지는 쉽지 않은 싸움과 갈등이 있음을 성경은 보여 줍니다. 끊임없이 자신의 옛 사람과 싸우며 하나님의 계시에 대하여 배우며 설득당하며 변화되어야 합니다. 억지로가 아니라 자발적으로 훈련하는 수준으로 성장해야 합니다.

　하나님께서 우리에게 보여 주시는, 그리고 약속하시는 계시의 영광스럽고 놀라운 신비를 우리는 이 세상에서 다 납득하지 못하고 다 깨닫지도 못하고, 다 실감하지도 못하고, 다 감격할 수도 없을 것입니다. 그럼에도 신자는 더 많은 것을 납득하고 깨닫고 하나님의 은혜와 사랑을 실감하며 순종하는 신자가 되어가도록 최선을 다해야 합니다.

　하나님의 계시에 얼마만큼 반응하느냐에 따라 신앙이 성숙하며 세상이 알지 못하는 비밀한 즐거움이 충만할 것입니다.

인자 (人子 The Son Of Man)

예수님의 자아호칭

　복음서에 보면 예수님은 자신을 가리켜 인자人子라고 하는 것을 많이 발견하게 됩니다. 인자라는 말은 예수님의 자아호칭으로 이 말은 신학적으로 메시야와 더불어 대단히 중요한 의미를 가지고 있습니다. 예수님은 인자라는 호칭을 복음서에서 65회나 사용하셨으며, 메시야적 칭호 중에 가장 중요한 말이라고 할 수 있습니다. 신학자들 중에는 인자라는 호칭을 가지고 논문을 쓰기도 했습니다.

　그런데 예수님 외에 다른 사람은 아무도 인자라는 말을 사용하지 않았다는 것이 더욱 흥미로운 일입니다. 요한복음 12:34에서 무리들이 인자라는 말을 사용한 것은 예수님의 말씀에 대한 반향이었고, 복음서 외에 사도행전 7:56에 기록된 인자는 스데반이 순교 직전에 본 환상(Vision) 중에서였습니다. 교부(Church Father)들은 인자人子라는 말을 예수님의 인성人性을 이해하는 데 사용했습니다. 고대의 주석이나 논문들에도 이와 같이 이해하는 경향이 많았었는데 이러한 이해는 잘못된 것이라고 할 수 있습니다. 왜냐하면 인자에 대한 구약의 배경과 그 표현이 가지는 중요성을 소홀히 하였기 때문입니다.

예수님은 자신을 가리켜서 메시야라고 하시지 않고 인자라고 호칭했습니다. 그리함으로서 예수님은 자신이 유대인들의 기대와는 다른 새로운 의미의 메시야임을 나타낼 수 있었으며, 초기 사역부터 메시야라는 사실을 공공연하게 나타내지 않으려고 하셨습니다. 사실 예수님은 처음에는 자신이 메시야라는 사실을 숨기려 하셨고, 공생애 중반 이후부터 제자들에게 조심스레 자신이 메시야임을 밝히기 시작하셨습니다.

인자에 대한 역사적 배경

인자라는 호칭은 예수님께서 갑자기 사용하신 것이 아니라 역사적 배경을 가지고 있습니다. 다니엘 7:13, 에스겔 1:26, 창세기

28:12, 이사야 53장 등에 인자라는 칭호가 나타나고 있는데 결국 인자는 하나님이요 메시야임이 드러납니다.

> "내가 또 밤 환상 중에 보니 인자 같은 이가 하늘 구름을 타고 와서 옛적부터 항상 계신 이에게 나아가 그 앞으로 인도되매 그에게 권세와 영광과 나라를 주고 모든 백성과 나라들과 다른 언어를 말하는 모든 자들이 그를 섬기게 하였으니 그의 권세는 소멸되지 아니하는 영원한 권세요 그의 나라는 멸망하지 아니할 것이니라."(단 7:13,14)

인자는 직역하면 사람의 아들인데, 그저 보통 사람의 아들이라는 뜻이 아니라 다니엘 7:13,14에 예언된 '그 인자'이며, 창세기 28:12의 야곱과 이스라엘의 관계가 가지는 영적 의미의 '그 인자'(요 1:15)입니다. 성경 원문에서 예수님께서는 자신을 가리켜 반드시 '그 인자'라고 하셨는데 그것은 다니엘 7:13,14에 묘사된 인자가 곧 예수님이라는 의미였습니다. 그러나 한글개역 성경에서는 그냥 인자로만 번역해 놓았기 때문에 뜻이 모호해졌습니다.

다니엘 7:13에 "인자 같은 이가 하늘 구름을 타고 와서……"라고 표현되어 있는데 '그 인자 같은 이'는 권세와 영광과 나라를 받은 위대하고 영원한 초월적인 왕으로서 그가 곧 메시야요 하나님이신 것을 알 수 있습니다. 그뿐만 아니라 그의 백성(성도들)은 인자와 더불어 영원한 나라(하나님의 나라 천국)를 얻고 있습니다.

> "옛적부터 항상 계신 이가 와서 지극히 높으신 이의 성도들을 위하여 원한을 풀어주셨고 때가 이르매 성도들이 나라를 얻었더라."(단 7:22)

'인자 같은 이'는 끝까지 믿음을 지키는 성도들과 더불어 최후의 승리를 하는 왕이라는 의미인데 구약에서 하늘 구름은 항상 하나님의 현현을 상징하므로 '하늘 구름을 타고 오는 인자 같은 이'는 곧 하나님 자신임을 암시합니다. 예수님께서 승천하실 때 구름과 함께 승천하셨고, 다시 오실 때도 구름과 함께 오시리라고 약속하고 있습니다.

> "이 말씀을 마치시고 그들이 보는데 올려져 가시니 구름이 그를 가리어 보이지 않게 하더라 올라가실 때에 제자들이 자세히 하늘을 쳐다보고 있는데 흰 옷 입은 두 사람이 그들 곁에 서서 이르되 갈릴리 사람들아 어찌하여 서서 하늘을 쳐다보느냐 너희 가운데서 하늘로 올려지신 이 예수는 하늘로 가심을 본 그대로 오시리라 하였느니라."(행 1:9—11)

그러나 다니엘 7:13,14에 예언된 식으로만 인자를 이해하게 되면 인자는 영광과 능력으로 나라와 민족을 지배하는 왕으로서의 면만 부각됩니다. 예수님은 자신을 가리켜 '그 인자'임을 암시하셨으면서도 실제로는 고난 받는 종으로서(이사야 53장에 예언된), 유월절 어린 양 제물이 되어(요 1:29) 죽임을 당하셨고, 섬기는 인자의 생애를 사셨습니다.

> "인자가 온 것은 섬김을 받으려 함이 아니라 도리어 섬기려 하고 자기 목숨을 많은 사람의 대속물로 주려 함이니라."(마 20:28)

그렇지만 예수님을 믿고 예수님과 함께 섬김의 삶을 산 성도들과 함께 영광 중에 재림하여 산 자와 죽은 자를 심판하신 후 영원한 새 하늘과 새 땅을 통치한다는 새로운 인자임을 보여주셨습니다. 따라서 구약에서는 막연한 개념이었던 인자가 예수 그리스도의 성육신 이후에는 확실한 개념의 인자로 드러나게 된 것입니다.

유대의 전승에 의하면 인자는 종말에 심판자로 오는 선재적 존재요, 이방의 빛이라는 개념이 있으며, 다니엘 7:13,14에도 인자는 하늘의 존재요, 이상적인 다수의 대표로 암시되어 있습니다. 그러다가 신약에 이르러 더욱 분명하게 그리스도는 이방의 빛이요(막 14:62), 종말의 심판자요(요 5:27), 하늘로부터 온 제2의 아담(제2의 인류의 대표)이요(롬 5:15—19), 자기 양을 치는 선한 목자요(요 10:1—27), 자기 백성의 죄를 담당하신 대제사장으로(히 9:11—14) 그 개념이 확실하고 분명하게 드러나게 된 것입니다.

그러므로 예수님의 자기 칭호인 인자의 의미는 그분은 근본적으로 하나님인데 땅에 와서 땅의 백성 가운데 거하며 고난 받는 종으로 살다가 자기를 믿고 따르며 순종하는 자들(성도, 하늘에 속한 자들)을 데리고 다시 하늘로 올라가는 영원한 왕입니다.

메시야 Messiah

누구나 예수를 믿고 교회에 출석하다 보면 메시야라는 말을 많이 듣게 됩니다. 설교시간에도 메시야라는 말이 자주 언급되지만 메시야가 대중적으로 많이 알려진 것은 헨델F. Hendel의 유명한 오라토리오 '메시야' 때문일 것입니다. 해마다 성탄절이나 부활절 때가 되면 헨델의 오라토리오 메시야가 더욱 연주되는데 시대를 초월하여 많은 사람들에게 감동을 줄 뿐 아니라 아무리 들어도 감동이 반감되거나 퇴색하지 않는 것은 성령의 감동으로 작곡된 것이기 때문입니다.

메시야의 의미

메시야란 말은 원래 아람어(바벨론 조정에서 쓰던 말)의 메쉬카 Meshicha에서 온 것입니다. 메시야란 뜻은 '여호와께로 기름부음을 받은 자'이며 곧 그리스도Christ를 뜻합니다. 그리스도는 메시야를 헬라(희랍)어로 번역한 것입니다. 그러므로 메시야Messiah = 그리스도Christ입니다.

사도 바울은 예수라는 말보다는 그리스도(메시야)라는 말을 더 많이 썼습니다. 복음서에 보면 예수님께서 제자 교육의 결론 단계에 가서 비로소 자신이 그리스도(메시야)이심을 말씀하고 있습니다. 제자 중에 예수님을 향하여 메시야(그리스도)라고 제일 먼저 신앙고백을 한 사람은 베드로였습니다. 예수님은 사람들이 당신을 어떻게 생각하고 있는지 궁금해 하셨고, 제자들에게 여론조사를 시켜 보셨습니다. 그랬더니 사람들이 예수님을 메시야로 여기지 않고 선지자 중의 한 사람으로 알고 있다는 조사 보고가 나왔습니다.

> "예수께서 빌립보 가이사랴 지방에 이르러 제자들에게 물어 이르시되 사람들이 인자를 누구라 하느냐 이르되 더러는 세례 요한, 더러는 엘리야, 어떤 이는 예레미야나 선지자 중의 하나라 하나이다."(마 16:13,14)

예수님께서는 이번엔 제자들이 당신을 어떻게 생각하고 있는지 물으셨습니다.

"이르시되 너희는 나를 누구라 하느냐."(마 16:15)

이 때 저 유명한 베드로의 신앙고백이 나오게 된 것입니다.

"시몬 베드로가 대답하여 이르되 주는 그리스도시요 살아 계신 하나님의 아들이시니이다."(마 16:16)

예수님께서는 베드로가 예수님을 그리스도(메시야)라고 고백했을 때 무척 기뻐하셨고, 복이 있다고 말씀하시면서 당신을 메시아로 고백할 수 있게 된 것은 인간 베드로에게서 비롯된 것이 아니라 하나님으로 말미암은 것이라고 하셨습니다. 그리고 그 신앙고백의 터 위에 당신의 교회를 세우겠다고 말씀하셨습니다.

"예수께서 대답하여 이르시되 바요나 시몬아 네가 복이 있도다 이를 네게 알게 한 이는 혈육이 아니요 하늘에 계신 내 아버지시니라 또 내가 네게 이르노니 너는 베드로라 내가 이 반석 위에 내 교회를 세우리니 음부의 권세가 이기지 못하리라."(마 16:17,18)

요한복음의 결론은 성경을 기록한 목적이 예수님께서 메시야이심을 믿게 하려 함이라고 말하고 있습니다.

> "오직 이것을 기록함은 너희로 예수께서 하나님의 아들 그리스도(메시야) 이심을 믿게 하려 함이요 또 너희로 믿고 그 이름을 힘입어 생명을 얻게 하려 함이니라."(요 20:31)

그러므로 예수님을 메시야로 믿지 않는 사람(인정하지 않고 받아들이지 않는 사람)은 구원을 얻지 못한다는 결론이 됩니다.

예수님은 메시야의 기능과 사명으로서 오신 분입니다. 요한복음에는 메시야라는 말을 매우 강조하고 있으며, 1장 41절의 경우에는 번역까지 하면서 메시야라는 칭호를 강조하고 있습니다.

> "그가 먼저 자기의 형제 시몬을 찾아 말하되 우리가 메시야를 만났다 하고(메시야는 번역하면 그리스도라)."(요 1:41)

성경에서 메시야라는 말은 언제든지 신앙고백적 의미를 가지고 사용되고 있으며, 생사生死의 문제를 가지고 제시되는 중차대한 말이 되었습니다. 사도 요한은 예수를 메시야로 믿지 않는 자(인정하지 않고, 받아들이지 않는 자)는 적그리스도이며 거짓말쟁이라고까지 경고하고 있습니다.

> "거짓말하는 자가 누구냐 예수께서 그리스도(메시야) 이심을 부인하는 자가 아니냐 아버지와 아들을 부인하는 그가 적그리스도니."(요일 2:22)

예수가 그리스도이심을 증거한 초대교회

초대교회의 사도들을 비롯한 전도자들은 날마다 예수가 그리스도이심을 증거하는 데 온 힘을 기울였습니다.

"그런즉 이스라엘 온 집은 확실히 알지니 너희가 십자가에 못 박은 이 예수를 하나님이 주와 그리스도(메시야)가 되게 하셨느니라."(행 2:36)

"또 주께서 너희를 위하여 예정하신 그리스도(메시야) 곧 예수를 보내시리니."(행 3:20)

"그들이 날마다 성전에 있든지 집에 있든지 예수는 그리스도(메시야)라고 가르치기와 전도하기를 그치지 아니하니라."(행 5:42)

이러하므로 예수님이 곧 메시야라고 고백하고 선포하고 가르치는 것은 기독교신앙의 핵심이요 결정적인 성격이 됩니다. 유대인들은 예수님을 메시야라고 믿지 않았기 때문에

"도대체 당신은 누구요?"(요 1:21,23)
"언제까지 우리를 의혹케 할 거요?"(요 10:24)

"메시야라면 밝히 말하시오."(요 10:24)

이처럼 예수님의 정체에 대하여 의혹의 질문을 던졌습니다.

유대인의 메시야관

유대인들은 메시야가 오면 그가 적어도 세 가지 자격을 갖추고 있는 자라야 된다고 규정하고 있었습니다.

첫째, 메시야는 다윗의 아들로 와야 한다(삼하 7:12).

둘째, 알지 못하는 곳에서 올 것이다(요 7:27).

셋째, 영원히 거할 것이다(요 12:34).

이 세 가지 조건을 예수님께 적용시켜 보았으나 제대로 맞을 리가 없었습니다.

유대인의 메시야관과 맞지 않은 예수님

유대인들이 굳게 믿고 있었던 메시야관은 첫째, 다윗의 아들로 와야 할 것. 둘째, 알지 못하는 곳에서 와야 할 것. 셋째, 영원히 거할 것이었는데, 예수님은 왕의 아들이 아니라 목수의 아들이었고, 알지 못하는 신비한 곳에서 온 것이 아니라 유대의 2류 지역인 변두리 나사렛이라는 곳에서 왔으며, 아무리 보아도 영원히 거할 사람으로 보이지 않았던 것입니다.

그뿐만 아니라 예수님은 자주 떠나간다고 말씀하셨으므로 유대인들이 보기에 의심스럽기만 했을 것입니다. 그리하여 그들은 나사렛 예수는 메시야가 아니라는 결론을 내리게 되었습니다. 예수님은 그들이 기대하는 메시야로 오시지 않았던 것입니다. 여기서 유대인들의 메시야관의 실패를 찾아볼 수 있습니다. 그들은 구약의 율법과 선지서들과 역사서들과 시편을 스스로 잘 안다는 자만심이 대단했지만 스스로 만들어 놓은 잘못된 판단 기준을 가지고 있다가 정작 메시야가 오셨을 때 알아보지 못하고 배척하는 돌이킬 수 없는 잘못을 저질렀던 것입니다.

성경은 예수님이야말로 진정한 다윗의 자손이었으며, 인간들이 알 수 없는 신비한 천국에서 오셨으며, 성령으로 영원히 함께 하시는 분이었음에도 유대인들은 그것을 알지 못했던 것입니다.

오늘날 교회에서도 유대인들과 비슷한 죄를 짓고 있는 일이 종종 있습니다. 그것은 성령의 역사를 부인할 뿐 아니라 핍박하는 일입니다. 마치 초대교회 때나 예수님 당시의 유대인들이 메시야를 인정하지 않고 거부했듯이 오늘날 어떤 교단에서는 혹은 어떤 교회에서는 성령의 사역을 거부하고 있습니다. 그들은 신학과 교리와 전통을 붙들고서 성령님의 은사로 나타나는 방언하는 사람을 무조건 귀신들린 사람으로 취급하며 방언을 금하기도 하고 하나님의 치유의 은혜인 신유의 역사를 부인하기도 합니다.

가장 성경에 능통하다는 유대인들이 진정한 메시야 예수 그리스도를 거부했듯이, 가장 정통보수신학을 유지 보전하고 참 복음을 전파한다는 사람들이 화석화된 신앙을 붙들고서 성령의 역사를 훼방하며 핍박하는 일들이 교회 안에서 일어나고 있는 것입니다. 물론 귀신의 역사를 성령의 역사로 알고 맹목적 신비주의나 성령운동에 집착하는 것도 심각한 병폐이지만, 진정한 성령의 역사까지도 인정하지 않으려는 것은 더욱 큰 병폐이며 메시야를 핍박하는 일인 것입니다.

메시야의 개념

메시야의 개념 속에는 선지자, 제사장, 왕의 뜻이 있습니다. 선지자, 제사장, 왕은 기름부음을 받는 거룩한 하나님의 종들이었습니다. 따라서 예수님은 선지자요, 제사장이요, 왕이십니다. 예수님은 하나님의 말씀을 선포하셨으며 가르치셨을 뿐 아니라 미래의 인류운명을 예언하신 선지자이셨으며, 자신을 단번에 하나님께 제물로 드리셨을 뿐 아니라 하나님과 죄인 사이의 중보자가 되어주신 대제사장이시며, 인류역사를 주관하시며 다스리시며 심판하시는 왕 중의 왕이십니다.

그러나 유대인들은 그들의 대표자인 대제사장들의 입을 통하여 공식적으로 하나님이 보내 주신 메시야 예수 그리스도를 거부했습니다.

"그들이 소리 지르되 없이 하소서 없이 하소서 그를 십자가에 못 박게 하소서 빌라도가 이르되 내가 너희 왕을 십자가에 못 박으랴 대제사장들이 대답하되 가이사 외에는 우리에게 왕이 없나이다."(요 19:15)

그러면서 그들은 메시야를 거부한 것에 대한 책임과 심판을 자신들이 감당하겠노라고 큰소리쳤습니다.

"그 피를 우리와 우리 자손에게 돌릴지어다."(마 27:25)

그리하여 예수 그리스도는 더 이상 그들의 메시야가 되실 필요가 없어진 것입니다. 그들은 메시야이신 예수님을 거부함으로써 스스로 자신들은 여호와 하나님의 백성이 아니라고 선포했습니다. 자신들이 스스로 암흑의 존재(사탄의 자녀들)임을 밝힌 것입니다. 외형적으로는 예수님이 죄인의 혐의를 쓰고 심판을 받고 있었으나 실제로는 여호와 하나님 앞에서 유대인과 로마제국이 심판을 받고 있었습니다. 예수님에 관한 재판은 역설적으로 이 세상의 심판이요 이 세상 왕들에 대한 심판이 되었던 것입니다.

그리스도인의 메시야적 사명

메시야 예수 그리스도를 따르는 성도는 메시야적 사명이 있는 사람입니다. 왜냐하면 메시야 예수님과 연합된 자이기 때문입니다. 성도는 선지자요, 제사장이요, 왕의 사명을 가지고 사는 사람입니다. 성도가 믿지 않는 사람들에게 "예수를 믿으시오. 믿고 영접하면 구원을 받고, 믿지 않고 거부하면 심판과 멸망을 당하게 됩니다."라고 복음을 전하는 것은 선지자적 사명을 수행하는 것이고, 성도가 다른 사람을 위해 중보기도하고, 복을 빌어주며, 희생하고 봉사하는 것, 죄인을 회개케 하여 하나님께 인도하고 하나님과 화목한 사이가 되도록 하는 일은 제사장적 임무를 수행하는 일입니다. 성도가 믿음 위에 서서 땅을 정복하고 다스리라는 사명에 충실하여 자신에게 주어진 삶 속에서 가정과 직장과 사회에 책임과 본분을 다하며 세상을 건설적으로 가꾸어 나간다면 왕으로서의 임무를 수행하는 것입니다.

성도가 메시야적 사명을 인식하게 되면 적극적인 신앙생활을 하게 되며 책임의식을 갖게 됩니다. 그리스도인이 얼마나 영광스러운 신분인지는 메시야적 사명을 인식함으로서 실감하게 됩니다. 신자는 자신의 가정의 제사장들이며(남제사장, 여제사장), 선지자들이며(남선지자, 여선지자), 왕들임을 기억해야 하며, 자신의 메시야적 사명을 통해서 자신의 가정을 하나님께서 기뻐하시고 영광 받으시고 복 주시는 가정으로 세우고 가꾸어 나가야 할 뿐 아니라, 사회와 민족을 위해서도 같은 사명을 수행하며 사는 사람임을 명심해야 합니다.

"그러나 너희는 택하신 족속이요 왕 같은 제사장들이요 거룩한 나라요 그의 소유가 된 백성이니 이는 너희를 어두운 데서 불러 내어 그의 기이한 빛에 들어가게 하신 이의 아름다운 덕을 선포 하게 하려 하심이라." (벧전 2:9)

할렐루야 Hallelujah

목사나 신자들 중에는 시도 때도 없이 할렐루야를 남발하는 사람들이 많습니다. 어떤 사람은 전화 통화 중에도 할렐루야를 몇 번씩이나 외칩니다.

"여보세요, 저 ○○○입니다. 안녕하세요?"
"할~렐루야! ○○○ 자매님, 반갑습니다."
"저, 이번에 결혼하게 됐어요."
"그렇습니까? 할렐루야."

어떤 목사는 설교 중에도 할렐루야를 수없이 외칩니다.

"할~렐루야, 주님은 여러분을 싸랑하십니다. 믿쓥니까?"
"아~멘!"

"할렐루야!"

할렐루야의 의미

할렐루야의 뜻은 여호와를 사랑하라입니다. 히브리어 할랄halal이라는 동사에다 여호와라는 하나님의 이름이 합하여 이루어진 말입니다. 할랄은 찬양하다의 뜻이며, 야훼Yhwh는 여호와의 다른 발음입니다. 흔히 야Yah라는 말이 여호와의 약자로 사용되고 있습니다. 라틴어 성경과 헬라어 성경에는 할렐루야라고 하지 않고 알레루이아Alleluia로 표기하고 있습니다.

시편에서는 하나님이 세상을 창조하실 때와 이스라엘의 역사에서 출애굽을 통해 그들을 해방하셨을 때 능력과 지혜의 하나님으로 찬양하며(시 104, 105, 106, 135편 등), 경건한 자들이 생명과 힘을 주시는 분을 찬양할 때 자주 할렐루야를 사용했습니다. 특히 할렐루야가 많은 시편들(146—150편)은 하나님의 과거와 현재와 미래에 행하시는 일들에 대하여 찬양하고 있는 것을 보여줍니다.

"할렐루야 내 영혼아 여호와를 찬양하라 나의 생전에 여호와를 찬양하며 나의 평생에 내 하나님을 찬송하리로다."(시 146:1,2)

"할렐루야 우리 하나님을 찬양하는 일이 선함이여 찬송하는 일

"이 아름답고 마땅하도다 여호와께서 예루살렘을 세우시며 이스라엘의 흩어진 자들을 모으시며 상심한 자들을 고치시며 그들의 상처를 싸매시는도다 그가 별들의 수효를 세시고 그것들을 다 이름대로 부르시는도다 우리 주는 위대하시며 능력이 많으시며 그의 지혜가 무궁하시도다 여호와께서 겸손한 자들은 붙드시고 악인들은 땅에 엎드러뜨리시는도다 감사함으로 여호와께 노래하며 수금으로 하나님께 찬양할지어다."(시 147:1—7)

"할렐루야 하늘에서 여호와를 찬양하며 높은 데서 그를 찬양할지어다 그의 모든 천사여 찬양하며 모든 군대여 그를 찬양할지어다 해와 달아 그를 찬양하며 밝은 별들아 다 그를 찬양할지어다 하늘의 하늘도 그를 찬양하며 하늘 위에 있는 물들도 그를 찬양할지어다 그것들이 여호와의 이름을 찬양함은 그가 명령하시므로 지음을 받았음이로다."(시 148:1—5)

"호흡이 있는 자마다 여호와를 찬양할지어다 할렐루야."(시 150:6)

할렐루야는 하나님께서 영광 받으시도록 한다는 신앙고백적 의미로 불러야 합니다. 할렐루야를 입버릇처럼 빈번하게 사용함으로써 일상생활의 용어로까지 끌어내리는 것은 하나님의 이름을 망령되게 일컫는 일입니다. 십계명 중 제3계명은 "너는 네 하나님 여호와의 이름을 망령되게 부르지 말라 여호와는 그의 이름을 망령되게 부르는 자를 죄 없다 하지 아니하리라"(출 20:7)입니다.

할렐루야의 오용과 남용

할렐루야를 생각 없이 사용하거나 집회 같은 데서 분위기 돋우는 데 사용하는 일은 조심해야 합니다. 인사를 나눌 때나 성도의 교제를 나눌 때 할렐루야를 버릇처럼 하는 것은 일견 믿음 좋은 모습 같아서 좋은 느낌을 줄 수도 있지만 할렐루야를 너무 입에 달고 다니는 것은 아무래도 할렐루야를 일상용어로 끌어내리는 것이기 때문에 값싼 할렐루야가 되고 마는 것입니다. 더욱이 불신자와 대화를 나눌 때는 할렐루야를 사용하지 않는 것이 좋으며, 동료 신자들과 전화를 할 때 무조건 할렐루야부터 외치는 일은 합당치 않습니다.

자신에게 어떤 유익한 일이 생기거나 원하는 바가 이루어졌다고 해서 무조건 할렐루야를 외치는 것도 삼가야 합니다. 왜냐하면 내게 유익한 일이거나 내가 원하는 바라 할지라도 나의 육신의 정욕, 안목의 정욕, 이생의 자랑에 속하는 것이라면 하나님께서 영광 받으시는 일이 아니기 때문입니다. 교통법규를 어기고 하나님과 사람 앞에 바르게 살지 못하면서도 어떤 일이 잘 되고 형통하다 해서 "할렐루야!" 한다면 할렐루야를 오용하는 일입니다. 운동경기장에서 상대방 선수를 통쾌하게 이긴 크리스천 선수가 "할렐루야!"를 외치는 것도 합당하지 못합니다. "이웃을 네 몸처럼 사랑하라"는 주님의 계명에 어긋나는 일이기 때문입니다.

할렐루야의 올바른 적용

할렐루야는 문자 그대로 하나님께서 기뻐하실 만하고 찬양받으실 만한 때에 사용해야 합니다. 내가 고통 가운데 있고 시련 가운데 있더라도 그것이 하나님의 영광을 위한 것이라면 할렐루야로 찬양을 하는 것이 마땅합니다. 반대로 내가 평안과 풍요를 누리고 있다 하더라도 하나님 뜻대로 행하지 못하고 오히려 불순종하고 있다면 할렐루야를 아무리 외친다 해도 공허한 소리에 불과하며 하나님을 기만하고 만홀히 여기는 일이 되고 맙니다. 할렐루야는 사실상 기독교의 신앙 원리이기도 합니다. 만물이 주에게서 나오고 주로 말미암고 주에게로 돌아간다는 믿음 속에서 모든 일의 동기와 방법과 목적을 하나님의 영광에 둔다고 하는 것이 그리스도 교회의 신앙고백입니다. 그리스도인들이 그런 신앙에 충실하다면 날마다 할렐루야의 생활을 해야 마땅할 것입니다. 자신을 부인하고 자기 십자가를 지고 주님을 따른다면 얼마든지 할렐루야를 외쳐야 합니다.

그러나 그러한 삶에는 등한히 하면서 입으로만 할렐루야를 외친다면 그러한 할렐루야는 결코 하나님을 영화롭게 하지 못하는 공허한 할렐루야일 뿐입니다.

천사 天使

천사는 히브리어로 말라크, 헬라어로 앙겔로스인데 둘 다 하나님의 사자(Messenger)를 의미합니다. 이외에도 천사들을 지칭하는 말로는 하나님의 아들들(욥 1:6; 2:1), 권능 있는 자들(시 27:1; 89:6), 거룩한 자들(시 89:5,7; 단 4:13), 천군들(눅 2:13) 등이 있습니다.

구약에서는 간혹 선지자나 제사장과 같은 사람을 가리켜 하나님의 사자들로 묘사한 예도 있습니다(히 1:13; 말 2:7). 그러나 대부분은 천사들을 가리켜 하나님의 사자들로 묘사합니다.

천사의 사역

성경에서 천사는 그들에 대한 명칭만큼이나 사역도 다양한 것으로 언급되는데 그중에서 가장 대표적인 것은

1. 하나님의 구속의 계획 속에 포함된 어떤 일에 대한 예고(창 18:9 이하; 삿 13:2—24; 눅 1:11—20; 2:9—14) 및 하나님의 진노와 심판에 대한 경고(단 8:19; 계 1—12장) 등을 세상에 전하는 사역을 합니다.
2. 하나님의 백성들을 인도하며, 하나님의 법도와 예언을 전하는 사역을 합니다(창 24:7,40; 출 14:19; 민 20:26; 행 7:38,53; 갈 3:19; 계 17:7 등).
3. 하나님의 백성들을 보호하며 지켜 주는 일을 합니다(창 22:9—12; 32:1 이하; 수 5:14; 왕하 6:17; 시 91:11; 단 3:28; 6:22; 10:31; 11:1). 이러한 임무를 맡은 천사들은 종종 그 원수들(사탄의 세력)에 대항하여 투쟁하기도 합니다(출 12:23,27; 왕하 19:35; 마 26:53).
4. 하나님의 택하신 백성을 도와주고(창 21:17 이하; 왕상 19:5—7; 마 28:2; 막 1:13; 눅 22:43; 행 5:19 등), 하나님의 심판을 보좌(대행)하기도 합니다(창 18:16—19; 마 24:31; 눅 9:26; 12:8,19; 행 12:23; 계 19:1—3,17 이하).

5. 천사는 이상과 같은 일들을 수행하기 위하여 종종 지진, 번개, 바람, 비, 폭풍 등의 위력을 동원하기도 합니다(계 7:1,2; 8:5).

6. 천사의 사역 중 가장 중요한 일 중의 하나는 하나님을 찬양하는 일입니다(눅 2:12—14; 계 5:11; 시 103:20,21).

7. 천사들은 구원 받은 하나님의 후사(백성)들을 섬기라고 보내지기도 합니다(히 1:14).

성도와 천사와의 차이

원칙적으로 천사보다 구원 얻은 성도들의 신분이 우월합니다. 천사는 하나님의 종에 불과하지만 성도들은 하나님의 자녀이기 때문입니다(히 1:14). 그런데 그런 사실도 모르고 천사를 숭배하는 사람들이 많습니다. 구약성경에는 유대인들도 천사숭배를 하다가 하나님께로부터 엄한 징계와 심판을 많이 받았습니다. 신약시대에도 종종 천사숭배에 빠지는 이단의 세력들이 있었습니다(골 2;18). 물론 어떤 기능면에서는 인간보다 천사가 뛰어납니다. 그들은 하나님의 허락을 받아 이적과 표적을 자유자재로 일으키며 시공을 초월하는 영적인 존재입니다. 그들은 또한 자유자재로 변신에 능합니다. 인간 쪽에서 볼 때 천사는 신비한 존재이며 하나님 다음으로 높은 존재처럼 보일 수 있습니다. 그래서 천사숭배자들이 있는 것입니다.

그러나 천사는 영적인 존재일 뿐 육신은 없습니다. 그들은 스스로 육신을 가질 수도 없을 뿐 아니라 하나님께서 허락하시지도 않습니다. 그들은 영적인 피조물입니다. 성경은 인간만이 하나님의 형상을 따라 지음 받은 유일한 존재임을 말합니다(창 1:27).

그것은 그만큼 인간이 존귀하다는 것을 뜻합니다. 인간이 천사보다 낮아지게 된 것은 아담과 하와의 타락 때문입니다. 그러나 예수 그리스도의 구속으로 말미암아 예수님 안에 있는 모든 신자는 천사보다 높은 신분으로 회복되었고(히 2:5—18), 이다음 부활 후에는 온전히 하나님의 형상으로 몸과 영혼이 회복되어 영생하는 존귀한 존재가 됩니다.

왜곡된 현대인의 천사관

인간의 문학작품(소설, 동화)에는 종종 천사가 등장하고 있습니다. 요즘은 영화에 천사가 등장하는 일이 많습니다. 그런데 문학작품 속의 천사나 영화 속의 천사는 성경의 천사와 다르게 묘사되고 있다는 사실을 알아야 합니다. 그것을 모르면 자신도 모르게 왜곡된 천사관을 가지게 됩니다. 신자들은 삼위일체 하나님에 관한 성경적인 이해도 중요하지만 천사에 관한 올바른 이해도 중요합니다. 그것도 기독교의 중요 교리 중의 하나이기 때문입니다. 기독교의 교리 중 어느 한 부분에 대해 왜곡된 이해를 가지고 있다면 전체가 다 그 영향을 받게 됩니다.

특히 현대인들에게 막강한 영향력을 나타낸 영화 속의 천사의 왜곡된 표현은 심각할 정도입니다. 영화 '시티 오브 엔젤', '조 블랙의 사랑'에서는 인간과 사랑에 빠지는 천사가, '천국보다 아름다운'에서는 지옥에 가게 될 아내를 구하는 천사가 등장하여 사람들의 마음을 울리고 있습니다. 그런가 하면 영화 '마이클'에 나오는 천사는 평범한 인간 사회의 사소한 즐거움과 행복에 푹 젖어있습니다. 툭하면 주먹다짐에 미인을 보면 치근덕거리고 졸린 눈에 담배를 피워 대며 삼류에로잡지를 탐독하는 아랫배가 튀어나온 중년 남자의 모습을 하고 있습니다. '마이클'은 곧 성경에 나오는 미가엘 천사장(유 1:9)을 지칭하는 말입니다.

이러한 왜곡된 천사관의 영향을 받은 어느 여중생은 '천국에 가서 우리 가족의 수호천사가 되고 싶다'는 엉뚱한 말을 남기고 자살했습니다. 또한 수호천사와 귀신을 구분하지 못합니다. 또 예수님과 성령님을 믿고 의지해야 할 것을 천사로 대치하기도 합니다. 요즘 소설이나 영화, 만화 등에 묘사된 천사는 철저한 허구일 뿐 성경의 천사와는 상관이 없습니다. 천사라는 말은 구약에 108회, 신약에 165회 언급되는데 그들은 하나님을 경배하고 섬기며 그분의 뜻을 수행하고 인간에게 전하고 인간을 보호하고 하나님의 메신저 역할을 할 뿐 그 이상도 이하도 아닙니다.

그런가 하면 천사라는 존재를 믿지 않는 사람도 있습니다. 특히 기독교인들 가운데도 하나님과 사탄과 귀신의 존재는 믿으면서 천사에 대해서는 무관심한 사람이 많습니다. 천사는 성경시대에만 존재했으며 그때만 활동했고 지금은 존재하지도 활동하지도 않는 것으로 여기는 신자도 있습니다. 하나님과 사탄과 귀신이 지금 여전히 활동하듯, 천사 또한 지금도 여전히 활동하고 있다는 것을 알아야겠습니다.

사탄

사탄은 기독교 신자들에게 너무나 익숙한 존재입니다. 기독교 신자들 뿐 아니라 믿지 않는 사람들도 사탄이란 말을 들어 보지 않은 사람은 없을 것입니다. 어떤 면에서 사탄은 천사보다 명성이 높다고 할 수 있습니다. 물론 악명이 높은 거지요.

천사가 실제로 존재하듯이 사탄도 실제로 존재합니다. 사탄은 신약성경에서 종종 마귀로 표현되기도 합니다. 신약성경에서는 사탄이라는 명칭으로 33번, 마귀라는 명칭으로 32번 나옵니다. 구약성경에서는 사탄이라는 명칭으로만 나옵니다.

구약성경에서의 사탄

구약성경에 나타난 사탄의 존재는 비난자(accuser), 훼방꾼(obstructer)의 의미가 있습니다. 사탄이란 존재는 본래 사람들의 죄와 결함을 색출해서 하나님께 보고하는 직무를 지닌 존재였으나 하나님께서 죄 없다고 인정한 욥에게서 죄의 결함을 찾아내기 위하여 그것을 증명해 보이려고 하나님께 욥을 이간하고, 하나님의 허락을 얻어내어 곤경에 빠뜨릴 정도로 간교하고 집요하며, 대제사장 여호수아를 무자격자라고 하나님께 모함했으며, 다윗을 충동해서 하나님이 금하신 인구조사를 하게 하는 등 하나님과 사람을 이간하고 사람으로 하여금 범죄케 하여 하나님과의 사이를 불화하게 하는 존재로 구약성경은 묘사하고 있습니다(욥 1, 2장; 슥 3:1,2; 역대상 21:1).

구약성경에 묘사되고 있는 사탄은 사람을 까닭 없이 해하며, 사람을 선동해서 하나님의 뜻을 어기게 하며(창 3장), 사람을 하나님께 모함하는 등(욥 1, 2장) 하나님과 인간의 관계를 어그러지게 하며 자연과 우주의 질서를 교란하는 존재로 나옵니다.

구약성경에서 사탄은 노아시대 사람들에게 부패성을 심어놓았고(창 6:10-12), 보디발의 아내를 충동해서 요셉을 유혹하게 했으며(창 39:7), 인간의 행복과 번영을 파괴하며 인간을 서로 불화하게 하여 사납게 하고 싸우고 죽이게 하는 존재이며, 인간을 방탕하게 하며 이중인격자가 되게 하고 거짓말하게 하며, 사람으로 하여금 죄를 더욱 짓게 하여 죽음에 이르게 하며, 질병을 일으키고, 하나님과 사람을 대적하는 존재로 묘사되고 있습니다. 또한 사람의 마음을 시험하며 짐승을 동원하여 사람을 미혹하기도 합니다(창 3:1—5).

신약성경에서의 사탄

신약성경에서 사탄은 더욱 구체적으로 정체를 드러냅니다. 하나님의 아들이 사람으로 오셔서 모습을 드러내셨듯이 사탄도 분명하고 확실하게 실체를 드러냅니다. 신약성경에 나오는 사탄은 시험하는 자(마 4:3; 살전 3:5), 악한 자(마 13:19; 요일 5:18), 고발자(계 12:10), 원수(마 13:39; 눅 10:19), 마귀(벧전 5:8), 마귀의 왕(마 9:34; 12:24; 막 3:22; 눅 11:15), 세상 통치자(요 11:31; 16:11), 공중권세 잡은 자(엡 2:2), 어둠의 세상 주관자(엡 6:12), 벨리알(고후 6:15), 바알세불(마 10:25; 23:24,27; 막 3:22; 눅 11:15,18,19), 붉은 용(계 12:9), 온 천하를 꾀는 자(계 12:9) 등으로 묘사되고 있습니다. 모두 사탄의 다른 명칭들입니다.

신약성경에서 묘사된 사탄이 하는 일을 보면 사람들 속에 들어가 악한 행위와 정욕을 가지게 하며(눅 22:3,31; 요 13:27; 행 5:3; 고전 7:5), 하나님의 말씀을 듣지 못하고, 깨닫지 못하고, 믿지 못하고, 순종하지 못하도록 사람의 마음을 가로막고(마 13:19; 막 4:15; 계 2:9; 3:9), 알곡(참 신자)이 아닌 가라지(거짓 신자)가 되게 하고(마 13:25,26), 복음전도를 방해하며(살전 2:18), 하나님과 빛(예수 그리스도)의 원수이며(행 26:18), 그럼에도 빛의 사자로 위장하며(고후 11:18), 거짓말하는 사람의 아비(근원)이며, 처음부터 살인한 자며(요 8:44), 세상에 죽음을 가져왔으며(히 2:14), 육체의 고통을 일으킵니다(눅 13:16; 고전 5:5; 딤전 1:20).

사탄의 활동 양상과 위치의 변천

사탄의 활동은 구약에서는 하나님과 사람의 관계를 이간하고 교란하는 것으로 시작되는데(창 3:1—5), 점차 활동이 다양하게 확대되어 사람과 사람과의 관계에까지 손을 뻗치고 있습니다. 신약에 이르러서는 하나님과 사람의 관계와 사람과 사람의 관계를 파괴하는 데 혈안이 되어 날뛰고 있습니다. 특히 신약에서는 사람들이 복음을 믿지 못하도록 적극적으로 훼방할 뿐 아니라 신자들을 핍박하고 박해하는 배후 조종자로 나서고 있습니다(계 2:9,10). 사탄의 위치는 원래 천사장(흔히 루시퍼라고 함)이었으나 하늘에서 반란을 일으켜 쫓겨난 저주받은 존재이며 그로 인해서 끊임없이 하나님과 그리스도를 대적하고 그의 성도를 대적하는 일을 목적으로 삼고 있습니다(계 12:3—9).

사탄의 특성은 교만과 거짓으로서 그는 감히 하나님을 라이벌로 여길 만큼 하나님의 자리를 탐내며 천계天界에서 전쟁을 일으켰다가 쫓겨나서도 여전히 사람들로부터 하나님 대신 자신이 영광 받으려고 속여 우상숭배를 조장하며 우상의 배후에서 역사하고 있습니다(계 13:1—18).

사탄의 목적은 궁극적으로 그리스도의 나라(하나님 나라)를 파괴시켜 실패하게 하는 데 있고, 모든 인류가 자기와 함께 운명을 같이하는 데 있습니다. 사탄은 결국 멸망 받을 존재로 성경은 기록하고 있습니다. 또한 사탄의 추종자들(귀신들, 우상숭배자들, 거짓교사, 거짓선지자, 불신자 등)도 사탄과 함께 멸망되는 것으로 성경은 결론을 내리고 있습니다(계 19장,20장). 사탄은 한 사람이라도 자신과 함께 운명을 같이하게 하기 위하여 물귀신처럼 물고 들어지는 특성을 가지고 있습니다(막 13:22).

사탄의 한계

성경에 묘사된 사탄의 권세와 꾀는 대단합니다. 사탄은 불가능한 것이 없어 보입니다. 그러므로 우주 질서를 교란하고 하나님을 대적하여 하나님의 보좌를 욕심내기조차 했던 것입니다. 사탄은 기적과 표적을 행하여 하나님과 예수 그리스도를 흉내내어 사람들(신자들)을 속이는 데 능수능란하며 위장술과 기동력 또한 뛰어나 신출귀몰한 존재입니다.

　그러나 사탄의 존재는 하나님의 권세 아래 있습니다. 사탄이 아무리 발버둥 쳐도 하나님의 권세 아래에서 벗어날 수 없습니다. 하나님은 오히려 사탄의 맹렬하고 사악한 활동을 통해서 그것을 하나님의 뜻을 이루는 도구와 방편으로 삼으십니다. 따라서 하나님의 권세와 활동은 제한되는 것이 없지만, 사탄의 권세와 활동은 제한될 수밖에 없습니다(욥 1,2장). 궁극적으로 사탄은 하나님의 도구에 불과할 뿐입니다. 사탄의 활동을 통해서 하나님께서는 죄악이 관영한 이 세상을 징계도 하시고, 심판도 하시고, 신자들의 신앙의 진위를 시험하기도 하시며, 단련시키기도 하시며, 하나님의 뜻을 이루어 나가십니다. 신구약 성경 전체에서 그 사실을 분명하게 보여주고 있습니다.

　그러므로 그리스도인들은 사탄보다 더 크신 분(예수 그리스도)을 모시고 그분 안에 있는 자들이므로 사탄을 경계는 할지라도 두려워할 필요는 없습니다. 이미 예수님께서 사탄을 이기셨기 때문입니다(요 16:11). 신자가 사탄의 특성과 목적을 잘 안다면 사탄의 유혹과 공격을 물리치는 일에 그만큼 유리한 점이 많습니다.

귀신 鬼神

성경을 보면, 특히 신약성경을 보면 귀신에 관한 이야기가 많이 나옵니다. 귀신들은 쉽게 말하면 악령들이고, 근본적으로는 악한 천사들인데 사탄이 하늘에서 반란을 일으켜 전쟁을 할 때 사탄의 군사로 싸우다가 사탄과 함께 하늘에서 쫓겨난 그의 부하들로 추정되고 있습니다(계12:3—9).

사탄의 조직

우리가 성경을 보면 세상 나라들이 조직과 질서로 짜여 있듯이, 보이지 않는 영적 세계인 하늘나라와 세계 또한 조직과 질서로 짜여 있고 그에 따라 움직이고 있다는 것을 알 수 있습니다. 많은 신학자들은 하나님이 삼위일체인 것과 같이 사탄도 삼위일체로 일하는 것 같은 인상을 신약성경, 특히 계시록에서 많이 발견하고 있습니다. '사탄도 삼위일체로 있다'라는 추론은 성경을 이해하는 데 있어서, 특히 사탄과 귀신의 역사를 이해하는 데 많은 도움이 됩니다.

요한계시록 12:9—17에 나오는 용龍은 사탄을 말하고, 요한계시록 13장의 바다에서 올라온 유명한 짐승(흔히 적그리스도라고 함)은 사탄이 인간의 모습으로 지상에 나타난 것으로 보며(魔成人身), 뒤에 나타난 짐승은 거짓선지자로 봅니다. 즉 이들이 삼위일체로 있으면서 사탄의 세계를 확장해 나가며, 귀신들은 그 수하에서 일하는 일꾼들이라고 보면 됩니다. 흔히 사람들은 귀신을 죽은 사람의 혼령과 동일시하는데 그것은 영적 세계를 모르는 무지에서 비롯된 오해입니다.

죽은 사람의 혼령은 즉시 천국 아니면 지옥으로 가게 되고 거기서 나오지 못하는 것으로 성경은 말하고 있습니다(눅 16:19—31). 만약 죽은 사람의 혼령이 나타난다면(소설이나 영화, TV에서처럼) 그것은 진짜 죽은 사람의 혼령이 아니라 혼령으로 가장한 귀신, 즉 악령이라고 보아야 합니다. 그들은 위장에 능수능란한 존재입니다. 그들은 죽은 사람과 똑같은 모습, 옷차림, 음성으로 위장할 수 있습니다. 엔돌의 신접한 여인의 초혼술로 나타난 죽은 사무엘을 보십시오(삼상 28:11—19).

귀신의 존재와 그 표현들

귀신이란 말은 신약성경에 약 90여 회 나옵니다. 그러나 귀신과 같은 의미로 사용되는 악한 영, 악귀라는 말을 포함한다면 신약성경에 귀신이 얼마나 많이 언급되는지 놀라게 됩니다. 성경에 귀신에 붙여진 표현들을 보면 귀신이 하는 일과 특성을 알 수 있습니다.

군대(눅 8:30): 로마시대(신약성경시대)의 군대는 약 6,000명이 한 레기온(군대)으로 불렸습니다. 귀신이 군대로 표현된 것은 그만큼 그들이 많다는 것입니다. 거라사 지방의 무덤가에 살고 있던 귀신들린 남자는 예수님께서 이름을 물으셨을 때 '군대'라고 대답했고, 예수님께서 그에게서 귀신을 쫓으셨을 때 근방의 2천 마리의 돼지 떼로 들어가 물에 빠져 몰살했습니다(눅 8:26—39; 마 8:28—34).

벙어리(눅 11:14): 벙어리 귀신, 또는 귀신들려 벙어리 된 자(마 9:32)란 표현이 있는데 이것은 귀신에 의해서 벙어리가 된 사람에게서 예수께서 귀신을 쫓으심으로 귀신이 나가매 벙어리가 말을 하게 된 경우에 사용된 표현입니다.

귀신들려 앓으며(눅 13:11): 16절에는 '사탄에게 매인 바 된'으로 묘사하고 있으나 귀신이 사탄의 일꾼으로 표현된 말입니다. 실제로는 귀신에 의해서 앓게 된 것입니다.

점하는 귀신(행 16:16): 사도 바울이 2차 전도여행에서 만난 어느 여인이 점하는 귀신에 의해 빌립보 거리에서 점을 치며 그녀의 주인에게 돈을 벌어 주고 있었는데, 사도 바울이 귀신을 쫓는 바람에 점을 칠 수 없게 되었습니다. 종종 귀신들은 성령의 은사를 가장하고 예수를 빙자하여 예언을 하는데, 성령과 귀신에 대해서 잘 모르면 속기 쉬우므로 조심해야 합니다. 귀신은 종종 성령으로 위장하기 때문입니다.

더러운 귀신들(눅 8:29; 막 5:8; 마 12:43): 성경은 귀신을 더러운 존재로 묘사합니다. 귀신들이 더럽다는 것은 그들의 사역이 불경하고 부도덕하고 음란하고 악하여 항상 하나님의 거룩에 대하여 역행하는 것을 일삼기 때문입니다.

"또 내가 보매 개구리 같은 세 더러운 영이 용의 입과 짐승의 입과 거짓 선지자의 입에서 나오니 그들은 귀신의 영이라……."(계 16:13,14)

성경에 사탄은 용이나 뱀, 귀신들은 개구리, 똥, 파리 등으로 묘사된 것은 그들의 추악한 특성과 사역을 표현한 것입니다. 그러므로 추악한 말과 행동을 일삼는 사람, 하나님의 거룩함을 거부하는 사람은 귀신의 일터가 되기에 적합한 사람이며, 이미 귀신의 처소가 되어 있는 사람일 수도 있습니다. 세균이 적당한 습기와 온도와 번식하기 좋은 부패된 곳에서 왕성하게 활동하듯이 귀신들도 자신들이 일하기에 적합한 조건을 찾고 있는데 곧 더러운 마음, 거짓되고 음란하고, 악하며 교만한 마음, 불신앙적인 마음, 좌절하는 마음, 냉소적이며 무정한 마음, 마비된 양심 등을 좋아하며 꿰어 듭니다.

그러므로 귀신을 멀리하고 그들이 싫어하는 대상이 되려면 귀신이 가장 두려워하는 예수 그리스도를 마음에 모시고, 늘 그분과 일체된 교제를 나누며, 하나님 말씀을 마음에 새겨두고 묵상하며, 거룩하고 경건한 생각과 언행을 사모해야 합니다.

귀신들린 자(눅 4:33): 신약성경에는 '귀신들린'이라는 말과 '귀신들려'라는 표현이 있습니다. 이것은 그 사람의 몸을 귀신이 거처로 삼고 그의 인격을 사로잡고 있는 상태인데, 귀신과 혼합되다시피 하여 그 사람의 몸과 마음을 귀신이 사용하고 있는 것을 말합니다. 그래서 원래 그 사람의 인격은 귀신에게 눌려 본인의 의지대로 생각하거나 행동하는 것이 불가능해진 상태입니다.

그런 상태가 되면 절대로 본인은 물론 타인의 힘으로도 그 사람을 원래의 상태로 회복시킬 수 없는데 예수님만 그 사람을 원래의 상태로 회복시킬 수 있다는 것을 성경은 여러 번 실례를 통하여 보여 주고 있습니다. 즉 예수님만 귀신 들린 상태에 있는 사람에게서 귀신을 쫓아내신 것입니다. 이상과 같은 귀신의 활동 사항과 그로 인한 사람들의 영적 육신적 피해는 지금도 여전히 계속되고 있으며, 그 상태에서 벗어나는 것도 여전히 예수님의 권세밖에 없습니다.

만약 귀신들린 자가 있다면 예수 그리스도를 신실하게 믿는 경건한 신자가 예수님의 이름에 의지해서 그분을 믿는 믿음으로 귀신을 쫓는다면 귀신은 쫓겨납니다(막 16:17).

참고문헌

◎ 참고문헌

박영선, 기도, 새순출판사.
박해경, 크리스천의 아는 것과 믿는 것, 풍만출판사.
손봉호, 한국교회와 제사문제, 엠마오.
손봉호, 현대와 크리스챤의 신앙, 엠마오.
신상언, 대중문화 최후의 유혹, 낮은 울타리.
신상언, 사탄은 마침내 대중문화를 선택했습니다, 낮은 울타리.
이종윤, 한국교회와 종교개혁, 엠마오.
전민수, 왜 신천지는 이단인가, 영창서원.

게리 콜린스(Gary R. Collins), 크리스챤 카운셀링(CHRISTIAN COUNSELLING), 두란노서원.
데이빗 A. 씨맨즈(David Seamands), 치유하시는 은혜(HEALING GRACE), 두란노서원.
데이빗 씨맨즈, 좌절된 꿈의 치유(LIVING WITH YOUR DREAMS), 두란노서원.
데이빗 씨맨즈, 탓(IF ONLY), 두란노서원.
데이빗 왓슨(David Watson), 제자도(Discipleship), 두란노서원.

로널드 엔로스(Ronald M. Enroth), 영적 학대(CHURCHES THAT ABUSE), 생명의 말씀사.

리차드 포스터(Richard Foster), 돈, 섹스, 권력(MONEY, SEX, POWER), 두란노서원.

마틴 로이드 존스(D. Martin Lloyd-Jones), 영적 침체(SPIRITUAL DEPRESSION ITS CAUSE AND CURE), 새순출판사.

C. S. 루이스, 악마의 편지들(The Screwtape Letters), 성서연구사.

저드슨 콘월(Judson Cornwall), 찬양(Let Us Praise), 두란노서원.

제임스 I. 패커, 율법과 윤리(LAW MORALITY AND THE BIBLE), 백합출판사.

제임스 I. 패커(James I. Packer), 하나님을 아는 지식(KNOWING GOD), 기독교문서선교회.

존 칼빈(John Calvin), 기독교강요(Institution Of Christian Religion), 혜문사.

프란시스 쉐퍼(Francis A. Schaeffer), 위기에 처한 복음주의(THE GREAT EVANGELICAL DISASTER), 생명의 말씀사.

그 외.